DÉSIR DE DIEU ET
ORGANICITÉ POLITIQUE

DU MÊME AUTEUR :

• *Fascisme et Monarchie : Essai de conciliation du point de vue catholique* (préfacé par Claude ROUSSEAU), Éditions Vincent Reynouard, 2001 / Reconquista Press, 2018.
• *Nihilisme, subjectivisme et décadence* (2 tomes), Samizdat, 2009.
• *Présentation de l'Institut Charlemagne sous le patronage de l'archange Saint Michel*, Éditions Dominique Martin Morin, 2016.
• *Pour une contre-révolution révolutionnaire*, Reconquista Press, 2017.
• *Paganisme versus Catholicisme : Le Conflit non surmonté du nationalisme*, Reconquista Press, 2020.

Collaboration aux ouvrages :

• *Serviam : La Pensée politique d'Adrien Arcand*, Reconquista Press, 2017. (Essai)
• MISCIATTELLI (Piero), *Le Fascisme et les Catholiques*, Reconquista Press, 2018. (Postface)

Sous le pseudonyme de STEPINAC :

• *De quelques problèmes politico-religieux contemporains*, Samizdat VR, 2011.
• *Du problème du rapport entre Nature et Grâce dans le thomisme et le néo-thomisme, et de ses enjeux politiques contemporains*, Samizdat VR, 2011.
• *Éléments de philosophie politique* (préfacé par Claude ROUSSEAU), Éditions Franques, 2013.

Joseph Mérel

DÉSIR DE DIEU
&
ORGANICITÉ POLITIQUE

Reconquista Press

© 2019 Reconquista Press
www.reconquistapress.com

ISBN : 978-1-912853-00-7

« Contre les Rouges et la Réaction »
Mot d'ordre des S.A.

INTRODUCTION

Préambule

Deux courts travaux récents, rédigés chacun en fonction de circonstances indépendantes l'une de l'autre — ainsi sans lien organique intentionnel et immédiatement visible — ont paru à leur auteur, et à son courageux éditeur, mériter d'être rassemblés dans une unique publication, parce qu'ils se complètent. En effet, l'un traite de la nature du régime politique induit — pour notre temps — par les exigences du catholicisme ; l'autre traite du problème central de la philosophie induite par la religion catholique, à savoir le problème de la nature du rapport — théorique et pratique — entre nature et surnature. Et il est clair que la nature du régime politique congru à l'esprit du catholicisme est en étroite dépendance de la solution apportée au problème de l'harmonie entre nature et grâce : la surnature vise l'union avec Dieu transcendant (souverain bien), la politique vise le bien commun immanent ; or l'harmonie entre deux mouvements dont l'un est vertical et l'autre horizontal ne va pas de soi.

Le premier travail est le résultat d'une commande : une postface pour la réédition de l'ouvrage de Piero Misciattelli intitulé, dans l'édition française, *Le Fascisme et les Catholiques*. Le deuxième est le contenu d'une conférence faite au début de 2018 devant un jeune public rassemblé par le cercle Deus Vult, et destinée à faire connaître mes idées que je ressasse depuis toujours en essayant, de moins en moins mal je l'espère, de montrer leur cohérence. Un extrait de l'ouvrage *Antidote*, de Jean-Jacques Stormay, a été intégré à la deuxième partie, et les deux travaux correspondant aux deux parties ont fait, pour la présente publication, l'objet de quelques amendements, parfois substantiels.

DÉSIR DE DIEU ET ORGANICITÉ POLITIQUE

Le présent travail ne propose rien de bien nouveau par rapport à ce qui fut développé dans notre *Pour une contre-révolution révolutionnaire* ; les mêmes thèmes sont ici abordés, enrichis de divers compléments historiques et philosophiques. Maints éléments de réflexion déjà exposés ailleurs sont reproduits ici, parce que la compréhension de ce texte les requiert, cependant que le lecteur n'est pas censé lire nos travaux précédents pour accéder à l'intelligibilité de celui-ci.

Apprendre à habiter son monde pour le quitter

Une idée, de manière générale, est ce par quoi nous connaissons la réalité ; c'est parce que la réalité existe que nous en avons l'idée. Une Idée divine est la connaissance éternelle que Dieu a de Lui-même en tant qu'Il est participable par une créature possible ; c'est parce que Dieu en a l'Idée que le monde existe. Pour le christianisme en sa forme orthodoxe, à savoir le catholicisme, l'homme est doté d'une nature qui préexiste en Dieu sur le mode d'Idée créatrice, et qui à ce titre a raison de paradigme intemporel et intangible, de sorte que sa nature ou essence a raison de cause efficiente immanente, mais aussi de cause finale : l'essence d'un être est sa fin. Mais ce même catholicisme invite l'homme à s'ouvrir au don de la grâce, laquelle, comme surnature, excède les limites de sa nature et lui assigne une nouvelle finalité incomparablement plus noble que sa fin naturelle. Le problème est de savoir à quelles conditions l'intromission d'un tel don dans la vie humaine n'est pas contre nature, puisque la nature d'une chose est sa fin, et qu'il est question de lui faire changer de finalité. Si les conditions logiques et ontologiques d'harmonie entre nature et grâce ne sont pas adéquatement explicitées, l'homme est déchiré entre deux attitudes unilatérales. La première est le *naturalisme*, qui est lui-même — pour le catholique — contre nature, puisque, selon le mot de Chesterton, en se soustrayant à sa vocation surnaturelle, l'homme agit de telle sorte qu'il ne lui reste même plus sa nature ; et le modernisme est une variante du naturalisme, qui tend à rendre exigible la grâce pourtant gratuite, par là à la

INTRODUCTION

rendre commensurable à l'ordre naturel, ainsi à naturaliser la surnature.

D'où, chez les réactionnaires à bon droit horrifiés par les erreurs du modernisme, une tendance presque invincible à développer, théoriquement et pratiquement, un discours et des attitudes *surnaturalistes* (deuxième position unilatérale). Ces derniers consistent à ne concevoir l'intromission de la grâce dans la nature que sur le mode d'une frustration obligée des appétits même droits de l'ordre naturel ; et cela revient à tenter vainement de surnaturaliser la nature, à la renier en tant que simple nature pour la faire accéder à l'ordre surnaturel, de telle sorte que la nature déiformée de la créature en état de grâce — ainsi cette nature rendue conforme à ce que Dieu voulait en faire — entretiendra une relation conflictuelle avec cette même nature considérée en sa théorique nudité. Il en est ainsi, selon le surnaturaliste (qui jamais ne consent à s'avouer tel), non seulement parce que l'état de la nature sans la grâce est celui de la nature historiquement déchue, mais encore parce que le surgissement de la grâce dans la nature ne pourrait — en vertu de l'incommensurabilité entre nature et grâce — s'exercer que moyennant l'acceptation d'une certaine violence obligée imposée à la nature en tant que nature, laquelle devrait s'exténuer pour s'approprier à ce qui est supposé la sauver et la parfaire. Et cela a pour effet de compromettre le don surnaturel lui-même dès lors que, aussi bien, la surnature présuppose la nature comme son sujet : si la nature doit renoncer à elle-même pour s'ouvrir à la grâce, alors elle en vient à renoncer aux déterminations — nécessairement naturelles — qui l'habilitent à recevoir la grâce, et c'est l'assimilation du don de la surnature qui s'en trouve elle-même compromise.

La conséquence obligée du surnaturalisme en politique n'est autre que l'esprit théocratique, qui, dépossédant l'ordre naturel de ses prérogatives propres, corrompt l'ordre politique et rend inefficaces toutes les tentatives de restauration morale et politique de la Cité catholique.

DÉSIR DE DIEU ET ORGANICITÉ POLITIQUE

Les deux cités

Nul n'ignore la grande leçon de l'évêque d'Hippone. L'amour qui bâtit la Cité de Dieu est l'amour de Dieu poussé jusqu'au mépris de soi ; l'amour qui bâtit la « *Civitas terrena* » est fondé sur l'amour de soi poussé jusqu'au mépris de Dieu. La Cité de Dieu est en fin de compte l'Église, cette Jérusalem terrestre préparant l'avènement de la Jérusalem céleste. Mais l'« homme animal » ou en général la « chair » (qui conspire contre l'esprit) signifie, pour saint Paul, non du tout le corps en tant que corps ou la nature en tant que nature, mais la démesure de l'esprit focalisé par lui-même, ainsi la corruption de la nature, l'orgueil de celui qui prétend reposer en soi et rapporter à soi ses mérites naturels. Dans une telle perspective, la chair entendue au sens trivial ne conspire contre l'esprit qu'en tant que l'esprit perverti s'est investi en elle ; de même, pour saint Augustin, la cité terrestre n'est pas la Cité temporelle, ou ne désigne cette dernière que dans la mesure où ses membres — au rebours des vœux tant naturels que surnaturels de l'âme humaine intègre ou restaurée — entendent trouver en elle le terme dernier de leur vie, ce qui est encore une manière de faire reposer l'homme en lui-même. La surnature transfigure la nature et rappelle à l'homme qu'il ne s'appartient pas, quoiqu'il soit déjà, en droit, dans la nature de l'homme de vivre selon la certitude qu'il ne s'appartient pas et n'est pas pour lui-même sa propre fin ; *mais ordonner à Dieu ce que l'on reçoit, à savoir tout son être, n'est pas se déposséder de soi au sens de délaisser et d'exténuer l'ordre naturel pour que l'ordre surnaturel l'investisse*. Saint Thomas d'Aquin montre (*Somme Théologique*, I^a II^{ae} q. 110 a. 2) que la grâce est à la fois quelque chose de surajouté à l'âme, quelque chose de créé dans l'âme, et que, en même temps, ce don (cette qualité, cet accident) surajouté à l'âme est une véritable recréation de l'âme (« *homines secundum ipsam <gratiam> creantur, id est in novo esse constituuntur ex nihilo* »), de sorte que l'âme doit avoir une structure ontologique telle que le fait d'*avoir* ce qu'elle reçoit est identique au fait d'*être* quelque chose de nouveau qui, en tant

INTRODUCTION

que nouveau, *nie* l'ancien, cependant qu'il *conserve* l'ancien dans la mesure où c'est le même homme qui est le nouvel homme, ce même homme qu'il était en tant qu'ancien, quoique transformé par le don gracieux qu'il *a* : recevoir quelque chose, donc l'avoir, est ainsi *être* (re)produit *ex nihilo*. Sera esquissée plus bas une timide réponse à la question des structures ontologiques du don et du donataire, habilitant ce dernier à avoir ce qu'il est. On fera simplement ici observer que cette sublimation créatrice — par la grâce qui la déiforme — de la créature ancienne en créature nouvelle cependant identique à l'ancienne qui subsiste en elle tel ce sujet qui reçoit une qualité surnaturelle, n'arrache l'ancien à lui-même en le sublimant qu'à proportion de son pouvoir de le conforter dans son identité d'ancien entendu tel le récepteur de ce qui le transforme. Le don qui suscite, dans la créature spirituelle, le pouvoir de se donner à Dieu est ce même don qui, dans le même acte, donne la créature à elle-même et la fait se posséder d'autant mieux qu'elle se fait plus oblative ; et si, pour que la nature s'approprie à la grâce, cette dernière enjoint à celle-là de renoncer à soi, c'est que, en tant que la grâce redonne à elle-même une nature qui, s'étant perdue par le péché, était devenue comme étrangère à elle-même, il est dans la nature de cette nature de renoncer à soi et de se conquérir en renonçant à soi, mais tout autant de ne renoncer à soi qu'en se conquérant. S'il est permis d'oser un tel oxymore, on parlera d'une « violence naturelle » à laquelle la créature même non déchue est invitée : selon la leçon du *Banquet* de Platon (discours de Diotime), la créature, en tant que libre et raisonnable, se fait le coopérateur de sa propre création, par des choix (choisir est exclure) lui faisant crucifier les biens inférieurs pour s'habiliter à faire se révéler en elle le désir des biens supérieurs. Mais encore faut-il consentir à aimer les biens inférieurs pour qu'il y ait sacrifice. Et l'on voudra bien observer que cette « violence » naturelle est l'expression d'un conflit non peccamineux au sein de la nature humaine, mais non d'un conflit contre la nature elle-même. La vérité captive de l'existentialisme est que la personne humaine est invitée à coopérer par sa liberté à l'individuation de sa nature, mais cela même est exclure : tout homme mûr sait bien, rétrospectivement, qu'il y avait en lui, en puissance, d'autres personnages que celui qu'il a choisi d'être, et qu'il lui a fallu y renoncer (ainsi dut-il leur faire violence) pour être celui qu'il est, pour ratifier par sa liberté un choix en forme de vœu exprimé par sa nature, ou plutôt par Dieu son Auteur. S'il y a conflit ou négatif non peccamineux dans la nature, c'est que la nature a la forme d'une victoire sur le conflit qu'elle assume. Ainsi donc, que la nature humaine, considérée en son identité positive à soi, ait la forme d'une négation souveraine — que la liberté renouvelée par la grâce est invitée à ratifier — de sa propre négation, cela ne signifie aucunement que la grâce serait une négation de la nature.

Le don : création et liberté

Il est en effet de l'essence du don divin d'être porteur de son donataire, en ce sens que le Créateur donne à elle-même chaque chose qu'Il crée, et cette réception du don par la créature s'opère à un double niveau.

Toute chose, en tant que créée, n'est rien en dehors de son acte d'être que pourtant elle reçoit, en ce sens qu'elle l'exerce mais sans se le donner, au point qu'elle le possède en propre dans sa différence d'avec l'Origine dont elle procède : elle est, et elle est en tant qu'elle n'est pas cette Origine ; elle qui préexistait dans sa Cause tel un possible et qui ne vivait que de l'exister de sa Cause, se met à être réelle en vivant de l'exercice d'un acte d'exister qui n'appartient qu'à elle, mais qui lui a été donné dans un présent gracieux. Mais puisque, s'agissant du don de l'acte même d'être, la créature n'est que dans et par le don qu'elle reçoit, un tel don n'est reçu qu'à proportion de son pouvoir de se convertir en récepteur de lui-même. Un tel don est ainsi doté du pouvoir de se scinder — sans compromettre son unité mais au contraire en faisant s'accomplir cette dernière par cette scission même : l'unité ou identité à soi est victoire sur sa différence qu'elle assume ; une identité exclusive de toute différence est *différente* de la différence — en don et en sujet bénéficiaire du don. De plus, les réalités spirituelles, libres sans être leur origine, disposent d'elles-mêmes et s'appartiennent en tant qu'elles sont libres, sans toutefois s'être donné ce qu'elles possèdent puisqu'elles ne sont pas autocréatrices ; elles sont donc *données* à elles-mêmes, elles reçoivent le don d'être, lequel don est identique au donataire (moyennant l'infinie discrétion du Donateur s'effaçant dans son don) en ce sens que, en tant que libres, elles disposent de soi, ainsi sont maîtresses d'elles-mêmes pour le meilleur ou pour le pire, cependant qu'elles ne se sont pas donné ce pouvoir de décider de soi. De surcroît, il est dans la vocation de ce qui n'est pas son origine de n'être pas sa propre fin, de sorte que tout ce qui est, et qui n'est pas divin, est habité par la tendance naturelle à ordonner tout ce qu'il est — ainsi tout ce qu'il a — à son Donateur. Exister selon la perfection de son essence, ainsi exister au mieux, acquérir le plus haut degré d'existence auquel la destine son essence, c'est, pour la créature libre, ratifier les exigences de cette essence qui, en tant qu'être de don, se possède d'autant plus souverainement qu'elle s'ouvre plus largement au don, dans une disponibilité à son égard qui en retour l'oblige d'autant plus étroitement : plus elle s'ordonne à Dieu et rapporte à Lui les dons qu'elle reçoit, mieux elle les possède ; plus elle se sait et se veut pauvre, plus elle est riche ; plus elle est humble, plus elle est fondée à être fière ; plus elle renonce à soi, plus elle s'affirme.

De même que l'acte de laisser être pour elles-mêmes les créatures dotées d'un exister propre hors de Dieu, n'empêche nullement le Créateur de les mouvoir souverainement au plus intime d'elles-mêmes, de même la décision opérée par les hommes de bonne volonté de rapporter à Dieu, comme à leur Cause première qui est leur fin dernière, tous les dons qu'ils ont reçus de Lui — à commencer par ce don de l'acte d'exister —, ne laisse pas ces dons d'être d'autant mieux possédés par la créature qu'elle est moins focalisée sur elle-même.

Maints exemples d'admirable sainteté nous révèlent des hommes n'ayant pas hésité à fustiger leur nature jusque dans ce qu'elle avait de non blessé, ou de moins blessé : saint Louis-Marie Grignon de Montfort léchait les plaies purulentes des malades, et il mourut prématurément d'épuisement. Mais cela ne signifie pas que la grâce exigerait le sacrifice de l'ordre naturel à son profit ; cela signifie d'abord qu'il est des vocations exceptionnelles ne convenant pas à tout chrétien en tant que tel, de sorte qu'il serait périlleux (initiatives du « diable pieux ») d'exiger de tout chrétien ce qui ne convient qu'à certaines vocations au demeurant assez rares ; cela signifie ensuite que ce qui est tordu dans un sens doit — telle est la vocation de la pénitence et de la nécessaire expiation — être tordu dans l'autre pour être redressé, sans que l'excès dans l'autre sens en devienne pour autant la norme de la nature ; cela signifie en troisième lieu que les violences surnaturelles — s'il est permis de s'exprimer ainsi — infligées à la nature, en dehors de ces cas de pénitence qui viennent d'être évoqués, se contentent de parfaire surnaturellement une invitation à ce que nous nommions plus haut « violences naturelles » : la vie aime se faire gaspilleuse et se dépense gratuitement, elle aime éprouver sa force en provoquant les risques de se perdre, ce qui revient à dire que c'est dans l'amour du conflit que la vie manifeste sa puissance d'aimer ; « universelle copulation » (Diderot), la Nature est plus profondément universel *carnage* (Joseph de Maistre, dans les *Soirées de Saint-Pétersbourg* : « la guerre est divine »). Et il existe une raison sage dans cette prodigalité luxuriante et déraisonnable, à savoir que la vie se régénère dans l'acte de se dépenser, puisque la fin immanente en laquelle se repose le vivant est la racine de ses puissances d'activité qu'elle revitalise dans l'acte où elle les comble ; de même, certaines vocations religieuses, en leurs élans mystiques, disposent l'âme à repousser souverainement *toutes* les grandeurs et beautés mondaines qui, de tremplins qu'elles étaient naturellement, deviennent — à la manière dont le combattant renonce joyeusement à ses armes pour se livrer à la jubilation du risque de combattre à mains nues — autant d'objets de défi pour ces âmes que des grâces particulières ont déjà menées au seuil de la béatitude ; mais cela ne signifie pas que la

INTRODUCTION

vie de tout homme en état de grâce devrait consister à repousser toutes les grandeurs et beautés naturelles. Ces débauches d'austérité relèvent chez le mystique d'une histoire d'amour entre son âme et son Dieu crucifié dont elle supplie le privilège de L'aider à porter Sa croix, elles ne relèvent pas d'un souci de frustrer la nature en tant que nature pour l'approprier à la vie surnaturelle.

Désir du monde et désir de Dieu

En s'efforçant à dénoncer ce que l'on se permettra, pour faire court, de nommer, en leur acception générique, les travers de l'augustinisme politique dont le propre est, par pathologie surnaturaliste, d'identifier à la Cité temporelle ce que saint Augustin nomme la cité terrestre, l'auteur n'a pas cherché autre chose ici qu'à rappeler ceci :

S'il est de l'essence de l'accession à la Patrie céleste de s'anticiper dans une patrie temporelle, alors l'amour pour la Patrie céleste, loin d'être antinomique de la patrie temporelle, la fonde en dernier ressort, la restaure et la conforte dans son excellence propre. La vie terrestre n'est qu'un voyage, et il ne fait pas bon s'y reposer comme en sa fin ultime, car alors on attend d'elle qu'elle comble un désir inextinguible, à savoir le désir naturel de Dieu, et l'on s'en trouve inévitablement déçu, non sans concomitamment faire périr d'intumescence la vie terrestre elle-même ; mais cela ne l'empêche pas d'être un beau voyage, aimable jusque dans les épreuves qu'il réserve au voyageur. Et c'est en sachant s'attacher aux joies du voyage qu'on a quelques chances de parvenir à son terme. Il y a une sagesse dans la lenteur, une prudence dans l'art de prendre son temps pour aller au Ciel ; à vouloir brûler les étapes, on est — pour emprunter à Kant une image suggestive — tel cet oiseau qui, tout entiché de cette liberté liée au pouvoir de voler, entendrait se libérer de l'air pour aller plus vite. Les biens temporels sont la matière sacrificielle du désir de Dieu, désir qui se nourrit de ce qu'il a vocation à sacrifier ; et, pour sacrifier les biens temporels, encore faut-il les aimer. De même que Kant n'a les mains pures que parce qu'il n'a pas de mains (Péguy), de même le surnaturaliste a des désirs purs parce qu'il n'a pas de désirs. S'attarder aux escales risque de détourner du but ; refuser les escales risque d'empêcher de partir en voyage. Et c'est là, d'une certaine façon, faire mémoire de la parabole des talents.

D'où l'opportunité de rapprocher les deux travaux ci-dessus évoqués. Le premier est consacré au surnaturalisme en politique ; le deuxième, plus étendu, traite du « point de suture » entre nature et grâce, et évoque les effets délétères du surnaturalisme en morale.

Certains passages quelque peu techniques, dans la deuxième partie, sont pénibles à aborder, et l'auteur prie ses lecteurs de bien vouloir l'en excuser ; il a préféré sacrifier les requisits de la « lisibilité » à ceux de la rigueur conceptuelle, afin de prévenir les procès d'intention et contresens qui se révèlent pour le moins inopportuns en général, et redoutables quand il est question des rapports entre la philosophie et la théologie. Ce choix n'a pas empêché l'auteur de laisser poindre çà et là quelques mouvements d'humeur contrôlés, dont il espère qu'ils feront sourire le lecteur bienveillant.

PREMIÈRE PARTIE

Pouvoir temporel et pouvoir spirituel
Postface à *Le Fascisme et les Catholiques* de Piero Misciattelli

Maints historiens des idées ont fait observer, non sans raison, que le fascisme, doctrinalement, procède à la fois de Nietzsche par son culte des héros, de Hegel par son sens de l'État, de Sorel par son apologie de la violence, et — selon certains — de Gobineau pour son acceptation du principe du darwinisme social ; et les historiens rappellent à juste titre que le fascisme s'inscrit dans le sillage du Risorgimento lui-même issu de l'esprit des révolutions de 1848, inspirées par le libéralisme et l'esprit maçonnique : subjectivisme héroïque, « estatolâtrie », violence opposée à la charité, scientisme et matérialisme évolutionniste... Comment, dans ces conditions, peut-on être fasciste et catholique ?

L'ouvrage de Piero Misciattelli mérite d'être étudié en vertu de la qualité remarquable des informations historiques qu'il contient. Mais il est plus remarquable encore, peut-être, par la pertinence des questions politico-théologiques qu'il soulève, et auxquelles — de manière seulement suggérée et implicite il est vrai — il apporte des réponses précieuses.

Le problème du rapport entre l'Église et l'État est un cas particulier du problème du rapport entre grâce et nature. Le problème du rapport entre pouvoir spirituel de l'Église sur les États catholiques, et pouvoir politique de l'Église sur l'État pontifical, est un cas particulier du problème du rapport entre Église et État.

L'augustinisme politique

Du point de vue de l'augustinisme politique — selon lequel le pouvoir de l'homme sur l'homme ne serait pas naturel mais résulterait du péché au titre de châtiment, et dont procèdent directement la philosophie de saint Bernard et l'esprit théocratique des papes (de Grégoire le Grand au VIe siècle à Boniface VIII au XIIIe, en passant par Innocent III et Innocent IV) —, c'est au vicaire du Christ, de droit et primitivement, qu'appartiendraient les deux glaives temporel et spirituel[1] ; de plus, le glaive temporel ne serait légitimement exercé par les rois que s'il est reçu de la main de l'Église : le roi aurait le pouvoir sans l'autorité, l'Église aurait l'autorité sans le pouvoir ; et c'est cette complémentarité de façade, trop ostensiblement claire pour être vraie, qui fonderait l'harmonie entre Église et État ; la fonction royale n'est alors, dans cette perspective, qu'un département des affaires religieuses, le politique est subordonné à la morale, le modèle politique est la théocratie. La société est finalisée par le salut individuel. Le roi n'a ainsi de

---

[1] « De nombreux historiens allemands ont montré Innocent III visant à la domination non seulement spirituelle mais aussi temporelle du monde chrétien. Il est certain que le pape a voulu jouer un rôle direct dans la désignation de l'empereur : il soutint Otton de Brunswick qu'il couronna en 1209 contre Philippe de Souabe, et quand Otton IV — le futur vaincu de Bouvines — se retourna contre lui, Innocent l'excommunia (1210) et le remplaça par son pupille, le fils d'Henri IV, qui deviendra Frédéric II. Non seulement le pape disposa de la couronne impériale mais il voulut établir des liens de vassalité entre le Saint-Siège et les royaumes chrétiens » (*Histoire de l'Église catholique*, Pierre Pierrard, 1972, Desclée, p. 119). En 1075, Grégoire VII, dans ses « *Dictatus papae* » (24 propositions) déclarait déjà : « Seul le pontife romain mérite d'être appelé universel (...). *Il lui est permis de déposer les empereurs* » (Pierrard, *op. cit.*, p. 85).

comptes à rendre qu'à Dieu et au pape son vicaire, ce qui signifie que l'augustinisme politique servait, avec le goût pour le pouvoir de la gent ecclésiastique, celui des princes qui en appelaient à la légitimité du sacre pour écarter leurs rivaux, jusqu'à ce qu'ils en viennent à considérer le sacre tel un huitième sacrement leur conférant, sous ce rapport, une espèce de légitimité surnaturelle qu'ils se firent fort de retourner (témoin le cas du gallicanisme, qui était conciliariste) contre le pape : quand un corpus doctrinal est élaboré dans les intérêts d'une caste et non dans le souci de la vérité et du bien commun, il finit toujours, tôt ou tard, par révéler ses propres contradictions qui en viennent à desservir les intérêts de la caste pour laquelle il avait été élaboré ; le schisme orthodoxe et la révolte luthérienne n'auraient peut-être pas eu de lendemain si les hommes d'Église n'avaient pas nourri les ambitions politiquement théocratiques que l'on sait.

Dans la ligne de l'augustinisme politique, la morale (les mœurs) et la foi finalisent l'action politique. Ainsi est-il exclu que le roi ait des devoirs sous le rapport d'une nature du Politique en tant que tel, réellement distinct de la morale et du souci du salut, c'est-à-dire se reconnaisse ordonné à un bien commun qui serait raison du bien particulier, et qui envelopperait l'exigence de réalisation en acte des potentialités naturelles d'une communauté de destin, d'un peuple voué à incarner une manière paradigmatique d'être homme, à faire se déployer un « *Volksgeist* ». D'où l'indifférence — voire l'hostilité — des gens d'Église à l'égard des questions nationales : la nation est au mieux la province, les nations désignent les groupes d'étudiants rassemblés dans les universités médiévales selon leur idiome maternel (nations picarde, normande, gallicane, anglaise) ; le seul constitutif formel du lien politique est l'allégeance au prince ; l'État, entendu au sens de cause formelle de la cité, telle une fonction pérenne que le personnel politique se contente d'incarner mais auquel l'État ne se réduit pas, n'existe tout simplement pas et ne doit pas exister ; ce serait là, selon l'École traditionaliste et augustinienne, une invention moderne intrinsèquement liée à l'esprit révolutionnaire du jacobinisme ; et ceux qui perdent leur roi, tels les Vendéens et Chouans, sont supposés n'avoir plus de patrie. Il en résulte que l'organisation de la communauté s'élabore selon les liens dynastiques, selon les rapports de suzerain à vassal, au gré de la distribution d'héritages familiaux eux-mêmes régis par des coutumes et tranchés par des rapports de force, mais souvent pacifiquement réglés par des tractations apparentées aux méthodes commerciales de compensation. Le pouvoir politique n'est au fond qu'une excroissance du pouvoir domestique. Il n'y a pas de réelle distinction entre vocation naturelle et vocation surnaturelle : le pouvoir surnaturel s'arroge le privilège de couronner le pouvoir naturel qui n'est pas sans celui-là puisque c'est en lui qu'il est supposé trouver sa légitimation. C'est au gré des luttes dynastiques que se constituent des âmes populaires résiduelles vouées à changer en fonction des caprices des princes ou des aléas de l'histoire en lesquels il serait vain, dit-on, de s'efforcer à discerner une quelconque forme d'« *intentio naturae* », une pulsation spirituelle en attente de son éclosion, animant les hommes en vue de dévoiler et d'incarner un certain type d'homme, à valeur paradigmatique, c'est-à-dire un désir naturel de *vie nationale*.

Féodalité et nation

Il en résulte une absence totale de scrupule de la part des hommes d'Église à l'égard des aspirations à l'unité nationale des peuples en général, et de l'Italie en particulier, siège de Rome, capitale spirituelle des catholiques du monde entier, et capitale charnelle du peuple italien. L'Église se révèle-t-elle avoir besoin des États pontificaux pour garantir son indépendance vis-à-vis des prétentions hégémoniques de l'Empire et des trônes ? Elle se taille la part du lion dans une Italie vouée à ne jamais naître comme nation. Cela n'a aucune importance puisque la nation n'est pas supposée être une catégorie politique recevable. C'est pourquoi les hommes d'Église n'ont pas trop de remords dans l'exploitation de véritables faux en écriture, pratiquant, « *ad majorem Dei gloriam* », les leçons déjà machiavéliennes (ainsi bien intentionnées) de la doctrine platonicienne du « pieux mensonge » (*République* III, à propos du mythe des races d'âmes : or, argent, airain) :

Pépin le Bref, sacré roi des Francs et Patrice des Romains en 754, avait réussi à se faire reconnaître comme roi légitime par le pape, à la place des Mérovingiens, héritiers de Clovis. Cette reconnaissance, accompagnée de l'approbation du pape relativement à la relégation au couvent du dernier roi mérovingien (Childéric), était l'un des termes du marché ; l'autre était le soutien de Pépin au pape dans la lutte de ce dernier contre les Lombards ; Étienne II souhaitait conserver ces territoires que Pépin lui avait donnés après avoir chassé les Germains qui l'avaient investi. Dans cette optique, Pépin garantit à Étienne II et à ses successeurs une pleine souveraineté politique sur Rome et sur l'Italie centrale. C'est là l'origine des États pontificaux. Cette souveraineté fut confirmée par Charlemagne fils de Pépin, mais alors surgit une difficulté dirimante : de tels territoires relevaient virtuellement de l'autorité de l'empereur de Constantinople (les Byzantins revendiquaient l'exarchat de Ravenne). Pour résoudre ce problème de légitimité politique, l'administration pippinido-carolingienne excipe de la fameuse « Donation de Constantin ».

La « *Donatio Constantini* », qui affirmait aussi le principe de la primauté de Rome sur les Églises d'Orient, est l'acte par lequel Constantin Ier, se retirant vers l'Orient, aurait donné au pape Sylvestre II, qui l'avait converti, l'imperium politique sur l'Occident. Puis le pape aurait « donné » cet imperium à Charlemagne, conformément à la logique de ce qui serait nommé la doctrine des deux glaives. Les fils et héritiers de Pépin, Carloman et Charlemagne, seront sacrés eux aussi en 754, et leur mère Bertrade de Laon sera bénie par le pape. Pendant le millénaire qui suivra, tous les souverains de France se réclameront de cette cérémonie et se feront sacrer selon le même rituel. Ce qui signifie que le « sacre », fondement supposé de la légitimité des rois de France, est issu d'un marché passé entre maquignons de haut rang, lui-même fondé sur une supercherie :

en 1440, Lorenzo Valla, fondateur de la critique textuelle, démontrera que cette donation constantinienne n'était qu'un faux rédigé au VIIIe siècle. On en peut dire autant des « Fausses décrétales », prodigieuse entreprise de falsification des documents canoniques, rédigées entre 930 et 940 par des moines de l'abbaye de Corbie près d'Amiens, et supposées faire mémoire des décisions des papes du premier au troisième siècle. Il s'agissait de protéger les évêques contre les prétentions de leurs archevêques et des grands laïques. La réforme grégorienne du XIe siècle s'appuiera sur ces décrétales, en tant qu'elles affirmaient que les évêques ne peuvent être jugés que par le pape et qu'aucun décret conciliaire n'est valable sans son approbation. Nicolas de Cues dénoncera maints anachronismes dans ces textes, et le pasteur genevois David Blondel prouvera en 1628 leur indubitable fausseté : les supposés papes des trois premiers siècles citaient l'Écriture d'après la Vulgate, laquelle est la version latine de la Bible, traduite de l'hébreu et du grec entre 390 et 405...

Machiavélisme bien-pensant

Il n'est pas question de contester la pertinence du contenu doctrinal (quant à sa teneur théologique : primat du pape sur les conciles, primat de l'Église de Rome sur les Églises d'Orient : l'Esprit-Saint peut bien faire dire la vérité à ceux qui la confisquent dans leur intérêt) de ces faux : même Laurent Valla ne les remit pas en cause, et c'est pourquoi il fut très critiqué par les protestants. Force est cependant de rappeler que ces vertueux mensonges sont des méthodes bien déplorables qui finissent toujours par se retourner contre les vrais intérêts de l'Église et des rois. Trop souvent, les bien-pensants, les catholiques traditionalistes d'aujourd'hui, ne se positionnent pas en fonction du souci de la vérité objective, mais en fonction de ce qu'ils croient être les besoins pratiques (apostoliques) de leur foi ; Luther critiqua la « Donation », tout comme l'avait fait Guillaume d'Occam, donc, pensent-ils, on doit, « *unguibus et rostro* », soutenir la thèse de l'authenticité de la Donation et des Décrétales pour lutter

PREMIÈRE PARTIE

contre les méchants (nominalistes et Réformés). Les mêmes bien-pensants, attachés à la politique de Metternich et à la Sainte-Alliance, hostiles — légitimement : ce n'est pas cette hostilité en tant que telle qui est coupable — au libéralisme, condamnent ainsi dans son principe ce qui fut nommé le « Printemps des peuples », ou Printemps des révolutions, c'est-à-dire cet ensemble de réactions populaires, en 1848 et dans toute l'Europe, réagissant contre les décisions des vainqueurs de Napoléon, lors du Congrès de Vienne, d'agrandir leurs empires au détriment des aspirations nationales. Mais le seul parti vraiment efficace, qui plus est le seul moralement légitime, est celui de la vérité, même si telle ou telle vérité peut être exploitée, par accident, par les méchants. Au reste, la solidarité objective entre la conception du pouvoir pontifical selon l'esprit de la Donation de Constantin, et la conception antinationaliste du pouvoir politique selon Metternich, n'empêcha pas le pape Pie VII d'approuver en 1806 le scandaleux catéchisme de Napoléon, qui enseignait les devoirs suivants, à suivre sous peine de damnations éternelles : « l'amour, le respect, le service militaire, les tributs (impôts), l'obéissance et la fidélité à l'égard de l'empereur » ; « honorer et servir notre empereur est donc honorer et servir Dieu même », car Napoléon serait le restaurateur de la religion, et aurait été établi souverain par Dieu dont il serait « l'image sur la terre ». Il ne vient pas à l'esprit des bien-pensants que le libéralisme des révolutions de 1848, et le protestantisme ou l'humanisme gnosticisant des détracteurs de la fausse Donation, sont l'adultération — certes fort coupable — de causes en soi justes (la cause nationale dans le domaine politique ; le caractère seulement indirect ou négatif du rôle politique du pape appelé, quant à ses prérogatives positives propres, à s'en tenir à une souveraineté spirituelle), mais confisquées et dénaturées par les ennemis des ordres naturel et surnaturel, et confisquées par eux parce que les défenseurs naturels de ces ordres n'avaient pas été capables de prendre conscience, avant le surgissement historique des contestations, de la justesse de telles causes. Le propre des bien-pensants, ainsi des réactionnaires en général, est de rejeter les bébés avec l'eau de leur bain. Ce n'est pas à dire qu'il serait opportun de soutenir des causes politiques et religieuses intrinsèquement mauvaises sous le prétexte qu'elles présentent le mérite accidentel de dénoncer l'impéritie des défenseurs du bon combat et l'inachèvement de leurs doctrines : seul Dieu sait permettre le mal pour en tirer un plus grand bien ; on ne saurait souhaiter longue vie au luthérianisme sous le prétexte que Luther dénonça de vrais scandales. C'est-à-dire, néanmoins, que, quand on s'efforce à restaurer l'ordre naturel et surnaturel après qu'il a été mis à bas par les méchants, il convient — d'abord et surtout — de ne pas réenclencher le processus qui a rendu possible la destruction de ces ordres : on doit prendre en compte les vérités captives dont les mauvaises causes étaient gravides, dût-on, ce faisant, donner l'impression, aux esprits étroits et suspicieux, de faire des concessions aux partisans du mauvais combat. Dans le même ordre d'idée, on voit les mêmes bien-pensants soutenir aujourd'hui que l'univers a six mille ans et que le soleil tourne autour de la Terre, sous le prétexte que la science moderne, biologie et astrophysique, a été confisquée par des idéologues matérialistes et athées.

Il y a les processus historiques, qui sont riches d'enseignements ayant vocation à prévenir les délires idéalistes des doctrinaires constructivistes, mais qui sont aussi chargés de contingence, d'injustices et de caractères irrationnels, de sorte que l'humble et nécessaire attention à la réalité ne doit pas faire oublier que l'idéal est normatif du réel, comme la forme est normative de la matière qui pourtant, naturellement, tend à se soustraire au magistère de l'essence qui l'investit et l'actualise, ainsi la parfait, mais à ce titre même constitue sa norme, en droit et en fait. La subordination du bien particulier au bien commun, le pouvoir politique de l'homme sur l'homme, la vocation des hommes à se réunir en peuples dotés d'une identité nationale, sont autant de vérités qui relèvent du droit naturel, ce qui sera illustré ci-après, dans un développement un peu théorique pour lequel nous sollicitons la patience et un petit effort de la part du lecteur.

La nation, catégorie essentielle du Politique

La personne humaine est l'individuation d'une nature humaine qui ne serait pas sans cette individuation, cependant que cette dernière n'épuise pas la richesse de causalité d'une telle nature qui se trouve tout entière et non totalement dans tous les individus de même espèce. Parce qu'elle fait exister la matière qui l'individue, l'essence ou nature est raison de la vertu individuante de la matière : la forme se fait conditionner par ce dont elle est le principe ; et, parce qu'elle en est le principe, elle en est aussi la fin : ce qui procède fait retour à ce dont il procède, puisque les appétits de l'individu procèdent de sa nature, mais tendent vers ce dont l'individu manque, vers ce sans quoi il n'est pas pleinement lui-même, vers ce qui lui donne de se rendre adéquat à sa nature, et ultimement vers sa nature elle-même qui, de ce fait, ne se fait vouloir par lui qu'en tant qu'elle se veut en lui. Et c'est pourquoi il tend vers elle comme vers son meilleur bien, mais au titre de bien auquel il est rapporté, et non pas au titre de bien qu'il rapporterait à soi. Or il est incapable, en tant qu'individu, d'actualiser en sa singularité l'universel de causalité des potentialités de sa nature qui, pour cette raison, satisfait au réquisit de diffusion de soi ou d'accession à l'existence concrète en lui enjoignant, autant qu'il est possible, de se multiplier lui-même par l'engendrement : toute réalité physique, parvenue à maturité, se fait procréatrice. À ce processus diachronique s'ajoute cet autre, synchronique, de faire être la société en se subordonnant à elle qui, comme totalité ordonnée, réalise quant à elle, au mieux possible, l'actuation de toutes les potentialités de la nature humaine : la nature humaine exige la vie communautaire, non à cause de la débilité ontologique de cette nature (le plus bas degré des réalités spirituelles), mais à cause de sa richesse exigitive de diffusion ; l'homme est par nature un animal politique, et cela même à cause de l'excellence de sa nature (ce qui signifie que les natures plus élevées ont d'autant plus vocation à exercer une vie communautaire) ; sous ce rapport, on est loin de l'augustinisme politique. Le bien commun est cause finale de la cité, fin de chacun des membres de la société, et il consiste essentiellement dans son ordre. Parce que la cité n'est pas substance, un tel ordre n'est pas induit par une âme collective, sinon par métaphore. Mais alors, si cet ordre est purement formel, sans contenu, s'il n'est que l'organisation qui régit les rapports entre membres de la cité, on voit mal qu'il ait raison de fin ; un engin mécanique peut bien être habité par un ordre accidentel qui dispose les parties en vue d'une fin, mais il s'agit d'une finalité transitive, à savoir le service que son utilisateur — qui lui est extrinsèque en tant qu'il le manipule — attend d'un tel engin ; or la cité ne saurait avoir une finalité transitive, extérieure à elle-même, car elle n'est pas un engin dont on use, étant inclusive des personnes qui seraient susceptibles d'en user. Dès lors, on est tenté de penser que la fin d'un tel ordre est l'intérêt de ceux qui l'instaurent ; cela dit, si l'ordre du tout n'a d'autre fin que de rendre compossibles les biens particuliers, c'est que le tout est ordonné à la partie, mais alors c'en est fini de la subordination du bien particulier au bien commun. Pour que cette subordination, fondatrice et comme définitionnelle du Politique, soit possible sans qu'il faille hypostasier la société, ainsi sans lui reconnaître le statut personnel qui évidemment serait ablatif de la personnalité des individus composant ce tout, force est de convenir que ce bien commun, qui consiste dans l'ordre de la cité, n'est pas seulement formel mais s'honore d'un contenu, lequel est la réalisation en acte de toutes les potentialités de la nature humaine. L'homme n'a pas une nature pour exister ; il existe — comme toute chose — afin de coopérer à l'actualisation de son essence, actualisation en laquelle il a plu à Dieu de manifester sa Gloire, à laquelle, ultimement, toute créature est d'abord ordonnée. La nature d'une chose aspire à faire se réaliser en et par cette chose le maximum de ses potentialités essentielles. Et il en est de même pour l'homme qui, ainsi qu'on l'a vu, tend naturellement à s'intégrer dans un corps collectif ou social pour parvenir à faire s'exprimer toutes les puissances de sa nature : prise avec les individus qu'elle rassemble, la cité, comme ordre concret, n'est pas un simple être de raison, elle est l'extériorisation de toutes les virtualités de la nature humaine immanente à chaque homme mais qu'aucun homme pris individuellement ne saurait actualiser.

Intrinsèque perversité du mondialisme

Cela dit, si l'homme était un ange, il n'y aurait qu'un seul homme qui serait à lui tout seul l'humanité même subsistante, puisque chaque ange est sa propre espèce. L'ange est tel que sa nature est tout entière et totalement en lui. Une espèce est universelle, non tant du fait qu'elle se prédique d'un grand nombre d'individus (cela est souvent le cas, mais de manière non nécessaire), mais plus profondément du fait qu'elle est cause de toutes les puissances opératives dont jouit l'individu qu'elle habite ; une nature, dans la substance qui l'individue, s'explicitant — ainsi s'actualisant— en puissances opératives, est tout entière quoique non totalement en chacune des puissances opératives en lesquelles elle s'exprime. Et si un individu est son espèce, c'est qu'un singulier est un universel, et cela serait contradictoire si l'universel ne se donnait, pour exister comme singulier, la forme d'une totalité : la totalité est une, ainsi singulière, et en même temps elle est universelle en tant qu'unité d'une pluralité ; elle est l'unité de l'unité et de la pluralité, et c'est là le propre de l'organicité. Or qui dit pluralité dit particularité, c'est-à-dire particularisation de l'universel à l'intérieur de lui-même (puisqu'il y a organicité), comme différenciation intestine de son identité. On obtient donc que la particularité de cet universel singulier qu'est l'ange, n'est autre que de poser en lui-même *toutes* les puissances opératives à faire se réaliser en et par lui seul tous les aspects de sa nature. Or l'homme n'est pas l'ange, en tant qu'il est l'individu d'une espèce qui, sous le rapport de l'extension, contient beaucoup d'autres hommes. Donc il est impossible à sa nature de poser, dans chaque individu qu'elle habite, toutes les puissances opératives d'actuation de cette nature. De plus, la cité, comme réalisation en acte de toutes les potentialités de la nature humaine, est comme un homme en grand, mais sans être substance, de sorte que cette totalisation politique de l'homme destinée à faire se déployer le tout de son essence ne saurait contracter le statut de perfection angélique dont le propre est de poser en elle-même, en tant que substance ou personne, toutes les puissances opératives à faire se réaliser en et par elle seule toutes les virtualités de son essence ; dès lors, il est impossible à la nature humaine de poser, dans chaque société en laquelle l'homme s'inscrit, véritablement *toutes* les manières d'être homme induites par la richesse de causalité de cette nature, mais seulement les plus universelles, particularisées et comme réfléchies en chaque société selon sa manière particulière d'illustrer la nature humaine. C'est pourquoi, nécessairement, la vie communautaire prend en droit une forme plurielle : il y a nécessairement, politiquement parlant, *des* sociétés : la nature humaine ne se donne un mode singulier d'extériorisation exhaustivement actualisante de ses potentialités qu'à un niveau de réalisation de soi qui est au-delà du Politique, et qui est d'essence religieuse ; l'État mondial est intrinsèquement mauvais, et faire se réaliser *politiquement* l'unité du genre humain revient à faire d'un tel État une Église, non l'Église qui adore Dieu mais celle qui adore l'homme. Cela dit, partout où il y a différenciation de l'universel, il y a principe d'individuation ; donc, autant il y a de communautés politiquement organisées, c'est-à-dire dotées d'un État, autant il y a de nations : la vie nationale est le principe d'individuation de l'État, et une communauté actualisée comme nation s'appelle un *peuple*, doté d'un esprit collectif propre : telle est l'unité de destin dans l'universel théorisée par José Antonio Primo de Rivera. Il n'est pas de bien commun sans cette organisation formelle de la multitude nommée État. Mais il n'est pas d'État sans ce principe individuant qu'est la nation. Donc il n'est pas de bien commun sans nation : or il n'est pas de vie politique proprement dite sans bien commun. Donc *la vie nationale est intrinsèque à l'idée même du Politique.*

Dès lors, l'organisation nationale des États se cherchait dans l'organisation féodale des trônes. La féodalité, quelque admirable qu'elle ait été, ne fut pas la maturité du Politique.

Chrétienté historique et essence de la Chrétienté

Une cathédrale du XIIᵉ ou du XIIIᵉ siècle atteste, par sa tranquille splendeur, « qu'il fut un temps où les hommes trouvèrent dans leur foi l'équilibre nécessaire à la naissance de chefs-d'œuvre. Car jamais plus, dans l'histoire du monde chrétien occidental ne jailliront à la fois autant et d'aussi parfaites fleurs de pierre ; jamais plus on ne retrouvera la conjonction d'une technique parfaite, d'une vie religieuse active, d'une poésie intérieure et d'un tel équilibre psychologique » (Pierre Pierrard, *Histoire de l'Église catholique*, p. 97, Desclée, 1972). De fait, le Moyen Âge fut — si l'on considère les choses du point de vue de la diffusion, dans les masses, du désir de sainteté — l'apogée de la Chrétienté. C'est pourquoi, par une inclination paresseuse d'autant plus invincible qu'elle est mieux intentionnée, on croit être invité à reconnaître dans le monde médiéval, *en tous ses aspects*, le paradigme de la vie humaine telle que Dieu l'a voulue. On considère alors que tous les progrès postérieurs au Moyen Âge — scientifiques, philosophiques, artistiques, politiques, techniques — seraient de faux progrès, ainsi des progrès dans le mal : la science expérimentale serait menteuse, elle exclurait par principe la recherche purement spéculative ; les développements techniques seraient tous par essence autant de tentations de réaliser diaboliquement le paradis sur Terre (« *libido sentiendi* ») ; les nouveautés philosophiques postérieures à la scolastique seraient sophistication spécieuse, ou bien pure curiosité fermée au sens du mystère (« *libido sciendi* ») ; quant aux progrès politiques, ils seraient franchement et évidemment autant d'avancées morbides inspirées par la « *libido dominandi* », attestées par la montée irrépressible du subjectivisme. La féodalité, subsumée par la théocratie pontificale, serait donc véritablement le dernier mot de l'organisation politique du peuple chrétien, le modèle indépassable. Et, s'il subsiste des imperfections difficilement contestables dans ce monde béni si merveilleusement adorné dans l'imagination des nostalgiques, on dira qu'elles ont été voulues par la Providence, en ce sens qu'il serait le meilleur des mondes chrétiens possibles : il ne serait pas bon, déclare-t-on, de chercher avec trop de vigueur la réalisation en acte des perfections naturelles, parce que cette recherche serait en son fond, et ultimement, antinomique de l'aspiration à la Patrie céleste. Et puis, l'histoire l'a prouvé (ajoute-t-on d'un air qui ne supporte pas la réplique), après la théocratie pontificale et la théorie des Quatre éléments, ce furent la Renaissance néo-païenne et les Temps modernes humanistes, c'est-à-dire maçonniques.

Mais raisonner de cette façon revient à prendre le fait pour le droit : ce qui devait parfaire la nature dans son ordre propre dans l'acte de la mener au-delà d'elle-même, lui faisant avoisiner sa perfection essentielle, l'a menée à un point de restauration de cette nature qui l'a disposée à se complaire en elle-même et à négliger sa vocation acquise à s'excéder elle-même ; les choses se sont bien passées ainsi, en gros. Mais on est en droit de penser que maints progrès naturels postérieurs au Moyen Âge, loin d'être solidaires du refus de la vie surnaturelle, sont au contraire l'effet de l'élan médiéval donné à la nature humaine par son ouverture à la grâce, même si ces progrès se sont développés en contexte de plus en plus déchristianisé. D'autre part, que la Renaissance soit une chute spirituelle ne signifie pas qu'il existerait une fatalité dans le fait de faire mauvais usage de ses dons naturels, une malédiction dans le cœur de la nature en tant que nature. Autant prétendre que Lucifer était naturellement trop excellent pour qu'il eût été permis d'attendre de lui qu'il ordonnât ses perfections à l'ordre surnaturel ; autant prétendre, plus trivialement, qu'il fallait qu'une femme sur deux mourût en couches pour que la grâce pût fleurir sur le terreau de la nature ; autant confesser que tout progrès naturel serait naturaliste, que la nature serait naturaliste, inclinée par essence — donc indépendamment du péché — à se fermer sur elle-même en se rendant hermétique à la grâce, et que la surnature ne s'introduit

PREMIÈRE PARTIE

dans la nature que par une déconstruction préalable de cette dernière. Il existerait, dans cette optique, une intention providentielle de retarder en l'homme la poursuite de sa fin naturelle afin de le protéger contre lui-même d'une tendance à refuser le surnaturel. Et l'idée thomiste selon laquelle « *gratia non tollit naturam sed perficit* », devrait être abandonnée. Il faudrait que Dieu fût mauvais créateur pour s'autoriser à se donner à ses créatures, ou bien qu'Il s'interdît de se donner à elles pour les créer parfaites. Parce qu'aucun thomiste, et même aucun catholique ne saurait avaliser une telle conséquence, le thomiste surnaturaliste conviendra que la grâce perfectionne la nature, mais il adoptera une conception étriquée de la nature humaine idéale, en refusant en elle l'existence d'un négatif non peccamineux. Tout conflit intérieur à la nature entre ses forces diverses devrait se régler, par la grâce, dans le sens d'une extirpation — à tout le moins d'un désamorçage — de certaines d'entre elles, ce qui revient à dévitaliser la nature pour la rendre vertueuse, au lieu que la véritable solution consiste, en cultivant l'irascible et les énergies polémiques de ces forces, à les laisser toutes se faire valoir, pour les vaincre souverainement. Perfectionner la nature, ce n'est pas vaincre ses tensions ; c'est, de manière concomitante, les exalter et les surmonter, les exalter pour les surmonter et les surmonter en les exaltant, dans une réciprocité d'action qui fait la vitalité même de la nature humaine.

Le Moyen Âge fut en effet un apogée de la foi, et un sommet probablement indépassable, théologiquement et moralement parlant, d'équilibre entre nature et surnature, entre raison et foi. Il fut aussi un sommet d'équilibre entre vitalité païenne (qui — à toute distance des « petites fleurs bleues de la piété », poussives et anémiées, de la spiritualité bourgeoise du XIXe siècle — ne le céda en rien — du point de vue de l'intensité, de l'exubérante variété, de la surabondance crue — à la vitalité antique) et abnégation chrétienne. Mais ce sommet d'équilibre entre nature et surnature était lui-même fécond, gravide de progrès dans l'ordre naturel, lesquels ne se sont manifestés, *par accident*, que dans un monde spirituellement décadent : Pierre Duhem a attiré l'attention sur François de Meyronnes, scotiste contemporain de Duns Scot, qui enseigna, dans son *Commentaire sur les Sentences* (lib. II, distrib. 14 q. 5) qu'un certain docteur (qu'il ne nomme pas) considérait que si la Terre était en mouvement et le Ciel en repos, cette disposition serait meilleure ; cet exemple prouve que la science moderne et contemporaine, rompant avec ce qu'il pouvait y avoir de caduc dans la science aristotélicienne, se contente de confirmer la pertinence des données de la foi si magnifiquement défendue au Moyen Âge, et que cette défense médiévale appelait d'elle-même les données de la science contemporaine ; on pourrait développer des remarques analogues à propos de la conception relativiste (celle d'Henri Poincaré pillé par Einstein) du temps, qui retrouve sans le savoir les conclusions de la conception aristotélicienne de l'espace et du temps. Ce qui, dans le Moyen Âge, doit servir de modèle à notre modernité exténuée, c'est précisément sa vitalité, son audace (spéculative en particulier), son absence de pusillanimité pudibonde aussi bien morale qu'intellectuelle, son souci de réassumer le meilleur — antique — de ce à quoi la raison peut parvenir dans sa connaissance de l'ordre naturel en ce qu'il a d'intemporel. Le Moyen Âge a réinventé la civilisation à partir de ce qui constitue en droit la finalité de la civilisation même, à savoir le souci d'assimilation de l'homme à Notre Seigneur Jésus-Christ, Roi et Sauveur. Mais, pour l'avoir initiée, le Moyen Âge n'a pas, pour autant, *achevé* cette réinvention dont la pulsation immanente avait vocation à s'actualiser au-delà de lui, dans les Temps modernes. Il en résulte que la fidélité au Moyen Âge entendu tel l'apogée de la Chrétienté, est fidélité à cette invitation au dépassement de soi du Moyen Âge, dont le Moyen Âge historique était lui-même gravide.

PREMIÈRE PARTIE

Nature et surnature : paradoxale coextensivité de leur autonomie et de la soumission de la première à la seconde

On peut parvenir, en ce qui concerne la vie nationale, au même résultat (la vie nationale est intrinsèque à l'idée du Politique) par le raisonnement suivant, dont les prémisses sont théologiques :

Toute l'entreprise politique et culturelle — dans ce qu'elle a de légitime — du génie occidental, fut, depuis deux mille ans, de faire assumer par le christianisme le meilleur et le non corrompu du génie de l'antiquité, c'est-à-dire des grandeurs païennes. La grâce, don gratuit par lequel la créature spirituelle est rendue capable de vivre de la vie même de Dieu, est « *elevans* », mais elle est aussi — et dans un même acte — « *sanans* ». Elle surélève ce qu'elle soigne, elle mène au-delà d'elle-même la nature qu'elle restitue à elle-même en tant qu'elle la restaure : est malade ce qui est devenu étranger à soi, incapable de coïncider avec soi, aliéné ou dépossédé de soi. Or ce qui, en tant que nativement libre, ainsi maître de ses actes, est restitué à soi-même, par là rendu conforme à sa nature intègre, se possède d'autant mieux qu'il est plus fidèle à son essence idéale : le libre arbitre, ou pouvoir d'autodétermination de la volonté, est lui-même essentiellement dépendant de, et posé par la nature de la volonté, ce qui n'empêche pas la volonté singulière, en tant que maîtresse de ses opérations, d'être la racine de ses actes ; elle n'est pas sa propre origine, elle ne décide ni de ce qu'elle est ni de ce qu'elle a à être, elle détruit sa liberté en agissant contre nature (elle la détruit librement, de manière peccamineuse), et pourtant *elle est donnée à elle-même, et c'est en quoi elle est libre, mais par là, puisqu'il est de son essence d'être donnée à elle-même, elle s'appartient d'autant plus qu'elle plébiscite plus parfaitement tant les exigences de sa nature que les moyens gracieux de les satisfaire ; elle s'appartient d'autant mieux qu'elle s'ordonne — ainsi se donne — plus parfaitement à ce dont elle procède*. Et, en tant qu'elle s'appartient, elle est racine de ses actes. Donc, s'il est vrai que se posséder consiste à se distinguer de ce par quoi on est possédé, ce qui est surnaturellement perfectionné est invité paradoxalement à faire se *contre-diviser* l'ordre naturel à l'ordre surnaturel, d'autant plus radicalement qu'il lui est plus fidèlement obéissant. La volonté de l'homme restauré par la grâce, absolument soumise à ses suaves injonctions, est d'autant plus libre que plus soumise, et c'est si vrai que le don de la grâce, qui s'ajoute à la nature et à proprement parler la recrée, en tant même qu'aide indispensable à la droiture de la volonté du pécheur, ne rend pas moins méritoires — sous le prétexte qu'elle serait aidée à les poser — les actes de la volonté ; loin de se substituer au libre arbitre de cet homme, elle le restaure en tant que libre arbitre et donne à ses actes d'être d'autant plus méritoires ; l'homme est d'autant plus l'auteur de ses propres actes volontaires qu'il laisse avec plus d'abandon Dieu agir en lui. Si la volonté est d'autant plus *auto*motrice que plus vigoureusement mue, elle est d'autant plus *différente* de ce qui la meut, d'autant plus recueillie en son autonomie, que plus investie par l'action de ce moteur, intentionnellement et inchoativement *identifiée* à son moteur surnaturel. Et c'est en cela qu'il est nécessaire de parler de contre-division, laquelle signifie ici tout le contraire d'une opposition ou d'un conflit, mais bien plutôt indique une distinction ; *la distinction entitative entre nature et grâce est d'autant plus accusée que la nature est mieux conformée aux réquisits de la grâce*. Elle est invitée à se distinguer d'autant plus radicalement de son moteur qu'elle lui est plus fidèle. Et cela se comprend en fait :

Une cause est d'autant plus puissante qu'elle est plus capable de produire des effets qui sont aussi des causes, au lieu d'être de simples effets. Or une cause est d'autant plus puissante dans l'ordre de la causalité qu'elle conditionne plus étroitement le contenu de ses effets. Donc elle les rend d'autant plus capables de causalité qu'ils consentent plus, par tout eux-mêmes, à être ses effets. Or le maximum de l'exercice de la causalité est l'autonomie de l'acte volontaire. Donc la causalité d'une cause créée est d'autant plus parfaite que cette cause créée consent plus docilement à se laisser mouvoir par la Cause incréée ; or plus le pouvoir de causalité d'un être est parfait, plus cet être est autonome ; donc plus un être est surnaturellement mû, plus il est autonome : la surnature perfectionne bien la nature jusque dans son ordre propre. De même, la volonté est d'autant plus autonome que plus étroitement conditionnée par la cause de la volonté même, par l'efficience du Donateur de ce don qu'il donne à lui-même, ainsi de ce don qui est identiquement son propre donataire : plus le donataire plébiscite l'œuvre du Donateur, plus il est donné à lui-même, ainsi libre, par là autonome. Dès lors, si les deux effets de la surnature (surélever et soigner) sont indissociables et concomitants, l'émergence historique de la restauration est postérieure à l'acte de l'élévation, elle est processuelle, elle est un travail d'assimilation du don surnaturel reçu ; la nature n'est pas passivement surélevée, *elle est invitée à coopérer, par le perfectionnement qu'elle reçoit et l'autonomie croissante qu'elle en acquiert, à sa propre élévation ; et si la nature est convoquée dans la fructification des dons surnaturels, et d'autant plus convoquée qu'ils sont plus abondants, c'est qu'elle est exaltée dans son ordre propre à proportion de leur abondance.* La foi est reçue dans un acte simple, il y a des degrés dans l'intensité de la foi, mais il en est de la foi comme il en est de ce qu'Aristote dit du plaisir : il est acte (et non mouvement), il est immédiatement tout ce qu'il peut être, ou il n'est pas ; il y a des degrés (du mouvement quantitatif) dans le plaisir, mais le plaisir n'est ni mouvement ni le terme d'un mouvement. La foi est acquise dans un acte, puis le progrès dans l'intelligence de la foi peut relancer la foi, il peut contribuer à la perfectionner, mais elle n'est pas elle-même le terme d'un progrès. Et plus l'intelligence de la foi progresse, plus la raison s'affirme, dans un processus qui, au vrai, s'achève dans la Vision, là où la foi passera ; elle passera par maximisation d'elle-même (la foi est d'autant plus grande que l'on s'approprie plus aux réquisits de la Vision), elle sera supprimée en tant que radicalisée. Il en est de même de manière plus générale — *mutatis mutandis* — pour la grâce. L'aspect ou le don créé de la grâce sanctifiante résulte de la communication de l'Esprit-Saint à l'essence de l'âme, laquelle communication pose en l'âme une détermination (créée) disposant l'âme à vivre de la vie même de Dieu (aspect ou don incréé de la grâce) ; la lumière de gloire, fruit de la grâce, est la communication de l'Intelligible divin à la puissance intellective, qui pose en elle une détermination créée disposant l'intellect — quand Dieu se fait la forme qui actualise l'intellect et le rend déiformé — à l'intellection de l'essence divine. Or, dans les deux cas, celui de la foi et celui de la grâce, *loin de se substituer aux puissances naturelles, l'intromission des dons surnaturels (vertus théologales et grâces) exalte ces puissances et — sans jamais violenter les limites que leur imposent leurs natures respectives de créatures — les perfectionne jusque dans leurs ordres naturels propres, puisqu'elle convoque leurs initiatives à proportion qu'elle les arraisonne.* Le progrès dans l'assimilation du don est — sinon selon le temps, à tout le moins selon la causalité — consécutif au don lui-même, quand bien même il rend possible en retour un accroissement du don.

Par ailleurs, le monde antique n'était pas l'état de pure nature (Adam fut créé en état de grâce), il était l'état de la nature déchue après sa surélévation originaire, en attente impuissante de son Sauveur et restaurateur divin. Il reste qu'il était ce qui permet de concevoir ce qu'eût été l'état de pure nature, puisqu'il s'agissait d'un état de la nature humaine ignorante et/ou oublieuse des vérités auxquelles la foi donne accès. Et ce monde païen a illustré, certes imparfaitement mais de manière grandiose, riche d'enseignements, les grandeurs auxquelles l'ordre naturel est en mesure de parvenir par lui-même. Il a en particulier fourni, à travers la naissance — grecque — de la philosophie, les concepts requis pour l'explicitation du dogme catholique.

Mais il a aussi manifesté que l'ordre politique naturel accompli n'est pas sans le plébiscite d'une vie nationale : *les communautés antiques étaient non des liens de fidélité dynastique mais des nations* ; le pouvoir politique, dans sa différence réelle d'avec les pouvoirs domestique, despotique et religieux, était parfaitement connu et réalisé. *Il en résulte — s'il est vrai que la surnature ne détruit pas la nature mais la perfectionne, et la perfectionne au point de l'inviter à se contre-diviser à elle — qu'il était dans l'ordre que l'organisation politique du monde initiée par la christianisation des peuples en vînt à se conférer une forme nationale.* Il n'est pas contradictoire que plusieurs nations soient structurées par un même État, mais il devient impossible qu'une même nation destinée à durer, ainsi méritant d'exister au nom de l'excellence et de l'universalité des caractères qui la définissent, soit éclatée en plusieurs États.

Fascisme et catholicité

Les chemises noires de Mussolini font suite aux chemises rouges de Garibaldi pour lequel, dit-on, fut créé le 97e degré du rite Memphis Misraïm. Cavour, Premier ministre du roi de Piémont-Sardaigne, père de la patrie italienne avec Garibaldi et Mazzini, était franc-maçon et anticlérical. Mazzini entendait créer une Italie italienne, après l'Italie des Romains et celle des catholiques, une « *terza Italia* » républicaine. Et même l'abbé Vincenzo Gioberti, d'abord soucieux — selon la théorie néoguelfiste — de faire se réaliser l'unité italienne par le pape (Pie IX le surnomma sous ce rapport « père de la patrie »), en viendra à l'idée que cette unité doit se faire sous l'égide de la Maison de Savoie, mais il sera mis à l'Index par Pie IX. Dans ces conditions, ne faut-il pas se rendre à l'évidence, avec Metternich, que l'Italie doit demeurer, dans l'intérêt des trônes catholiques d'Europe, de la catholicité de ces trônes, et de l'indépendance du pape, une « simple expression géographique » ? Et les États pontificaux, supposés requis par l'indépendance du Saint-Siège, n'excluent-ils par l'unité de l'Italie ? N'est-on pas en demeure de sacrifier les exigences immanentes de l'ordre naturel à celles, transcendantes, de sa fin surnaturelle ? Par là, le fascisme, en tant qu'héritier du Risorgimento, n'est-il pas, dans son refus de sacrifier l'unité de la nation aux besoins historiques de l'Église, par essence anticatholique ? Du « *non possumus* » de Pie IX au « *non expedit* » de Léon XIII (repris de Pie IX), l'Église n'a-t-elle pas tranché ?

DÉSIR DE DIEU ET ORGANICITÉ POLITIQUE

Si les démonstrations qui précèdent ont quelque valeur, il convient — bien au contraire — de discerner, dans le fascisme, l'entreprise réussie de récupération d'idées vraies et de restauration de l'ordre naturel, toutes choses appelées par l'ordre surnaturel. Il est nécessaire de reconnaître que les dépositaires historiques de cet ordre surnaturel, ayant négligé d'actualiser l'infrastructure naturelle — ainsi philosophique et politique — appelée par l'ordre surnaturel, se sont fait balayer par des antichrétiens dont l'œuvre et les principes confisquaient en les adultérant les idées nécessaires à la pérennité de ce qu'il y avait de meilleur dans les régimes catholiques traditionnels.

La Ruse de la raison catholique

Quand les héritiers d'un bien précieux sont incapables d'accoucher des moyens nécessaires à sa pérennité et à sa croissance, ils se le font détruire par les spoliateurs usant de ces moyens mêmes — qu'ils dérobent aux premiers, lesquels ne s'en savaient pas possesseurs — en les retournant contre leurs détenteurs légitimes.

Quand les héritiers de la Chrétienté se révèlent incapables de dévoiler et d'actualiser des principes objectivement inscrits dans leur propre corpus doctrinal, ils se les font dérober par les ennemis de la Chrétienté qui les dénaturent et les retournent contre les premiers, lesquels, n'ayant rien compris du processus qu'ils vivaient, s'obstinent à discerner, dans de tels principes, l'œuvre délétère de leurs ennemis.

Il arrive parfois, dans l'histoire, que la victoire du mal non seulement se révèle *a posteriori* nécessaire au discernement des conditions qui eussent été requises pour prévenir l'avènement du mal, mais encore que les méchants victorieux en viennent en dernier ressort, après que les soldats du bon combat se sont réapproprié leur propre héritage, à succomber sous les coups des principes qu'ils avaient par accident rendus manifestes. Le fascisme est l'illustration contemporaine privilégiée de ce processus dialectique en forme de « ruse de la raison ». On peut en dire autant du processus historique allemand : « Quand il s'avère que la Prusse bismarckienne réalisera l'unité allemande, les libéraux cessent de s'opposer à l'autocratie de Berlin. Même Lassalle <socialiste> entretient avec Bismarck les relations les plus cordiales » (*Hitler et le nazisme*, PUF, Que sais-je ?, Claude David, 14e édition, 1996, p. 53).

Dans *Les Fondements historiques du national-socialisme* I, I (*Les racines du conservatisme révolutionnaire*, Paris, Le Rocher, 2002, p. 33), Ernst Nolte rappelle que si le nationalisme demeura « pour l'ancienne école des conservateurs, les esprits religieux et les monarchistes, une manifestation de la révolution maudite », « la résistance à Napoléon avait pris, en Espagne, en Allemagne et en Russie, les traits d'une "lutte de libération nationale" », tout comme au reste en France, avec l'épopée de sainte Jeanne d'Arc, lors de la guerre de Cent Ans : c'est en tant qu'opposant à l'héritage révolutionnaire du jacobinisme que cette résistance au soldat de la Révolution fut nationaliste, et on voit mal sous ce rapport que le nationalisme puisse procéder de ce qu'il conteste et en la contestation de quoi il se révèle ; *ce n'est pas de la révolution jacobine que le nationalisme tient son essence, c'est de ce dont la révolution était la négation, mais qui, avant elle, n'était pas conscient de lui-même* ; le jacobinisme ne fut pas le fondement de l'esprit nationaliste, il en fut le catalyseur accidentel ; et le libéralisme n'est pas intrinsèquement solidaire du principe des nationalités, il ne fut revendiqué pour le promouvoir que parce qu'il était la manière historique — certes bien maladroite — dont les partisans des nations crurent bon de s'opposer aux conservateurs légitimistes qui — quant à eux — ne voulaient rien entendre du principe national. Et Nolte de rappeler que Hitler aimait à se dire « révolutionnaire anti-révolution », au nom de son opposition radicale aux principes de 89. On en peut dire autant, au moins, de Mussolini, dont le socialisme et le syndicalisme révolutionnaire furent ce que fut pour Barrès — méchamment et stupidement brocardé par Léon Bloy l'enjuivé solennel, imprécateur hérétique et larmoyant écornifleur — son culte du Moi : quand le Moi s'approfondit et entre en lui-même, il s'aperçoit que le fond du Moi n'est pas seulement moi, mais aussi le passé, les ancêtres, la race, l'esprit du peuple, la nature humaine elle-même, de sorte que l'individualisme, intrinsèquement contradictoire, se sublime par sa radicalisation même en anti-individualisme, et en anti-individualisme désormais autrement plus robuste, conceptuellement parlant — parce que devenu conscient de lui-même et possesseur des raisons qui le justifient —, que celui qui avait précédé l'avènement de l'individualisme.

Le fascisme, réaction révolutionnaire

« (…) le fascisme est contraire à toutes les abstractions individualistes, à base matérialiste, genre XIXe siècle ; (…) il est contraire à toutes les utopies et à toutes les innovations jacobines. Il ne croit pas à la possibilité du "bonheur" sur la terre, comme le voulait la littérature du XVIIIe siècle » (Mussolini, *La Doctrine du fascisme*, Éditions du Trident, 1987, p. 14). « Ni individus, ni groupes (partis politiques, associations, syndicats, classes) en dehors de l'État. Le fascisme s'oppose donc au socialisme, qui fige le mouvement historique dans la lutte des classes, et ignore l'unité de l'État qui fonde les classes en une seule réalité économique et morale ; et de même il est contre le syndicalisme de classe. Mais le fascisme veut que, dans l'orbite de l'État, les exigences réelles qui donnèrent naissance au mouvement socialiste et syndicaliste soient reconnues, et il les fait valoir dans le système corporatif où ces intérêts s'accordent avec l'unité de l'État » (*id.* p. 16). « (…) le fascisme accepte, aime la vie, ignore le suicide et y voit une lâcheté » (*id.* p. 29). « Après le socialisme, le fascisme bat en brèche tout l'ensemble des idéologies démocratiques et les repousse, tant dans leurs prémisses théoriques que dans leurs applications pratiques. Le fascisme nie que le nombre, par le seul fait d'être le nombre, puisse diriger la société humaine ; il nie que ce nombre puisse gouverner, au moyen d'une consultation périodique ; il affirme l'inégalité irrémédiable, féconde et bienfaisante des hommes, qui ne peuvent devenir égaux par un fait mécanique et extrinsèque tel que le suffrage universel. On peut définir ainsi les régimes démocratiques : ceux dans lesquels on donne de temps en temps au peuple l'illusion d'être souverain, alors que la souveraineté véritable et effective réside en d'autres forces, parfois irresponsables et secrètes. La démocratie est un régime sans roi, mais avec de très nombreux rois parfois plus exclusifs, plus tyranniques et plus ruineux qu'un seul roi qui serait un tyran » (*id.* p. 33). Cela dit : « Les négations fascistes du socialisme, de la démocratie, du libéralisme, ne doivent cependant pas faire croire que le fascisme entend ramener le monde à ce qu'il était avant 1789, date qui est considérée comme l'année d'inauguration du siècle démo-libéral. On ne revient pas en arrière. La doctrine fasciste n'a pas choisi De Maistre pour prophète. L'absolutisme monarchique a fait son temps, au même titre que l'"ecclésiolâtrie", que les privilèges féodaux ou les castes fermées à cloisons étanches » (*id.* p. 38-39). « Nous représentons un principe nouveau dans le monde, nous représentons l'antithèse nette, catégorique, définitive de la démocratie, de la ploutocratie, de la maçonnerie, en un mot, de tout le monde des immortels principes de 1789 » (Mussolini, *Pour l'installation du nouveau Directoire national du Parti*, 7 avril 1926 ; dans *Scritti e Discorsi*, vol. V, Milan, Hoepli, 1934, p. 307). « La paix entre le Quirinal et le Vatican est un événement d'une importance capitale, non seulement pour l'Italie mais aussi pour le monde. Pour les Italiens, il suffira de rappeler que le 11 février 1929, le Royaume d'Italie a été finalement et solennellement reconnu par le Souverain Pontife sous le sceptre de la Maison de Savoie, avec Rome comme Capitale de l'État italien. De notre côté, nous avons reconnu loyalement la souveraineté du Saint-Siège, non seulement parce qu'elle existait en fait, non seulement en raison des proportions presque insignifiantes du territoire demandé, proportions qui ne diminuent en rien son autre grandeur, mais surtout parce que nous sommes convaincus que le Chef suprême d'une religion universelle ne peut être sujet d'aucun État, sous peine de déchéance de la catholicité, synonyme d'universalité » (Mussolini, *Discours à la première Assemblée quinquennale du Régime*, 10 mars 1929).

Corps mystique et États pontificaux

Il n'est nullement de l'essence même de l'Église, tant comme société parfaite que comme Corps mystique du Christ ou « Jésus répandu et communiqué » (Bossuet), de posséder des territoires pontificaux étendus. L'Église a un pouvoir légitime immédiat, en matière morale, sur tous les catholiques ; elle est dans son rôle quand elle condamne, pour des raisons religieuses, les chefs indignes, et quand elle invite leurs peuples à se rebeller contre eux (tel est son pouvoir politique indirect, qui est ainsi négatif) ; elle n'est nullement dans son rôle quand elle prétend diriger politiquement les chefs politiques, ou se faire chef politique d'un État propre au détriment d'autres États naturels. « Au XIVe siècle, il n'était possible, même à une puissance d'ordre essentiellement spirituel, de dominer le monde qu'à la condition d'asseoir ses moyens d'action sur la propriété territoriale et la fortune mobilière » (Mgr Mollat, cité par Pierre Pierrard, *Histoire de l'Église catholique*, Desclée, 1972, p. 147). Cela dit, l'auteur rappelle dans le même ouvrage (p. 124), que saint Louis fut un « fils soumis de l'Église, mais sachant secouer les clercs et les moines endormis ou indignes **et se considérant comme tenant son pouvoir de Dieu et non du pape** ». Le pape Innocent III raisonnait comme suit (p. 118) : « Le Christ a tout pouvoir, or le pape est son vicaire, donc il a aussi tout pouvoir. » Mais c'était là oublier que le Christ est homme *et* Dieu, qu'Il est maître de toute chose en tant que Créateur, ce qui n'est pas le cas du pape ; Notre Seigneur Jésus-Christ est roi, souverain absolu dans l'ordre spirituel *et* dans l'ordre temporel, parce qu'Il est l'auteur du fait que la nature humaine existe, et avec elle de tout ce qu'elle contient, dont sa dimension politique. L'homme est par nature animal domestique et animal politique ; il tient de sa nature son autorité sur ses enfants, non du pape ; et de même il tient de sa nature son autorité politique sur ses sujets, non du pape. Mais parce que le Christ est maître — à la différence du

PREMIÈRE PARTIE

vicaire du Christ — des natures elles-mêmes en tant que Créateur des hommes dans leur nature, Il est Roi des rois autant qu'Il est prêtre des prêtres.

Quelque contestable qu'ait été la méthode de leur fondation, les États pontificaux ont providentiellement servi la cause de l'Église pendant plusieurs siècles, en tant qu'ils garantissaient, jusqu'à un certain point, l'indépendance du pouvoir catholique par rapport aux empiétements des Politiques toujours — à tout le moins trop souvent — prompts à se subordonner tous les pouvoirs s'exerçant dans leur zone d'influence. Non que le Politique soit par essence inflationniste, car la recherche du bien commun terrestre, objet du Politique, constitue à elle seule, pour autant que cette fin soit bien comprise, un principe naturel suffisant de limitation d'un tel pouvoir. C'est précisément quand cette recherche s'adultère, ainsi quand le bien commun tend à dégénérer en bien privé, que le pouvoir supposé servir le bien commun devient inflationniste. Et la recherche du bien commun s'adultère quand la forme du pouvoir rend possible une réduction du bien commun au bien privé du détenteur d'un tel pouvoir, ce qui a lieu quand la forme féodale d'organisation de la cité, en droit moment obligé d'éduction de l'État doté d'une conscience nationale, tarde à se sublimer en sa raison d'être historique, et s'obstine à se pérenniser, dans la forme de revendications dynastiques, au détriment de la genèse d'une identité nationale dont le grand mérite est, fonctionnellement, d'unir tous les membres de la cité dans une identité collective suscitant leur fierté de la servir, par là d'accuser la conscience de ce que le bien commun, bien du tout pris comme tout, est aussi le meilleur bien de chaque particulier ; et cette conscience accusée autorise la cité à faire renforcer le souci du bien commun par l'initiative de tous ceux qui lui sont ordonnés : la subordination des parties au tout se fait renforcer par l'initiative des parties elles-mêmes². C'est pourquoi ce mode d'accession à l'indépendance du pouvoir spirituel du Saint-Siège que fut le recours aux États pontificaux ne pouvait être que provisoire. On sait la formule haineuse de Staline rétorquant aux sollicitations de Pierre Laval en 1935 : « Le pape, combien de divisions ? » Quelque prospères et étendus que soient des États pontificaux, ils ne peuvent rien — et n'ont jamais pu grand-chose — contre la force des armes, surtout dans le monde moderne, sauf si le pouvoir spirituel du pape est reconnu et respecté par les membres de confession catholique de tous les États de la terre. Or ce n'est pas par la puissance temporelle du pape que cette fidélité des catholiques est acquise, c'est par le développement de leur foi et de

---

² Mgr Alfred Baudrillart, qu'on ne saurait — pour le moins — soupçonner de nourrir des sympathies jacobines et modernistes (il sut courageusement, non de cœur mais de raison, souhaiter la victoire de l'Allemagne), ne pensait pas autre chose sur ce sujet : « Ne croyez pas que je sois porté à méconnaître dans le passé, plus que dans le présent, la valeur de l'idée de nation. Formule nouvelle, mais combien féconde ! Moins belle en soi que l'idée de chrétienté, combien n'était-elle pas supérieure au morcellement féodal ! Quel progrès pour l'ordre public, pour la répression des abus de tous genres ! Quel levier pour agir sur le reste du monde ! **Quel idéal magnifiquement élevé et cependant accessible à proposer aux intelligences et aux volontés pour les soulever au-dessus des intérêts personnels et les provoquer aux plus héroïques dévouements ! Quel moyen de faire donner à chaque race et à chaque peuple, le maximum de son rendement, de son apport à l'humanité, dans l'ordre des idées, des arts, et même de la religion !** Tout cela, l'Église l'a compris et ne l'a jamais condamné » (*La Vocation de la France*, Gallimard, 1934). Mgr Baudrillart fut ignoblement traité d'« émule de Cauchon » par le très faisandé Paul Claudel, opportuniste engraissé par les bontés du Juif Paul-Louis Weiller, et qui, après avoir rédigé une « Ode à Pétain » (*Paroles au Maréchal*, 1941), commit un *Poème au général de Gaulle* (1944). Georges Clemenceau dira de sa prose : « J'ai d'abord cru que c'était un carburateur et puis j'en ai lu quelques pages — et non, ça n'a pas carburé. C'est des espèces de loufoqueries consciencieuses comme en ferait un Méridional qui voudrait avoir l'air profond » (rapporté par Wikipédia).

l'intelligence de leur foi, conditions de la croissance de leur espérance et de leur charité.

Saint-Empire, « Fille aînée de l'Église » et États pontificaux

En revanche, c'est le souci — dérisoire au regard des enjeux spirituels de la chrétienté — de l'indépendance de ses États qui fit commettre à Clément VII (Jules de Médicis) un parjure au détriment de Charles-Quint. Le pape, initiateur de la Ligue de Cognac (1526), ainsi complice du ressentiment de François Ier vaincu à Pavie par l'empereur (et obnubilé par ses prétentions italiennes revendiquées — à toute distance d'un esprit national — par des considérations relevant de la logique féodale des successions dynastiques), redoutait que ses États ne fussent confisqués par l'empereur déjà possesseur de l'Italie méridionale par son héritage espagnol, mais aux prises à l'intérieur de ses domaines avec les Luthériens, et à l'extérieur avec les Ottomans. Si Clément VII avait été mû par le seul souci de l'intégrité de la foi, c'est la cause de Charles-Quint qu'il eût embrassée, et c'en eût été fait du développement du protestantisme dans toute l'Europe, vecteur privilégié de cette perversion de l'esprit accoucheuse de la Révolution française et, avec elle, du communisme et du mondialisme bancaire contemporains. S'appuyant sur les Colonna pour déstabiliser le pape Médicis, Charles-Quint obtint de ce dernier, contre son aide l'habilitant à recouvrer sa souveraineté à Rome, de quitter l'alliance avec le roi de France. C'est alors que Clément VII trahit l'empereur en renouvelant son soutien à François Ier, lequel était l'allié objectif et subjectif des Protestants et des Musulmans, ce qui fit de lui, comme au reste plus tard d'Henri II et de Richelieu, un singulier « roi très chrétien ». On eut beau jeu de dénoncer ensuite, avec des trémolos indignés, les horreurs du sac de Rome opéré par Charles de Bourbon en 1527. C'est aussi le souci de ses États pontificaux qui fit inconsidérément retarder la condamnation par Pie VI de la funeste et française constitution civile du clergé. On notera au passage que c'est d'une part sur le slogan « France, fille aînée de l'Église », érigé en dogme par les catholiques français, et sur l'idée erronée selon laquelle le sacre serait presque un huitième sacrement faisant à la limite de la fonction royale une instance spirituelle rivale de celle de l'Église, que les catholiques traditionalistes français en viennent à justifier les prétentions des rois de France à assurer l'indépendance souveraine et la prospérité de leur trône au détriment des exigences de la Chrétienté. Chaque chose doit rester à sa place, le naturel n'est pas le surnaturel : ce qui légitime le pouvoir politique est le fait de son ordination au bien commun, non le sacre. Et l'enfer est pavé de bonnes intentions :

Quelques mises au point

Bien intentionnés, les catholiques traditionalistes, en particulier les Français, considèrent qu'un pouvoir politique est d'autant meilleur qu'il est plus catholique, et en cela ils ont raison puisque la grâce perfectionne la nature. Mais ils considèrent que la société est d'autant plus catholique que les actes d'autorité de ses chefs sont plus étroitement subordonnés aux intérêts temporels des hommes d'Église, ce qui est faux. Est fausse encore l'idée selon laquelle, sous le prétexte qu'un pouvoir naturel est d'autant meilleur qu'il est plus ordonné à l'ordre surnaturel (ce qui est vrai), un chef d'État exercerait d'autant mieux son autorité et ordonnerait d'autant plus parfaitement son pouvoir au salut surnaturel de ses sujets qu'il les ferait plus radicalement procéder de l'Église et qu'il ferait conditionner toutes ses décisions politiques par l'aval de l'Église. Autant vaudrait prétendre qu'un père de famille, pour être un père de famille vraiment catholique, devrait reconnaître que son autorité sur ses enfants procède du prêtre qui les catéchise, et devrait se croire en demeure de faire conditionner toutes ses décisions domestiques par l'aval de son confesseur. Ce sont là, certes, des comportements que maints ecclésiastiques recommandent, à tout le moins qui les comblent d'aise. Mais ce ne sont pas des comportements catholiques : le surnaturalisme n'est pas catholique. À régaler les prêtres avec trop de largesse, on finit par les rendre insupportables, vénaux, capricieux, outrageusement exigeants et bien peu dignes de respect ; à trop donner du fruit de son labeur au prêtre, le père de famille en vient à frustrer ses enfants des soins qu'ils requièrent naturellement. Il y a quelque chose de véritablement navrant, mais aussi de politiquement suicidaire, dans ce comportement servile, apeuré, forgé dans la bonne volonté, et bien peu éclairé, de parents qui, soucieux de plaire à Dieu, entendent servir l'Église mais qui, dans leur souci généreux de servir l'Église, se réduisent au rôle de factotums de prêtres avides (« pour la bonne cause !.. »), autoritaires et caporalistes, qui abusent du respect dû à leur état et en viennent à imposer leurs lubies intéressées. Et le même processus se reproduit trop souvent, et depuis trop longtemps, chez les papes et cardinaux, qui s'efforcent à conférer le poids de dogmes infaillibles à leurs stratégies vaticanes aléatoires et tout humaines : qu'on songe à l'Affaire des Cristeros... Et faire de telles observations n'est pas « manquer d'esprit surnaturel ». Ainsi, en plaçant dans le sacre le constitutif formel de l'autorité politique — ce qui excède de beaucoup sa légitimation rationnelle qui se limite à signifier que le pouvoir politique est en dernier ressort ordonné à une fin surnaturelle —, en inventant de pieuses histoires relatives à la « Sainte Ampoule », on en vient, dans les faits, à faire du sacre un huitième sacrement habilitant les rois à se croire dépositaires d'une autorité surnaturelle et par là infaillible, qui inévitablement, tôt ou tard, entrera en conflit avec celle du pape, à moins — ce qu'à Dieu ne plaise, et qui ne trouble pas la conscience et le souci de cohérence des catholiques monarchistes — que le pape n'en vienne à s'arroger une légitimité « césaropapiste » que seuls quelques surnaturalistes caricaturaux, dans certains milieux sédévacantistes en particulier (tous les sédévacantistes, pour l'honneur de l'Église et pour la santé de leur raison, ne sont heureusement pas dans ce cas), osent adopter. Tout autant, un père de famille outrageusement servile à l'égard de la gent ecclésiastique en viendra, par compensation, à se croire investi, en délégué du prêtre, d'une autorité quasi religieuse sur ses enfants, et procédera à des abus d'autorité qui en retour susciteront dans les enfants une exaspération capable de leur faire perdre la foi. Un directeur de conscience digne de ce nom, à toute distance de prétentions cléricales démesurées, invitera les pères de famille à reposer sur eux-mêmes dans l'exercice de leur devoir d'état ; et, de même, un pape lucide et prudent en matière politique, plutôt que de prétendre à diriger les rois, les renverra à leurs responsabilités naturelles.

Quelques conclusions

Que retenir de ces tristes constats ? D'abord que, à long terme, la subordination du Politique aux intérêts vitaux de la Religion est la condition de prospérité du Politique lui-même ; ensuite, que le service des intérêts spirituels de la chrétienté est le meilleur garant de l'indépendance du pape et de son crédit moral sur les États et sur les fidèles ; en troisième lieu, que le machiavélisme n'est jamais payant : les prétentions temporelles des papes se sont conjuguées aux logiques dynastiques des princes pour retarder l'avènement des nations, et cette conjugaison s'est révélée ruineuse pour les intérêts des princes et pour ceux des papes ; c'est pour avoir retardé inconsidérément l'avènement des nations que le souci de ces dernières en est venu à se satisfaire dans l'élément corrompu et corrupteur de l'esprit nationalitaire, et c'est dans le fascisme que l'idée nationale s'est délestée de ses adultérations libérales, nationalitaires, individualistes et antichrétiennes. Frustrés par la perte de leur pouvoir temporel, les hommes d'Église se sont mis à promouvoir l'esprit démocratique afin d'affaiblir les États, selon le calcul suivant : réduire les laïcs catholiques à des supplétifs des prêtres dans une « Action catholique » à vocation apostolique, ainsi les détourner de leur champ naturel de compétence (la politique) et attendre de leur docilité aux injonctions des ecclésiastiques qu'ils en viennent à devenir majoritaires dans les sociétés démocratiques, afin de conquérir un pouvoir qu'ils exerceront au titre de lieutenants du clergé ; il s'agissait de recouvrer, par le biais du peuple abêti et en contexte de souveraineté populaire, ce pouvoir temporel que les Politiques avaient naguère contesté et ravi aux princes

PREMIÈRE PARTIE

de l'Église. Le résultat de cette corruption démocratique — opérée par les hommes d'Église — du Politique, est que, loin d'avoir permis la reconquête d'un pouvoir temporel, une telle corruption en est venue à instaurer la démocratie dans l'Église même et à nourrir, par elle, le modernisme anticatholique. Ce faisant, tout affairés à leur stratégie de reconquête, les ecclésiastiques ont bien entendu compromis, au nom des valeurs évangéliques, toute tentative de redressement du Politique, ainsi tout effort — d'inspiration fasciste — de se débarrasser de la peste démocratique. Ce qui, on en conviendra, n'est pas un résultat très glorieux.

Nous nous demandions : « Comment peut-on sans contradiction se déclarer fasciste et catholique ? » Force est de conclure, après avoir pris acte de ce qui précède — et quand bien même certains aspects du fascisme historique appelaient certains amendements et maturations au regard du catholicisme intègre :

Comment peut-on, sans esprit chimérique grevé d'incohérence et de rêveries capricieuses et butées, se dire catholique sans être fasciste ?

DEUXIÈME PARTIE

Désir de Dieu et surnaturalisme
Conférence du 10 février 2018

1 – Préambule

Psychologie de l'homme de droite

Nous sommes catholiques et politiquement de droite. Les deux déterminations ont souvent du mal à se concilier, sous divers rapports : il y a des hommes de droite qui ne sont pas catholiques, et des catholiques qui ne sont pas de droite. Mais ces derniers sont des modernistes et, de ce fait, ils ne sont pas catholiques. Il y a cependant des hommes de droite qui, pour se vouloir tels, considèrent qu'ils sont mis en demeure de n'être pas catholiques. Que le catholique ait des raisons de discerner en cette position une incohérence ne le dispense pas de méditer sur les raisons au nom desquelles on pourrait éprouver des difficultés à être catholique et de droite, parce que ces raisons révèlent peut-être une incohérence, non dans le catholicisme en tant que tel, non dans la pensée de droite en tant qu'elle est véritablement de droite, mais dans la manière dont certains catholiques conçoivent la cité politique, et plus généralement dans la manière dont ils se représentent leurs devoirs moraux et l'idéal de leur comportement face à la vie en général.

L'homme de droite est inégalitaire, réaliste, il se refuse à croire à la possibilité du paradis sur terre, il sait que les rapports de force sont indéracinables, il admet que la vie est une lutte, que la compétition est un bien, que la vie ménage des victoires et des défaites pour chacun, qu'il y a nécessairement des gagnants et des perdants, et que c'est là une bonne chose contre laquelle il serait vain, mais aussi honteux et laid, de s'insurger ; l'homme de droite ne considère pas comme un scandale qu'il y ait des souffrances à supporter et des efforts à prodiguer, que ces difficultés font partie de la vie qui ne serait pas aussi désirable sans elles tout simplement parce que ce ne serait pas la vie : la vie est ce qui résiste à la mort, selon le mot de Bichat, même la mort fait partie de la vie ; l'homme de droite tient pour un enfantillage et, à terme, pour une lâcheté le consentement donné à cet argument spécieux selon lequel tout serait permis à l'homme, sous le prétexte qu'il n'a pas demandé d'exister : selon un tel argument, l'homme serait déjà là avant d'exister, invité à choisir entre exister et ne pas exister, mais en vérité c'est encore à son existence qu'il puise pour la remettre en cause, de sorte qu'il est fondamentalement de mauvaise foi, chimérique endurci vautré dans l'amertume et l'esprit de révolte qu'il prend pour une pulsation d'indignation vertueuse et une revendication de justice ; et c'est pourquoi l'homme de droite voit dans le suicide une lâcheté, l'envers réel de cette illusoire et grandiloquente hauteur de vue prétendument attachée au pouvoir de refuser d'exister. L'homme de droite sait que l'homme n'est pas naturellement bon, que la dignité se conquiert, que le petit d'homme doit commencer par faire ses preuves avant de revendiquer ; quand il est chrétien, l'homme de droite est pénétré de l'idée éminemment précieuse que le seul vrai droit naturel de l'homme est celui d'aller en enfer ; l'homme de droite sait que la vraie dignité de l'homme consiste dans l'acceptation et le respect de ses devoirs ; qu'il n'est pas en position de réclamer à sa naissance, mais de servir ; que servir est un honneur et la condition d'une vie réussie ; que le bonheur absolu n'est pas et ne sera jamais de ce monde, et qu'il est excellent qu'il en soit ainsi parce que, si bonheur absolu il y a quelque part, il ne consistera pas en une paix fade et rose immune de tout conflit et de toute souffrance, mais en une paix gravide du négatif de la violence, ainsi en une paix virile s'étant révélée victorieuse de la souffrance et de la lutte par là destinées à être acceptées pour être surmontées.

DEUXIÈME PARTIE

Esprit de droite et âme chrétienne

Ce ne sont certes là que des caractéristiques vagues et plus psychologiques que politiques, mais, dans leur indétermination même, elles peuvent suffire pour fonder un consensus liminaire sur l'identité de l'homme de droite, et surtout, en l'occurrence présente, elles sont assez précises pour que l'on soit à même de remarquer sans difficulté une possibilité d'incompatibilité entre pensée chrétienne et attitude de l'homme de droite : si ce dernier admet que la vie est une lutte, il ne se représente pas la violence, le combat, la domination sur autrui, l'inégalité ou l'arbitraire dans la distribution naturelle des dons, des chances et des infirmités, comme autant d'injustices qu'il appartiendrait à l'utopie politique et morale de rectifier ; il sait que toute la vie humaine n'est pas tissée par les seules relations d'amour entre les hommes, et que ces aspects polémiques de la vie sont essentiels aux vrais progrès, ne sauraient se réduire à des effets du péché, à peine de faire du mal en général, physique et moral, une instance nécessaire à l'avènement du bien ; or le chrétien, ou une certaine manière — somme toute assez répandue, dès avant l'ère du modernisme — d'être chrétien, se révèle incapable de plébisciter les rudesses naturelles de la vie, ne les accueillant que comme autant d'effets du péché qu'il appartiendrait à la poursuite de la sainteté d'éradiquer ; au nom de la Cité céleste, il tend à condamner les conflits qui tissent la trame de la cité terrestre. Il condamne la guerre, il est pacifiste et doux, il pardonne au lieu de se venger, il s'abaisse au lieu de s'affirmer, et il est difficile, au premier abord, de ne pas reconnaître, en de tels caractères, une aversion pour la force. Quand bien même la Chute est pour lui une heureuse faute lui ayant valu un si grand Rédempteur, le chrétien ne peut pas ne pas être tenté de se dire que c'est par le péché que la mort est entrée dans le monde, que le péché le chassa du paradis terrestre où tout était pureté, innocence, sans négatif aucun, sans lutte, sans conquête périlleuse, sans combat, sans souffrance, où le lion et l'agneau se côtoyaient paisiblement, et que, quand bien même il se persuade que c'était là l'effet de dons préternaturels excédant les pouvoirs de sa nature, c'était quand même la manière d'être humain voulue par Dieu, de sorte que le croyant aura beaucoup de mal à ne pas se dire que l'homme d'avant la Chute était le prototype de l'homme parfait qu'il conviendrait à ce titre de tenter d'imiter au mieux. Et un tel idéal est bien éloigné de celui du guerrier, du conquérant, du fondateur d'empires, du créateur de génie, du paysan dur à la tâche qui sait qu'on ne vit qu'en gagnant sa vie, et qu'on ne mérite de vivre qu'en acceptant cette cruelle règle du jeu cosmique : on ne gagne sa vie qu'en la rudoyant, et même seulement en acceptant de la risquer. Pourquoi, en dernier ressort, faudrait-il préférer la paix à la guerre, le repos à la lutte, la fraternité au plaisir de vaincre et de dominer, l'oubli de soi à l'affirmation de soi, le pardon à la vengeance, la résignation à l'obstination héroïque ? Est-il si évident de concevoir une paix qui, pour conjurer sa propension à dégénérer en sommeil, ne soit pas ablative des pulsations vitales de la guerre, et demeure enivrante comme le risque, exaltante comme le défi de la mort ? S'il n'est pas de force sans combat, peut-on sans difficulté aucune réduire la guerre au mal, sans embrasser la faiblesse ? Et si le seul combat autorisé — moral — se réduit au combat contre soi-même, ainsi limité à un conflit intérieur exclusif de toute extériorisation (l'ennemi véritable de chaque homme, le seul que l'on soit sommé de vaincre sans rémission, est supposé n'être qu'en lui), un tel mode de pugnacité n'en vient-il pas, comme tout intérieur exclusif de l'extérieur — par là *extérieur* à l'extérieur —, à se dissoudre complaisamment dans les fumées d'une velléité ?

Réponse chrétienne traditionnelle

Le chrétien réfléchi saura identifier, dans ces considérations, des arguments spécieux d'inspiration néo-païenne aisément réfutables : il est plus difficile, plus héroïque et plus viril de se dominer que de dominer autrui, de résister aux tentations que d'affronter les obstacles faisant opposition à la satisfaction des désirs tentés ; l'individu est invité — la plupart du temps mais non systématiquement — à ne pas combattre et à subir les épreuves de la méchanceté d'autrui et à lui pardonner sans vengeance, mais seulement quand il est seul en cause, cependant que, aussitôt que l'honneur de Dieu est en jeu, aussitôt qu'il est concerné en tant que gardien de l'ordre collectif, le chrétien est sommé de sévir avec la plus grande fermeté, de combattre sans réserve et d'écraser l'adversaire sans remords.

Il n'empêche : la question est de savoir s'il est possible de cultiver la domination sur soi-même sans corrélativement entretenir le désir de vaincre l'ennemi extérieur : à prétendre se maîtriser sans la médiation d'un obstacle sur lequel s'éprouver, la force se court-circuite : c'est en tant que dirigée vers l'extérieur qu'elle apprend à se déployer, et c'est en tant que déployée qu'elle peut en venir à constituer un objet pour elle-même. La question est aussi de savoir s'il est possible de distinguer toujours entre souci de son propre honneur et souci de l'honneur de Dieu, car enfin, si l'homme est un être de don, libre sans être son origine, ainsi donné à soi, tout outrage infligé au donataire dont le don est porteur est aussi, médiatement, adressé au Donateur.

On doit, à cause de cette tentation inhérente aux ambiguïtés providentiellement voulues du message chrétien (l'effort destiné à les surmonter fait partie de la Croix du chrétien), s'intéresser aux catholiques de droite ; ces derniers, en recevant le discours qui précède, auront beau jeu — de manière au reste fondée — de définir l'esprit de gauche telle la laïcisation — qui le corrompt intrinsèquement — du message évangélique. Les deux termes — âme de droite et âme catholique — ont quand même du mal, au premier abord, à se concilier, parce que des différends surgissent quant à la manière dont on conçoit chez les catholiques le rapport entre nature et surnature, et ces différends conditionnent les manières dont on conçoit l'identité de l'homme ou de la pensée dite de droite. Il convient donc de s'interroger, métaphysiquement cette fois, sur l'identité de la pensée de droite, et sur le problème du rapport entre nature et grâce. Il s'agira de la vraie droite, la droiture de la droite, la droite de la droite, la droite radicale ou l'extrême droite, la seule à mériter véritablement de se dire la Droite. La conciliation entre esprit de droite et pensée catholique conditionne la cohérence du discours politique destiné à susciter l'adhésion ; elle conditionne par là les modalités de l'action efficace.

La droite néo-païenne nous considère comme des résidus honteux du judaïsme. La droite monarchique nous tient pour des néo-païens masqués, mal convertis ou mal dégrossis, qui conspirent contre la charité chrétienne, la paix des familles et le respect dû au prêtre. Les représentants autorisés (ou non : ils sont toujours autoproclamés) de la Tradition catholique (non sans suffisance obtuse), et les néo-païens (non sans mauvaise foi), nous croient incohérents.

Esprit de résignation et âme de vainqueur

Il est un point sur lequel il est difficile, pratiquement, de concilier sans tension le réalisme plus ou moins pessimiste de l'homme de droite, et la mentalité induite par les dogmes du christianisme, et c'est la question de la qualité — érigée en quasi-vertu — de résignation. Pour le christianisme bien compris, la résignation est cette disposition d'esprit précieuse qui donne à l'homme d'accepter, dans la confiance en Dieu, en Sa bonté et en Sa justice, les privations et les échecs, les injustices des hommes, sans murmurer contre Dieu ou même contre les hommes ; à toute distance de l'homme révolté contre sa condition d'homme, le résigné ne remet pas en cause l'ordre des choses sous le prétexte qu'il lui est sporadiquement hostile. Il vit la souffrance dans l'espérance — quoi qu'il arrive, Dieu sait ce qu'Il fait en le permettant, et tout ce que Dieu permet entre dans le plan de la Providence, qui est bonne et porteuse de bonté —, en relativisant les biens terrestres et en les référant à la béatitude céleste et à la communion des saints.

Il n'y a rien là, en soi, ou théoriquement, qui puisse exclure le souci légitime de réalisation de soi, tout comme il n'y a rien dans l'humilité qui empêche l'homme de développer ses talents naturels ; bien plutôt, la résignation convoque l'espérance qui suppose la force (lutter contre la tentation de se reposer dans

DEUXIÈME PARTIE

l'échec et dans l'absurde, « quiétisme du désespoir » selon le mot suggestif de Sartre), de même que l'humilité prévient la stérilité de l'orgueil (se reposer en soi revient, dans une réalisation pathologique — schizophrénique — de l'indépendance, à se couper de l'extérieur, et à mourir d'inanition spirituelle) et rend possible la fierté. Mais les choses sont moins évidentes sur le plan pratique :

Athées et Juifs ont en commun de prétendre tout donner d'eux-mêmes, tirer et mettre en valeur ce qu'ils croient être le meilleur d'eux-mêmes, actualiser ou extérioriser le tout de leurs capacités naturelles, s'accomplir exhaustivement en une vie d'homme ; l'athée parce qu'il nie toute éternité, par là attend de cette vie terrestre qu'elle lui offre tout ce qu'il peut désirer ; le Juif parce qu'il est tel Jean Marais, cet acteur médiocre mais doté d'une beauté plastique exceptionnelle, hanté par le souci de mériter sa beauté en s'efforçant désespérément à montrer son talent : le Juif, nonobstant sa délirante prétention, n'a aucun talent particulier (fors celui, séculairement exercé, du mensonge) mais il se croit élu (alors qu'il a refusé le sens — aux deux sens du mot « sens » — de sa véritable élection, à savoir l'acte sublime de sa mortification consentie dans l'acte salvateur de la naissance du christianisme) ; il veut justifier ce qu'il croit être son élection en se faisant croire qu'il est naturellement meilleur que les autres, en voulant non seulement accéder à la domination du monde, mais en tentant de se justifier à ses propres yeux, d'où sa frénésie à être, en toute chose, premier de classe, à accéder aux postes de direction. Cette situation peut être interprétée de deux façons.

À vouloir grimper dans la hiérarchie, on doit plaire à ses censeurs qui distribuent les diplômes, on devient extrêmement conventionnel, on perd toute créativité. Le chrétien a pour souci de faire son salut d'abord, ce qui relativise et limite son ambition et son désir de s'accomplir ici-bas selon le tout de lui-même ; il se comporte comme les sociétés stables et lentes à renouveler leurs élites, où des générations de paysans obscurs se succèdent et retournent à la terre qu'ils ont labourée, y enfouissant les virtualités d'eux-mêmes qu'ils n'ont pas actualisées : tel laboureur eût pu dans une autre vie être un médecin célèbre, tel garçon de ferme un grand peintre, telle bergère une pianiste de génie ; il y a des Mozart assassinés, mais en fait ils ne sont pas assassinés, ils sont féconds par l'oblitération même de leurs talents potentiels ; la terre est le terreau de leurs énergies non dépensées, le lieu où se transmettent les qualités gardées en réserve, et ayant le temps de mûrir, à toute distance des modes éphémères, du bruit des villes, des renommées faciles et courtes. Ce qui relève de l'être en acte exige de se poser en régime d'être en puissance pour régénérer ses perfections, comme dans le sommeil nécessaire au travail de la mémorisation, où l'on intériorise le vécu : on potentialise l'actuel, on le conserve en tant que nié ; l'acte est gardé comme puissance, il se « repose » (s'assoupit) et se régénère en sa puissance, il est gardé comme n'étant pas, comme puissance à se « re-poser », à s'actualiser en s'étant enrichi dans et par l'épreuve de sa potentialisation. Les sociétés juives et athées sont stériles, elles vivent des richesses des sociétés qu'elles parasitent, ou exploitent et gaspillent le capital acquis des générations précédentes. C'est au contraire cette grande qualité qu'est la résignation — acceptation de son humble condition sociale, aptitude à ne point se comparer, force de caractère habilitant à ne pas être démangé par l'ambition, sagesse permettant de comprendre qu'on ne se justifie jamais soi-même — qui, en enfouissant sans vergogne des talents individuels, fait éclater ces talents concentrés dans d'autres hommes avec d'autant plus de force et d'évidence que ceux en lesquels ils ont été laissés en jachère se sont moins préoccupés de les faire valoir à tout prix. Sur le plan collectif, le refoulement des ambitions individuelles est comme le moyen dont use la nature sociale de l'homme pour parvenir à produire des individualités exceptionnelles éminemment utiles au progrès de tous les hommes, au lieu que les réussites individuelles forcenées ne visant que la gloire et la justification personnelle ne produisent que des parvenus de l'intelligence, sans racines, sans profondeur, sans

DEUXIÈME PARTIE

fécondité spirituelle. Même au niveau individuel, il y a déjà invitation à laisser en jachère certains aspects de soi-même, au bénéfice d'autres qui seront privilégiés : tel grand écrivain aurait pu être ce champion d'athlétisme qu'il ne sera pas parce qu'il faut choisir parmi plusieurs destins. Et c'est encore plus vrai au niveau collectif. Choisir est crucifier, faire de ce à quoi l'on renonce le terreau de ce que l'on élit.

Mais sous un autre rapport, le chrétien — et singulièrement le catholique non soutenu, au rebours du calviniste, par le souci de recevoir des signes sociaux de sa prédestination au salut — a tendance à se dire toujours : « À quoi bon s'évertuer à tirer de ses qualités naturelles le meilleur rendement ? Ce n'est pas sur ce dernier que je serai évalué au Jour du Jugement. L'essentiel est de faire son salut, la vie terrestre est une vallée de larmes ; la pauvreté, les outrages subis et les échecs disposent à l'humilité et à la patience, ils aident à se détacher du monde. Autant rester au bas de l'échelle des hommes, laisser les ambitieux s'enivrer de leurs misérables prouesses et, trop attachés à elles, incapables de s'oublier eux-mêmes et de se laisser habiter par le désir d'aller au Ciel. Si je dois être un homme exceptionnel selon les critères sociaux de l'exception, laissons la Providence m'y mener. »

Cette attitude n'est cependant pas sans risque de conséquences sournoises. D'abord, il faut s'aimer pour aimer son prochain, selon la leçon aristotélicienne de la « philautie » ; à force de négliger les raisons naturelles que l'on peut avoir de s'estimer, on risque de rechercher une compensation dans l'estime déréglée de soi entendu comme aspirant à la sainteté, et c'est là attendre des efforts prodigués dans l'ordre surnaturel — et au nom de valeurs surnaturelles — ce que seule la nature peut donner. Dans cette perspective, on est bientôt prêt pour le pharisaïsme et l'envie : « Nous sommes des ratés et des médiocres aux yeux des hommes, mais — attention ! — voyez combien nous sommes humbles et aimés de Dieu dans notre petitesse, parce que ce qui est sagesse humaine est folie pour Dieu, ce qui est sagesse divine est folie pour les hommes » ; et c'est là l'attitude typique du sous-homme nietzschéen, qui entend faire de sa faiblesse une force ; et un tel comportement ressemble singulièrement à celui des Juifs. Par ailleurs, comme on l'enseignait au Moyen Âge, « *facienti quod in se est, Deus non denegat gratiam* » : la grâce n'est jamais méritée puisqu'elle est par essence gratuite, mais on peut et on doit se disposer à la recevoir, à tout le moins coopérer à l'acquisition de cette disposition. Et cela ne vaut pas seulement pour l'acquisition des vertus théologales, mais pour tous les biens susceptibles d'être acquis ; plus trivialement : aide-toi, le Ciel t'aidera. Et quand, singulièrement aujourd'hui, les fonctions de direction des sociétés occidentales sont confisquées par les Juifs et les athées, c'est un devoir pour le catholique d'accepter la compétition sociale afin d'empêcher les méchants de subvertir la société. Or aspirer à réussir afin de sauver cette société dont l'ordre est lui-même requis pour que nos enfants, tant bien que mal élevés selon les préceptes du catholicisme, ne soient pas asphyxiés par les miasmes de la société moderne, cela ne va pas sans un souci de réussite individuelle, de réalisation de soi, qui semble bien contredire l'attitude résignée en laquelle une certaine conception de la prudence se plaît à confiner le croyant. « Seuls les moyens surnaturels peuvent sauver la cité catholique, récitons le rosaire chaque jour, tenons-nous à distance de la vie politique, la Très Sainte Vierge Marie rétablira l'ordre quand Dieu le décidera, par-delà nos calculs mesquins et nos efforts terrestres dérisoires » : telle est l'antienne des bien-pensants qui, sous couvert d'élévation spirituelle, se réfugient dans un providentialisme avalisant leur lâcheté et leur confort, quand ce n'est pas leur fainéantise, leur négligence et leur crasse doublées d'une forte propension — non sans le souci mesquin de se faire valoir — à geindre et à réclamer.

Sur la question de la résignation chrétienne, il convient ainsi de tenir les deux bouts de la chaîne, de conjuguer oubli de soi et renoncement à soi, avec affirmation de soi et amour de soi-même ; il est nécessaire de réconcilier pacifisme moral et pugnacité séculière. Et sous ce rapport encore la psychè du chrétien ne rencontre pas spontanément celle de l'homme de droite. Il doit être tenu pour certain que l'opposition entre les deux est en soi illusoire, et même que l'on n'est homme véritablement de droite qu'en étant catholique. Encore faut-il, pour dissiper cette illusion, que la morale catholique ne soit pas adultérée : la force s'absolutise en assumant la faiblesse, l'ambition se rend efficace et intelligente en assumant la résignation ; *mais en retour la douceur du chrétien pacifique est en soi dépassement de la passion — assumée — pour la lutte et pour la victoire en tous domaines. Ce qui revient à professer qu'il existe un négatif non peccamineux, dont les moralistes catholiques parlent beaucoup trop peu. Et c'est à cause de ce mutisme fâcheux que les partisans du négatif en viennent à justifier le négatif peccamineux, et à se soustraire à la foi.*

2 – Une définition de « la Droite »

Le fouillis des droites

Tout le monde s'accorde *grosso modo* sur la définition de l'identité catholique traditionaliste : la pensée catholique antimoderniste attachée, entre autres enseignements, au concile de Trente, au *Syllabus*, à *Quanta cura*, à *Pascendi* de saint Pie X (1907), à *Humani generis* et à *Mystici corporis*. Nous disons « *grosso modo* », car les dissensions mortifères, cultivées dans notre camp avec un amour suicidaire, s'avancent bientôt, empressées, avec une agressivité diviseuse et avide, aussitôt que chacun entend promouvoir le bien-fondé de sa chapelle.

Il existe des catholiques sédévacantistes complets et des sédéprivationnistes, des sédéconclavistes et des sédé-anticonclavistes, des belmontistes (variante raffinée dans la divisionnite) et des partisans des juridictions canoniques de suppléance, des lefebvristes fellaysiens et des lefebvristes williamsonniens, des traditionalistes « *Ecclesia Dei* » et même des conciliaristes « conservateurs » qui pensent que l'on peut lire Vatican II à la lumière de la Tradition. Il n'est pas facile de se repérer dans cet écheveau plus compliqué que les relations conflictuelles sanglantes entre sectes trotskistes. Il reste que l'on peut encore, sur le plan spéculatif, définir une sorte de credo minimal — à savoir notre credo, celui de notre catéchisme, joint au refus de Vatican II — du catholicisme traditionaliste, c'est-à-dire du catholicisme.

Les choses sont déjà plus compliquées quand il s'agit de définir la vraie droite. La plupart du temps, on la définit par ce qu'elle n'est pas, sur le mode apophatique. Ce qui prouve tout simplement que c'est une droite qui se cherche. Il y a des franquistes, des pétainistes, des monarchistes orléanistes, des légitimistes, des gaullistes et des antigaullistes, des nationalistes et des antinationalistes, des théocrates et des anti-théocrates, des cléricaux et des anticléricaux, des survivantistes, des européistes et des anti-européistes (pas seulement opposés à l'Europe de Bruxelles), des nationaux-socialistes hitlériens et des nationaux-socialistes strassériens, des fascistes, des salazaristes, des partisans de l'économie libérale et des corporatistes, des dirigistes planistes, des révisionnistes et des antirévisionnistes, des militaristes et des pacifistes, des atlantistes et des anti-atlantistes, des poutiniens et des antipoutiniens, des germanophiles et des germanophobes, des augustiniens et des thomistes, des chrétiens et des nietzschéens, des hégéliens et des heideggériens, des démocrates et des antidémocrates, des sionistes et des antisionistes, des arabophiles et des arabophobes, des racistes et des antiracistes, des partisans de la colonisation républicaine (nostalgiques de l'Algérie française) et des anticolonialistes partisans du FLN (tel Genoud, banquier suisse). On pourrait allonger la liste. Il y a même une certaine droite, d'Alain de Benoist à Alain Soral, qui à la fois par stratégie, à la fois par conviction, en viennent à nier la pertinence du clivage gauche-droite, puisqu'il n'est aucune détermination revendiquée par la droite qui ne soit contestée par cette même droite en une autre partie d'elle-même, qui ne soit ainsi renvoyée par la droite elle-même dans les ténèbres extérieures de la gauche.

Dogmatisme effectif et dogmatisme sentimental

Ajoutons à cette description qu'il existe une mentalité dogmatique en soi légitime, dérivée de l'esprit du catholicisme, et qui relève tout autant des exigences immanentes de la simple raison naturellement faite pour contempler la vérité objective. Cela dit, une telle mentalité tend à se communiquer à toutes les sphères de l'activité intellectuelle et pratique. Cette tendance exacerbe les raideurs, durcit les oppositions, nourrit les anathèmes, les ambitions rivales, et elle empêche l'unité d'action mais aussi la réflexion sereine. L'homme a vocation à être rationnellement et non sentimentalement dogmatique. C'est à raison de son aptitude à la critique que notre raison est naturellement dogmatique : elle juge la valeur de ses propres résultats, elle se juge elle-même, et c'est pourquoi elle est en droit systématique ; en effet, elle sait, en tant qu'elle sait qu'elle sait, elle est sa propre norme en cela qu'elle est le principe de la rectification de ses propres résultats ; et il appartient à ce qui est en droit sa propre norme d'être fondateur de soi-même, ainsi de rendre raison de son point de départ. Puisqu'il en est ainsi, c'est que ce que la raison sait a le statut de moment du savoir qu'elle a d'elle-même, mais cela implique qu'elle est circulaire, qu'elle a en elle-même son autre, qu'elle n'est limitée par rien, qu'il n'y a pas d'au-delà d'elle, et dans ces conditions il faut conclure que le réel n'est qu'une réalisation de l'Idée, et que le réel est rationnel ; c'est cela même qui fonde sa prétention à être dogmatique, c'est-à-dire à connaître avec certitude ce qui est. On dira que Dieu est transcendant et qu'il échappe aux convoitises de la raison ; mais tout est de l'être, Dieu est de l'être, Dieu est tellement de l'être que Dieu est l'être même ; si l'on déclare que Dieu est (et le dogme catholique nous enjoint de croire que nous pouvons en droit le découvrir sans l'aide de la foi), on affirme par là que Dieu est de l'être ; parce que le propre de la raison est de considérer toute chose sous la raison d'être (« *sub ratione entis* »), alors, en affirmant que Dieu est, la raison sait *ce* que Dieu est ; elle le sait avec certitude, même si un tel savoir est infiniment confus, et quand bien même la notion d'être est analogique : Dieu est dit être en tant que cause des êtres, mais la cause contient superlativement tous ses effets, et ainsi la cause est connue par ses effets. Il est permis, il est même exigé, que la raison du catholique soit le porte-parole de deux certitudes : d'une part

Dieu, ou l'être absolument être, est incompréhensible (Dieu est son savoir ; il faut être Dieu pour savoir Dieu comme Dieu se sait), en ce sens que Dieu ne peut être embrassé du regard ; d'autre part tout est connaissable sous la raison d'être, de sorte que savoir que Dieu est, revient à savoir ce que Dieu est. Si la grâce perfectionne la nature et ne la détruit pas, si la raison est naturellement dogmatique, il est logique que la foi, qui surélève la raison, soit aussi dogmatique.

Mais que la raison soit naturellement dogmatique n'implique pas que le sentiment, l'imagination, l'intuition (ou ce qui est pris pour tel) ou les inclinations diverses pourraient se targuer d'être elles aussi dogmatiques. En tant que la mentalité dogmatique excède le champ légitime de la raison, elle est illégitime et elle en vient à paralyser la raison. Par là, dans une certaine mesure, c'est l'effort intellectuel, et aussi avec lui le progrès spéculatif, qui sont empêchés. On assiste alors à l'induration des haines recuites, aux condamnations sans appel et souvent obtuses. C'est l'impuissance, c'est la stérilité qui règnent ; chacun ronronne dans son coin et ne se renouvelle, au mieux, que quant à la forme ; c'est l'éparpillement des forces qui caractérise notre famille de pensée.

On voudra bien noter que la gauche n'est absolument pour rien dans ces divisions. Les sectes maçonniques, les manœuvres du judaïsme international, les coups bas et trahisons des démocrates-chrétiens sont complètement innocents de cette plaie qu'est la « divisionnite ». S'ils s'en réjouissent et entretiennent ces divisions, ce n'est qu'au titre de cause instrumentale, mais non point comme cause principale. Nous n'avons besoin de personne pour nous saborder. On reviendra sur ce point plus tard.

Une définition amendable

Risquons quand même une définition de l'esprit de droite. Est de droite toute pensée qui considère qu'il existe un ordre des choses, c'est-à-dire une disposition des choses en vue d'une fin, et que la grandeur et la vocation de l'homme, de sa subjectivité, de sa liberté, sont de chercher cet ordre, de le dévoiler, de s'y conformer, de l'actualiser en s'inscrivant en lui. L'homme de droite est anti-subjectiviste. Parce qu'agir en vue d'une fin est agir raisonnablement, une telle « *Weltanschauung* » promeut l'autorité de la raison, son magistère sur la subjectivité, en particulier sur la volonté libre et sur les passions.

3 – Le principe de raison

Objection et réponse

Une collègue nous objectait naguère que la définition qui vient d'être proposée ne saurait exprimer la différence spécifique de la Droite, puisqu'elle conviendrait au marxisme. Il est vrai que le marxisme est un dogmatisme, comme le rappelait Henri Lefebvre, auteur d'un *Le Marxisme*, collection « Que sais-je ? », dans les années Soixante. Il rappelait qu'il y a au fond trois visions du monde, et trois seulement : le catholicisme, le libéralisme, et le marxisme, et que le catholicisme et le marxisme ont en commun d'être des dogmatismes. Cet ouvrage montrait à juste titre que toutes les autres visions du monde, de bon ou de mauvais gré, se ramènent à l'une d'entre ces trois. Ceux qui ne sont pas catholiques et qui se veulent de droite sont ou bien des catholiques qui s'ignorent, ou bien des libéraux, c'est-à-dire des relativistes et des subjectivistes, soit encore des hommes de gauche.

Mais il faut répondre à cette collègue qu'il ne faut pas confondre deux choses distinctes. Il y a une tentative de mise en forme rationnelle de la pensée de gauche, et c'est là un discours rationnel quant à la forme mais non quant au contenu. Et il y a l'auto-déploiement de ce qui est en soi rationnel. On peut mettre de l'ordre dans une pensée irrationnelle, elle n'en reste pas moins irrationnelle. Comme le disait Chesterton, « le fou est celui qui a tout perdu, sauf sa raison ». On peut être dogmatiquement volontariste, on reste dans le fond antidogmatique en tant même que volontariste. Il ne faut pas confondre dogmatisme de la subjectivité érigée en absolu, et auto-affirmation de la vérité qui rend raison d'elle-même. Il n'y a pas plus intolérant que les fanatiques de la tolérance : pas de liberté pour les ennemis de la liberté (Saint-Just). Le marxisme est la brillante mise en forme de l'héritage ancestral de l'esprit de révolte, et à ce titre il est inspiré par le subjectivisme, ce qui le place bien à gauche, à la gauche de la gauche. Il est dogmatique quant à la forme mais non quant au contenu. Dans sa *Différence des philosophies naturelles de Démocrite et d'Épicure*, Marx affirmait que la conscience humaine est la plus haute divinité, et que le destin de Prométhée accroché à son rocher, dont le foie était dévoré par l'aigle, est préférable à celui d'Hermès, vil messager des dieux ; or la conscience, c'est la subjectivité, c'est la liberté. On dira que le marxisme (comme au reste toutes les philosophies dites du soupçon : Freud, Nietzsche) est un déterminisme, lequel, loin d'exalter la liberté, la nie ; Marx en effet enseignera, dans sa *Préface à la Critique de l'Économie politique*, ce que Engels, dans son *Anti-Dühring*, dira de ce qu'il avait nommé « infrastructure et superstructure », à savoir que ce n'est pas la conscience qui détermine la vie sociale, c'est la vie sociale qui détermine la conscience. Cela est vrai, mais un tel déterminisme est solidaire du subjectivisme dont il est en vérité l'envers dont à ce titre il demeure le complice : il faut comprendre que les lois ne sont pas les causes, que l'ordre du comment n'est pas celui du pourquoi ; si l'on prône le déterminisme des lois de la nature, ou plutôt au nom des lois de la nature, c'est pour soustraire la subjectivité chérie à la norme d'une finalité, laquelle dit une intention, l'effet d'une subjectivité, ainsi d'une volonté (divine) à laquelle notre subjectivité doit se plier. Le propre d'une fin est pour elle d'être choisie ; s'il existe une finalité dans la Nature, il existe un Dieu pour la choisir ; s'il n'existe que du déterminisme, il n'y a pas de finalité, et la liberté humaine n'a pas de maître. C'est pourquoi nos contemporains ne cessent de dire leur dilection pour Spinoza et Nietzsche et le matérialisme scientiste (Jacques Monod, *Le Hasard et la Nécessité*, 1971), en tant même qu'ils sont inspirés par le subjectivisme.

DEUXIÈME PARTIE

Déterminisme et finalité

En fait, la nécessité des lois de la nature n'est pas du tout incompatible avec la contingence des événements futurs, dans la mesure où la fixité d'une loi dans un ordre de phénomène donné produit des effets différents selon que telle ou telle cause, tel ou tel événement intervient ou n'intervient pas. « Si l'on a tel point de départ, on aura tel point d'arrivée », mais il n'est nullement assuré en toute circonstance que soient présents tous les éléments et seulement les éléments constitutifs du point de départ dont il est question. Il existe des lois qui se conjuguent en faisant se télescoper des séries de faits, il n'existe pas une équation capable d'intégrer tous les paramètres possibles de l'univers physique, car elle serait l'expression de la loi de comportement d'un tout se faisant exister de la vie de ses parties dont il maîtriserait la genèse et les modalités comportementales, et ce serait un tout vivant, doté d'une âme du monde dont les hommes et les consciences humaines ne seraient que les organes à ce titre bien incapables de s'objectiver le tout dont ils seraient supposés être les organes, et d'agir sur lui, car s'objectiver quelque chose consiste à se libérer de lui, à le poser comme autre, or elles sont dans l'hypothèse conditionnées par lui et nécessitées ; de plus, si les consciences individuelles sont ce en quoi l'âme du monde est supposée prendre conscience d'elle-même, comme dans la philosophie d'un Schelling, alors la conscience que nous avons du monde devrait être la conscience que le monde a de lui-même, or la conscience que le monde a de lui-même est supposée être le principe à raison duquel le monde en son unité se différencie en ses organes ; si la conscience que nous avons du monde était la conscience que le monde a de lui-même en nous, nous devrions évidemment, en ayant conscience du monde, saisir le secret du processus à raison duquel le monde nous fait exister, s'organise pour faire surgir en son propre sein un être capable de le penser, ce qui évidemment n'a pas lieu : s'organiser consiste à mettre en ordre, mettre en ordre suppose d'agir en vue d'une fin, et l'action en vue d'une fin suppose la pensée ; de sorte qu'il est permis de dire avec Édouard Le Roy — quelque contestables que soient les raisons qu'il invoque — que *la* pensée est essentiellement ingénérable, et qu'*une* pensée exclut de surgir du simple tourment de la matière, puisque la matière est incapable de se réfléchir, dès lors que la réflexion suppose l'immatérialité (l'acte de voir n'est pas visible, l'acte de toucher n'est pas tangible). Dès lors, s'il n'existe pas d'équation capable d'intégrer tous les paramètres possibles de l'univers physique, c'est que le principe universel qui préside à la concomitance de leur jeu, et qui assure l'unité immanente du monde, est principe de contingence intrinsèque autant que de légalité nécessitante ; dans le monde des esprits, ce principe se nomme liberté ; dans le monde des choses, il se nomme matière, c'est-à-dire être en puissance dont le propre est de faire s'identifier les contraires, ce qui est reconnaître une dimension d'irrationalité ou d'inintelligibilité dans la réalité : il est rationnel qu'il y ait de l'irrationnel. Mais il existe par là de l'imprévisible, non seulement pour nous mais en soi.

Cela dit, si nous étions absolument nécessités, nous serions incapables de savoir que nous sommes déterminés, car l'illusion du libre arbitre, dans l'hypothèse, est aussi nécessitée : prendre conscience de cette illusion, c'est se libérer du déterminisme. Et si le système nous enjoint de croire tantôt que nous sommes déterminés, tantôt que nous sommes libres, c'est qu'il change d'avis ; il est principe d'actualisation de l'identité potentielle des contraires, il est libre ; et s'il prend conscience de lui-même en nous, c'est que notre conscience est elle-même libre. On voit bien que le déterminisme est absurde. Il reste qu'il séduit les subjectivistes, car, s'il y a déterminisme *social*, alors, dès lors que la société est un produit humain, prôner le déterminisme permet à l'homme de se vouloir cause de soi, c'est-à-dire divin : en changeant la société, on changera l'homme, et cette séduction est encore là le fait d'un subjectivisme masqué.

On est donc fondé à adopter la définition ici proposée de la Droite. Et cette définition est objectivement porteuse de deux choses. Il s'agit de l'affirmation implicite de Dieu (l'ordre dit la finalité qui dit l'Ordonnateur), et le primat de la raison sur toute chose : agir selon une fin est agir raisonnablement. Dans le vocabulaire marxiste de Max Horkheimer (*Éclipse de la Raison*, 1949), on dira que l'homme de Droite adopte une conception objectiviste de la raison, laquelle concerne non seulement le choix des moyens en vue d'une fin, mais se reconnaît la compétence de discerner les fins à poursuivre. Cela dit, une raison sans volonté serait irrationnelle, car la raison, en se jugeant, atteste qu'elle peut se critiquer, ainsi qu'elle n'est pas nécessitée à poser ses actes puisqu'elle peut les remettre en cause, ce qui revient à dire qu'elle est libre ; s'il n'est pas de raison sans liberté, si la raison est le principe d'organisation du réel, c'est qu'il est rationnel qu'il y ait de l'irrationnel, ou encore il est nécessaire qu'il y ait du contingent. Mais cela ne remet pas en cause le primat de la raison sur la volonté.

Raison et système

La raison, dont le propre est de rendre raison, ne rendrait raison de rien du tout si elle ne rendait raison d'elle-même, car tout ce dont elle rend raison serait comme suspendu dans le vide, dépendant d'un acte de foi irrationnel dans la valeur de la raison. Et dire de la raison qu'elle rend raison de soi, c'est dire qu'elle est capable d'établir que ses catégories et ses lois sont celles de l'être en tant qu'être.

Et il ne suffit pas, comme le pensait Jacques Maritain, de se satisfaire d'une démonstration par l'absurde pour se croire quitte : dire qu'il est impossible que les lois de la pensée ne soient pas celles du réel, sous le prétexte que cette négation serait elle-même impensable et que, étant telle, elle est impossible, c'est tenir pour acquise l'identité du pensable et du possible, c'est-à-dire l'identité des lois de la pensée et des lois du réel, or c'est ce qui est en question. Une démonstration par l'absurde équivaut ici à une pétition de principe. Et c'est pourtant ce dont se satisfait l'École (thomiste).

En vérité, la forme de l'être en tant qu'être est la forme syllogise, c'est-à-dire la forme même de la rationalité. En effet :

DÉSIR DE DIEU ET ORGANICITÉ POLITIQUE

Tout être en tant qu'il est être est doté d'une finalité, dût-il être sa propre fin, puisque la finalité dit à la fois le but et l'intelligibilité, lesquels s'identifient (avoir un sens, c'est avoir un but et une signification, mais la signification d'une chose, à savoir son essence, est précisément ce qu'elle a vocation à être en vérité : « deviens ce que tu es »). D'autre part, l'intellection est l'acte commun de l'intellect et de l'intelligible ; en troisième lieu, le plus haut degré d'être est le plus haut degré de vie ; si l'on se souvient que l'intellection est le plus haut degré de vie, on comprend par ce qui précède que le plus haut degré d'être est le plus haut degré d'intelligibilité ; puis donc que l'être en tant qu'être est intelligible, il a nécessairement une fin qui définit son essence.

La fin est première en intention et ultime en exécution. Ainsi se fait-elle procéder de ce qui lui est suspendu, de telle sorte que la causalité qu'elle exerce et en quoi elle consiste, a la forme circulaire d'une réflexion (surgir de ce en quoi on s'anticipe, c'est nier sa propre négation), laquelle pose ce qu'elle présuppose, et, dans le moment où le processus (circulaire, ainsi selon un processus d'éloignement de l'origine qui se révèle régression en direction de cette origine) change de sens, cette causalité est activité de se médiatiser avec soi-même en tant qu'autre : l'efficience est ce en quoi s'anticipe la finalité qui ainsi se fait poser par ce qui dépend d'elle. La forme de la causalité de la fin est celle du *syllogisme*, c'est-à-dire de la logique ; or la fin définit l'être dans son essence ; donc la forme de l'être en tant qu'être est celle de la rationalité qui se déploie dans la logique : les lois de la raison sont les lois de la réalité. Et que les intelligences divine et angéliques soient intuitives ne les dispense pas d'être fidèles à la rationalité de la raison discursive, si l'on remarque que le modèle de l'intuition est le cogito, lequel a la forme circulaire de la systématicité : le mouvement dont l'arrivée coïncide avec le départ, comme réflexion parfaite de soi sur soi et constitutive du soi, équivaut à l'éternel repos, « activité de l'immobilité », selon l'expression d'Aristote.

DEUXIÈME PARTIE

Dire que la raison rend raison de soi, c'est dire que ses lois et catégories sont celles de l'être en tant qu'être, et qu'elle rend raison de cette identité. Aussi le primat de la raison, définitionnel de la pensée de droite, a-t-il pour horizon philosophique obligé, ou comme horizon intellectuel idéal, celui d'une philosophie systématique, c'est-à-dire d'une philosophie qui, pour tout ce qui concerne ce qui lui est naturellement accessible, repose sur elle-même, sans aucun présupposé qu'elle recevrait d'une autre autorité que la sienne. Il n'est pas jusqu'au devoir — hors de toute contestation pour un catholique — de reconnaître en l'enseignement de l'Église, gardienne de l'intégrité de la foi, la « *stella rectrix* » d'un magistère auquel la raison est extrinsèquement subordonnée, qui n'ait vocation à être justifié par la raison elle-même, quand bien même elle y consent d'abord sous l'injonction de la foi. Rappelons que Pie XII, dans *Humani generis*, lui qui n'est pas particulièrement moderniste, ajoute, aux principes de causalité et de finalité, comme principes naturels premiers de l'usage de la raison humaine, le principe de raison suffisante. Et c'est là un principe non thomiste, qui prolonge le thomisme sans le contredire et dont le néo-thomisme aurait dû accoucher en en tirant toutes les conséquences, et qu'il a fallu aller récupérer dans l'héritage rationaliste de Leibniz et de Wolff. Cela nous invite à penser que si saint Thomas est bien le docteur *commun*, il n'est pas le docteur unique, il a vocation à être prolongé, ce qui d'ailleurs fut bien accompli, de Capreolus aux Carmes de Salamanque, en passant par Sylvestre de Ferrare et Cajetan.

4 – La Droite est responsable de ses propres déboires.

Il est clair que s'il existait une philosophie de droite qui fût systématique, ce serait *la* philosophie de *la* Droite, et au fond elle serait inexpugnable et totalitaire au point de vider les philosophies de gauche de leurs séductions liées aux vérités qu'elles tiennent captives en les défigurant. En effet, le propre de la Droite est de faire, de manière avouée ou non, consciente ou non, de la raison même une valeur : c'est sous l'injonction de la raison, en ses pouvoirs de dévoilement de la vérité objective et universelle, que la subjectivité singulière est invitée à se faire mesurer par le magistère du vrai. Si l'absolutisation de la valeur de la raison induit sa systématicité, alors, en effet, seule une philosophie systématique peut être la philosophie de la Droite. Une telle philosophie serait inclusive de tous les éléments recevables constitutifs de chaque chapelle de droite réduite au statut de moment, nécessaire mais subordonné, d'un tel système. Et les antagonismes stérilisants disparaîtraient. Tout autant, l'esprit de gauche serait exténué par le fait que la raison se réapproprierait tout ce dont la gauche est le ravisseur et le corrupteur.

Il y a au contraire, en fait, pléthore de philosophies conflictuelles à droite, confusion et donc invitation à n'en pas rester à ce psittacisme bien-pensant consistant à s'en tenir à l'orthodoxie de sa propre chapelle.

Ainsi en sommes-nous venu à penser, en spectateur navré, que la cause première de nos déboires politiques et historiques est en nous et presque exclusivement en nous. C'est ce que la dite « Nouvelle Droite » avait pensé à juste titre il y a cinquante ans. Elle eut le mérite de prendre acte de cette confusion doctrinale propre à notre camp, et de dénoncer l'irrationalité de certains engagements droitiers. Le problème est que cette mouvance en est restée à l'éclectisme, cherchant le bouillonnement intellectuel sans principe directeur autre que la fulgurance des états sentimentaux, attendant passivement que, de ce bouillonnement à dessein irrationnel, comme du creuset d'un alchimiste spectateur de la genèse du Grand œuvre, une nouvelle vision du monde en forme de divine surprise sortît. L'esthétisme sentimental est le propre de l'adolescence, et les adolescents aujourd'hui valétudinaires et égrotants de cette mouvance sont restés subjectivistes à raison même de leur adolescence non digérée, ce qui leur fit refuser la grande raison du catholicisme dogmatique, et rendit leur École stérile à la mesure de sa verbosité.

Notons à ce sujet qu'il existe une solidarité entre panthéisme et subjectivisme. Si la vocation ultime de l'homme est terrestre, son désir infini d'infini doit trouver en cette vie mondaine sa nourriture spirituelle, ce qui revient à déifier la Nature. Mais alors, toute transcendance étant répudiée, la Nature n'accède à la conscience d'elle-même qu'en l'homme, et ainsi le divin ne se personnifie qu'en l'homme, de sorte que chaque conscience s'en trouve elle-même déifiée, absolutisée, incapable de s'intégrer dans un Tout dont elle subirait la loi immanente, et c'en est fait de la pertinence de l'idée même de Bien commun.

Si la cause première de nos déboires est en nous, ce sont Louis de Bonald et saint Pie X qui ont raison : « Un gouvernement ne périt jamais que par sa propre faute, et presque toujours par d'anciennes fautes qui lui en font commettre de nouvelles » (Bonald, *Pensées sur divers sujets*, 1817). Et saint Pie X remarquait que la force des méchants n'est que la faiblesse des bons.

Notre courant de pensée ne manque pas de personnalités brillantes, courageuses, savantes, bien documentées, lucides et intelligentes. Il est vrai, il faut l'avouer, qu'il ne manque pas non plus de crétins satisfaits, de paranoïaques, d'esprits chimériques tantôt doux tantôt fous furieux, qui profèrent des platitudes et des énormités sur le ton inspiré et solennel de ceux qui savent ; mais on trouve probablement la même proportion de rebuts partout. Chez nous, ce sont plutôt les « déjantés », les inactuels qui prolifèrent. Précédé par tant d'esprits brillants, entouré de « plumes » prestigieuses, on doit toujours se demander, avant que de prétendre à parler et à publier, si l'on a effectivement quelque chose à dire qui soit vraiment nouveau et utile, autrement mieux vaut garder le silence et contempler les vérités mises en évidence par d'autres. Ma maigre contribution au combat intellectuel commun se limite à ceci :

Je me suis efforcé de remonter d'un fait — notre impuissance, nos divisions, nos ridicules, nos échecs répétés, nos travers récurrents, notre incapacité à nous définir adéquatement, nos visions du monde sœurs ou cousines mais conflictuelles — à la condition de possibilité première de ce fait, laquelle prend la forme d'un problème à résoudre (il fallait en poser les termes), problème qui n'a été qu'effleuré par mes

prédécesseurs et contemporains, et dont l'importance pourtant déterminante n'a pas été aperçue. J'ai tenté d'apporter une réponse à ce problème. Je tente aujourd'hui de redescendre, dans un effort non achevé (j'espère qu'il se contente de commencer...), et selon une démarche ayant valeur à la fois de principe heuristique et de mise à l'épreuve de la solution proposée, vers les conséquences de ce fait primitif, ainsi vers les réponses partielles et partiales qui ont été élaborées — pour le dissiper — par tous les courants de droite, afin de faire se dépasser ces réponses en direction d'une vision cohérente de notre identité et de notre combat.

En deçà de toute considération religieuse, le problème central de l'identité de l'homme de droite peut être formulé dans les termes d'une simple analyse rationnelle. Mais, s'il est vrai que le catholicisme est *la* religion qu'appelle, comme son complément surnaturel obligé, l'identité naturelle de l'homme de droite, c'est-à-dire de l'homme véritablement respectueux de sa propre humanité, le problème central de son identité rejaillit cette fois dans le contexte de la religion révélée. Je procéderai donc en trois temps : d'abord, formuler le problème selon les termes de l'ordre naturel (par opposition à l'ordre surnaturel) ; ensuite, montrer que le catholicisme est *la* religion ; en troisième lieu, poser les données du problème général tel qu'il se pose à l'intérieur du catholicisme.

5 – L'homme de Droite : un Prométhée adorateur de Dieu

Infinité du désir humain

Ainsi que l'enseigne Platon dans le *Philèbe*, « il n'y a pas de désir corporel », en ce sens que les désirs du corps, ceux qui s'exercent en et par le corps, ne reconnaissent pas en lui leur origine, puisqu'ils peuvent le détruire : s'ils peuvent s'insurger contre lui au point de le détruire, c'est qu'ils peuvent subsister nonobstant le dépérissement de ce dernier, mais cela revient à confesser qu'ils ne tirent pas de lui leur dynamique ; il s'agit en vérité de désirs de l'âme investis dans le corps, disproportionnés par rapport à lui qui s'épuise à les satisfaire quand ils se refusent à s'exercer dans leur élément propre, qui est spirituel ; toute débauche physique est l'aveu malheureux et misérable de l'existence de désirs spirituels dans leur essence, qui se refusent aux biens spirituels auxquels les destine leur nature, parce que cette vocation à se satisfaire dans l'élément spirituel exige du sujet désirant un acte d'abnégation auquel la subjectivité, ou la liberté, refusent de consentir ; c'est que, en effet, les biens spirituels sont des biens qu'on aime en leur étant ordonné, en se rapportant à eux, alors que les biens matériels sont aimés tels des biens que l'on rapporte à soi ; un bien spirituel peut être tout entier en tous, un bien matériel ne peut être que dans un seul ; ce qui peut être tout entier en tous, c'est ce qui s'enrichit dans l'acte de se donner ; ce qui s'enrichit dans l'acte de se donner, c'est ce qui a raison de bien commun, c'est-à-dire de bien propre d'un tout qui se fait vivre de ses parties qu'en retour il fait vivre, auxquelles il se donne pour les inviter à se donner à lui, ainsi est-ce le bien d'un tout *organique* dont les parties se reconnaissent être autant de moyens, et qui trouvent leur meilleur bien dans le *service* du bien du tout. Et il est clair que toute destinée servicielle est par nature exigitive d'un acte d'abnégation. Quand le Moi, insurgé contre sa nature, par là contre lui-même, en vient orgueilleusement à se prendre pour fin, il se destine à périr d'intumescence. Cela dit, les désirs spirituels, attestant leur infinité jusque dans cette mauvaise infinité de la réitération indéfinie caractéristique des plaisirs sensibles, sont en soi infinis parce qu'ils sont réflexifs. La volonté, qui est le mode propre d'appétition de l'homme, est telle que « *ipsum velle quoddam bonum* ». Non seulement elle veut les biens aimables, mais elle se veut en les voulant. Or ce qui se veut est structurellement infini : aussi élevé soit le bien aimé, reste encore dans la puissance d'aimer la ressource de revenir sur elle-même, ce qui revient à dire que cette puissance d'aimer est effectivement infinie. Mais si la puissance d'aimer est infinie, c'est qu'elle n'est proportionnée qu'à un bien infini, par là absolu : dans l'ordre qualitatif, ce qui est infini n'est pas potentiel mais actuel ; ce qui est infiniment sage est la sagesse même ; et ce qui est infiniment parfait l'est dans tous les ordres de perfection, il hypostasie la perfection et, à ce titre, il ne participe à aucune perfection, ce qui revient à dire qu'il est souverainement indépendant, il est cause première et il est l'absolu.

Le désir humain est désir de l'absolu. Or l'absolu est par définition le non-relatif, par là ce qui semble répugner à toute mise en relation qu'exigerait l'intentionnalité du désir qui se porte vers lui. D'où la tendance à rendre proportionné le désir humain à l'absolu en plébiscitant le renoncement à soi de la personne humaine, ainsi en favorisant en elle l'acte de se défaire : en effaçant ses limites ontologiques, la personne se dépersonnalise, perd ce qui lui donne d'être, mais par là se déleste de ce qui lui donne de n'être que ce qu'elle est, à savoir quelque chose de fini. Elle s'approprie à l'infini en renonçant à sa propre finitude. D'où sa tendance à l'apophatisme : l'absolu est supposé inconnaissable puisqu'il se dérobe toujours, fuit le désir captateur en vertu de sa transcendance et de son incompréhensibilité supposée garante de son infinité, de sorte qu'on ne peut l'aimer tel quelque chose que l'on possède ; il faudra l'aimer tel quelque chose qui libère l'homme de lui-même, de sa finitude ; on ne pourra l'aimer qu'en se perdant en lui. Telle est, en son essence générique, l'âme de la pensée orientale, qui n'est pas subjectiviste, mais qui corrélativement tend au quiétisme, à la passivité, au renoncement à soi du moi, à la torpeur du fatalisme. L'autre tendance destinée à approprier le désir humain à l'absolu est celle de l'extrême occident, en sa mentalité anglo-saxonne, pragmatiste, consumériste et technicienne, qui consiste à substituer à l'infinité concrète de l'absolu, comme infini actuel, la succession in(dé)finie de biens finis produits par l'ingéniosité constructiviste de l'hédonisme de masse. L'esprit de l'extrême occident refuse de se défaire de sa finitude, mais il refuse corrélativement, au moins sur le plan pratique, l'infinité actuelle de l'absolu. On comprend sous ce rapport pourquoi l'esprit de gauche est né en occident, et qu'il consiste dans l'absolutisation du fini par déification — ainsi par dénaturation — de la subjectivité. L'esprit oriental, si l'on se réfère à la définition ici proposée de la pensée de droite (§ 2), ne peut correspondre à la mentalité de l'homme de gauche, puisque cet esprit répudie par principe le subjectivisme, et c'est pourquoi, par une illusion d'optique peu cohérente, maints contempteurs du subjectivisme se sont mis depuis longtemps à nourrir des espoirs de Chimène à l'égard de l'orientalisme, qu'il soit bouddhiste, ou islamique. Ces deux extrêmes entretiennent l'un à l'égard de l'autre des affinités dialectiques imprévues : on tend à conjuguer ces deux extrêmes, complices dans leur opposition, et complices par refus commun du même moyen terme, en les juxtaposant ; on tend à se référer à une spiritualité orientale pour assurer son équilibre psychologique, et à se vouer à la compétition libérale pour satisfaire ses incoercibles désirs.

L'identité de l'Occidental

La véritable grandeur de l'Occidental, qui définit son essence et le désigne tel le porteur privilégié de la conscience de soi du genre humain, qui par là le destine à dominer le genre humain — par la parole, par le savoir, par l'inspiration artistique, par les armes et par les lois — c'est d'oser maintenir vives les deux exigences en apparence incompatibles du désir infini de l'infini d'une part, de la finitude constitutive — à laquelle la créature doit tenir à peine de se dissoudre — de la créature d'autre part.

Entre ces deux extrêmes ci-dessus évoqués, on trouve l'esprit occidental proprement dit, qu'un Henri Massis (*Défense de l'Occident*, 1927), en dépit de sa détestable germanophobie, définissait avec pertinence en ces termes : « Ici l'homme a voulu être. » La spécificité du génie occidental, c'est de prendre acte de l'infinité du désir humain, par là de la vocation du désir à ne se satisfaire que de l'absolu, sans pourtant renoncer à sa finitude constitutive ; l'esprit occidental non adultéré convertit à leur identité concrète les deux positions extrêmes ci-dessus évoquées, et c'est à cette condition qu'il a vocation à les conserver sans les faire dépérir. Et parce que l'esprit oriental se résout dans l'apophatisme, l'esprit occidental sera toujours en quête d'un absolu *manifeste*, définissable, objectivable, disposé à se laisser circonscrire, ne répugnant pas à se faire posséder par concept. Et s'il s'avère qu'une Révélation soit recevable, qui prolonge et transfigure la conception naturelle de l'absolu, ce sera une religion manifeste, une religion de la manifestation, et tel est le catholicisme :

Le catholicisme est la religion

S'il se révèle possible qu'il y ait une révélation de l'absolu, laquelle ne peut être le fait que de l'absolu lui-même condescendant à se révéler ; s'il y a, de plus, des signes historiques attestant que cette révélation a bien eu lieu, alors la religion qui aura le privilège exclusif d'être la religion vraie (les autres n'étant que des inventions tout humaines) se reconnaîtra au fait qu'elle est la vraie religion, c'est-à-dire celle qui est effectivement religion, par là celle qui relie effectivement le contingent au nécessaire, le fini à l'infini. Or n'est absolument religion que cette religion qui se définit par le fait que l'absolu se fait lui-même religion, c'est-à-dire acte de relier, dans la position d'un témoin qui est son propre témoignage (par là structurellement indubitable) et qui, sans cesser d'être témoin, est ce dont il témoigne, est la Parole qu'il a et qu'il profère. La religion absolue, absolument religion, est nécessairement la religion de la médiation. Et la religion de la médiation est la religion de l'Incarnation : le Témoin est l'absolu qui s'humanise sans cesser d'être Dieu, qui se finitise sans cesser d'être infini. Et ce qui peut s'humaniser sans cesser d'être Dieu est nécessairement trinitaire : le Verbe s'incarne. Mais le propre du Verbe ou Parole, déposée dans la Tradition que recueille le Livre, est d'appeler une interprétation adéquate, de telle sorte que la clé d'interprétation figure dans le Livre mais doit être possédée pour savoir lire le Livre ; si la clé d'interprétation est incluse dans ce qui est à interpréter, il y a nécessité d'un autre Médiateur (le Paraclet, comme « celui qu'on appelle à son secours », est bien *intercesseur*), qui est l'Esprit du Premier Médiateur, l'Esprit-Saint qui souffle dans l'Église qu'Il fonde et qui, seul, est habilité à interpréter en vérité le Livre et le contenu de la Tradition. On voit bien que la religion vraie est le catholicisme, qui distingue sans les opposer nature et surnature, fini et infini (la surnature étant la nature même de Dieu).

Le problème fondamental de l'identité de l'homme de droite

Toute la difficulté — on le comprend désormais — est de parvenir, tant sur le plan naturel de la simple raison que sur le plan surnaturel de la grâce et de la foi, à faire se composer le fini et l'infini de telle sorte que l'infini soit habilité à se finitiser sans cesser d'être infini, dans le moment où le fini sera habilité à s'approprier à l'infini, ainsi à être infinitisé, sans avoir à renoncer à sa finitude. Il s'agira corrélativement d'harmoniser, en les rendant coextensives, l'affirmation de soi (maintien de sa finitude) et l'abnégation (ouverture à la transcendance).

À l'intérieur du catholicisme, le problème central du rapport entre fini et infini rejaillit sur le mode du problème consistant à harmoniser la nature et la grâce, l'ordre naturel et l'ordre surnaturel. Si « *vivere enim est esse viventis* » (l'acte de vivre est en effet l'acte d'exister de celui qui vit : saint Thomas d'Aquin, *Somme contre les Gentils*, II 57), si de surcroît la grâce est ce qui donne à la créature de vivre de la vie même de Dieu, à quelles conditions la réception de la grâce dispense-t-elle l'homme de se fondre en Dieu, ainsi lui permet-elle d'être divinisé sans être déifié ?

D'aucuns tendront à penser le rapport entre nature et surnature sur le mode du conflit, et, au nom des exigences de la foi, ils en viendront à accepter que l'intromission de la grâce requière une frustration de l'ordre naturel, et ce seront les surnaturalistes, faisant face aux tenants du naturalisme d'inspiration pélagienne. C'est surtout ce surnaturalisme qui fait qu'il est si difficile aujourd'hui d'élaborer une doctrine politique cohérente en se revendiquant du catholicisme ; le surnaturalisme catholique déprécie l'ordre du fini au profit de l'Infini, par là il déprécie le Politique au profit de l'Église.

D'autres tenteront de rendre la nature et la grâce complémentaires, mais au prix de la gratuité de la grâce qui, tenue pour exigible (de Baïus à Lubac), sera comme consubstantielle à la nature humaine, et ce seront les modernistes. Et, tant sur le plan naturel que sur le plan surnaturel où il rejaillit et s'exacerbe, le problème de l'appropriation entre fini et infini attend toujours sa solution conceptuellement adéquate et théologiquement recevable. Devant que de préciser les termes du problème central de l'identité de l'homme de droite, on voudra noter au passage que si ce problème était philosophiquement résolu, les préjugés, les incompréhensions, les procès d'intention entre catholiques et païens disparaîtraient. On voudra bien noter aussi que le surnaturalisme, affectant tous les domaines de la vie humaine — moral, politique, théologique, pédagogique, voire strictement philosophique — prend dans le domaine spéculatif la forme d'un renoncement de la raison à résoudre des questions qu'il lui est pourtant naturel de se poser, tel par exemple le problème de la conciliation de la prémotion physique et de la liberté humaine. Et cette invitation à frustrer la raison au nom de l'autorité de la foi développe immanquablement un état d'esprit qui négligera de cultiver l'intelligence de la foi, laquelle, pour cette raison, prendra, sur le plan privé, la forme d'un fidéisme plus ou moins accusé, et, sur le plan public, celle d'un esprit théocratique doublé de cléricalisme.

6 – Le désir naturel de Dieu

Venons-en à l'exposition du problème du surnaturalisme.

« *Omnis intellectus naturaliter desiderat divinae essentiae visionem* » (*C. G.* III 57 4). Tout intellect désire naturellement la vision de l'essence divine.

« *Impossibile est beatitudinem hominis esse in aliquo bono creato. Beatitudo enim est bonum perfectum, quod totaliter quietat appetitum ; alioquin non esset ultimus finis, sed adhuc restaret aliquid appetendum. Objectum autem voluntatis, qui est appetitus humanus, est universale bonum. Ex quo patet quod nihil potest quietare voluntatem hominis nisi bonum universale, quod non invenitur in aliquo creato sed solum in Deo* : *quia omnis creatura habet bonitatem participatam* » (*S. Théol.* I^a II^{ae} q. 2 a. 8 : il est impossible que la béatitude de l'homme se trouve en quelque bien créé que ce soit ; la béatitude est en effet <la possession du> bien parfait qui est capable de reposer complètement l'appétit, sans quoi ce ne serait pas la fin ultime, mais il resterait encore quelque chose à appéter ; mais l'objet de la volonté humaine, laquelle est l'appétit <proprement> humain <ainsi donc en vertu de sa définition qui exprime sa nature>, est le bien universel <c'est-à-dire ce qui est bon sous tous les rapports et qui, de ce fait, épuise toutes les formes de bonté en qualité et en quantité>. Cela prouve de manière manifeste que rien ne peut reposer la volonté humaine sinon le bien universel, lequel ne peut se trouver ailleurs qu'en Dieu, parce que toute créature a une bonne participée <ainsi finie>).

Il est ainsi clairement établi, sur le fondement de l'autorité de saint Thomas d'Aquin, qu'on ne saurait faire l'économie de l'existence en l'homme d'un désir naturel de Dieu. Et il est de dogme de tenir la grâce pour gratuite, ce qui au reste relève du bon sens, s'il est vrai que ce qui n'est pas gratuit est dû, et que ce qui est dû est, directement ou non, à tenir pour consubstantiel — à tout le moins connaturel — à ce à quoi il est dû : si la surnature était due, elle serait connaturelle à la nature, et elle ne serait plus surnaturelle. Il en résulte, entre autres choses, que, si une Révélation condescend à se donner aux hommes, alors, dès lors qu'il existe en eux un désir naturel de Dieu attestant une convenance non moins naturelle entre notre désir et son Objet divin, il sera tenu pour *contre nature de refuser la grâce* qui nous proportionne à la jouissance de Dieu, ainsi à Dieu même, par là qui nous infinitise sans oblitérer ou défaire notre limite intrinsèque. Et c'est bien ce qu'enseigne saint Thomas (*S. Théol.* II^a II^{ae} q. 10 a. 1). Il en résulte que la foi, vertu théologale qui vient d'une grâce, n'est pas une option, une détermination contingente, une détermination dont on pourrait se dispenser pour se définir existentiellement. Refuser la foi, ou la mettre entre parenthèses, reviendrait à aller contre les exigences de la nature elle-même, et cela vaut aussi bien pour la vie politique que pour la vie personnelle. Voilà ce que ne peuvent et ne veulent comprendre les tenants attardés de la « Nouvelle Droite ». On ne peut être véritablement de Droite qu'en étant catholique. Et c'est bien ainsi, au reste, que nous perçoivent nos ennemis, dussent-ils ne point l'avouer ; ce qu'ils redoutent en nous, ce ne sont pas les élans païens (le plébiscite de l'ordre naturel) en tant que tels que charrie la vision catholique du monde, ce n'est nullement la rigueur aigre du surnaturalisme en lequel trop d'entre nous se complaisent ; c'est, avec la pesanteur que confère la conscience de la légitimité dont elle s'accompagne, l'invincibilité conceptuelle du catholicisme dont notre médiocrité — qui nous rend dérisoires — ne sait pas avoir l'intelligence.

7 – Intellectualisme rationaliste

La nature de l'homme, esprit incarné, tient essentiellement, ou formellement, dans sa raison. Puis donc qu'il est contre nature de refuser la foi et la grâce, il est irrationnel de les refuser. Dès lors, on ne peut pas ne pas confesser la nécessité du pouvoir de développer des « *preambula fidei* », c'est-à-dire le pouvoir de se reconnaître des *raisons de croire*.

Le cardinal Ratzinger, avant que d'occuper le Siège de Pierre, se plaisait à nier qu'il y eût des préambules rationnels de la foi, et sous ce rapport il s'attaquait tout particulièrement aux efforts séculaires du néo-thomisme. S'il n'y a aucune raison naturelle de croire, alors la simple raison, privée de motifs de crédibilité, n'a, au fond, pas plus de raisons d'incliner vers telle religion plutôt que vers telle autre ; dès lors, si Dieu n'est pas injuste, c'est qu'aucune religion, dans cette perspective, ne peut se prévaloir plus qu'une autre d'être un instrument de salut, de sorte que toutes les religions seront tenues pour autant d'instruments honorables de salut. Et c'est ce qui fera dire au pauvre Paul Ricœur, dont se souviennent les poubelles de l'université de Nanterre, que son Dieu est un Dieu caché, et à jamais caché, un « Dieu chose en soi » qu'on n'atteint que par la fusion affective ou l'élan vital, ou l'intuition mystique (faussement mystique en fait, car la vraie mystique, qui n'est pas surnaturaliste, ne répudie ni le bon sens ni en général les exigences de la raison), un Dieu auquel nulle religion particulière ne saurait correspondre de manière exclusive et adéquate. Dans ces perspectives modernistes, l'Esprit-Saint est supposé souffler dans toutes les religions.

Il est vrai, historiquement, que ce rationalisme néo-thomiste a échoué au XVIe siècle, et que la reviviscence du thomisme, au XIXe, par l'heureuse disposition de Léon XIII, ne produisit pas les effets salvateurs qu'on en pouvait attendre : une telle résurrection n'a pas empêché la victoire actuelle du modernisme, ainsi l'explosion mortifère de Vatican II. Mais ce qui est à remarquer, c'est que, si les thomistes modernes accusent le néo-thomisme d'avoir été trop rationaliste, et prêchent un « retour à saint Thomas » que le néo-thomisme aurait adultéré, il faut dire bien au contraire que c'est pour n'avoir pas été assez rationaliste qu'il a été balayé par Descartes, Malebranche, Spinoza, Leibniz, Wolff, Kant, Hegel. La vérité est que la philosophie moderne est née des apories de la néo-scolastique, de son incomplétude, et que cette philosophie moderne s'est emparée du projet rationaliste dont la scolastique thomiste était gravide et en attente de son actualisation, mais s'en est emparée pour le faire pousser de travers, à la manière dont le jacobinisme, recueillant l'idée de nation, en soi légitime, en droit appelée par le mûrissement de l'Idée monarchique mais négligée par les monarchistes, a fait pousser de travers cette idée dans un sens nationalitaire et ainsi subjectiviste. Nos ennemis ont confisqué les idées de nation, et de rationalité absolue, ainsi de philosophie systématique. Le devoir de l'homme de Droite est aujourd'hui, plutôt qu'à les abandonner à la gauche qui s'en nourrit pour nous détruire, de les récupérer. Et c'est par une illusion d'optique typiquement surnaturaliste et bien-pensante, aussi obtuse que mortifère, que les plus intransigeants dans l'ordre doctrinal du combat antimoderniste, dans ce devoir de récupérer ce qui appartient de droit à la Droite, croient discerner, avec des réflexes suspicieux, des relents de complaisance à l'égard de la subversion. Ils ne comprennent pas (tels les adulateurs légitimistes et maistriens des *Deux Patries* de Jean de Viguerie, pour qui l'idée de nation serait intrinsèquement jacobine) que leur attitude de fermeture sur leurs propres trésors inachevés, loin de conjurer les progrès de la subversion, lui laisse les mains libres pour les enterrer doucement, les faire oublier sans même avoir besoin de les combattre, les laissant à leurs chimères, à leurs lamentations, à leur bonne conscience et à leur autoritarisme passionnément exercé sur des ouailles cultivant tantôt le complexe de Tartuffe, tantôt celui de la servitude volontaire qui libère de toute initiative, mais au prix de la paralysie de ce qui leur reste de souci intellectuel.

Cela dit, le rationalisme moderne, développé en climat anticatholique à cause de la pusillanimité des catholiques incapables de mener son projet à terme, a échoué lui aussi précisément parce qu'il était anticatholique : il est irrationnel de refuser la foi. D'où les réactions volontaristes de Schopenhauer, Nietzsche, et de leur progéniture existentialiste, personnaliste et marxiste. Le courant rationaliste persistant dans l'antichristianisme a produit le scientisme et le marxisme. Le courant volontariste développé en réaction contre le rationalisme scientiste a produit les chrétiens de gauche et la Nouvelle Droite. On notera que l'irrationalisme revendiqué de certains néo-païens, la plupart du temps de chrétiens en rupture de ban avec le christianisme que rebute — non sans de grandes raisons — le surnaturalisme dont s'affligent ceux qui sont supposés le faire aimer, n'est pas tant le refus du magistère de la raison en tant que telle, que le refus de la raison en son acception étroitement scientifique et technicienne, prosaïque et instrumentale, calculatrice et sans esprit. C'est de la raison abstraite qu'ils font le procès, non de cette raison métaphysique accédant à la conscience d'elle-même en l'homme, mais immanente au réel en tant que réel, et qu'Horkheimer nommait la raison objective. Et s'ils en viennent à confondre raison subjective ou calculatrice (celle des Lumières ayant partout répandu leur cécité satisfaite) et raison objective ou métaphysique, raison pensante parce que raison des choses, c'est parce que les dépositaires catholiques de la métaphysique n'ont pas su leur montrer en quoi elle est la raison même de l'être en tant qu'être, l'acmé de toute vie, ce dont la puissance absolue l'invite, en tant que systématique, à se risquer dans l'épreuve de la contingence.

8 – Nature et surnature

Il est dès lors permis de poser les termes de ce qu'on se permettra de nommer l'aporie fondamentale de l'intelligence de la foi, celle dont la non-résolution a rendu possible le surgissement mortifère de Vatican II, la plus grande crise que l'Église ait jamais connue.

La grâce est « *sanans* » et « *elevans* », elle surélève la nature et, à ce titre, elle lui assigne une fin surnaturelle distincte, semble-t-il, de sa fin naturelle.

Or la nature d'une chose est sa fin.

Dès lors, à quelle condition la grâce n'est-elle pas contre nature, et bien plutôt dotée du pouvoir de soigner la nature dans son ordre propre ?

Les enjeux, comme on l'a vu, sont aussi simples que radicaux. La grâce ne supprime pas la nature mais elle la perfectionne. Dans le *Supplément* à la Troisième partie de la *Somme*, question 49, il est même enseigné que si les dons surnaturels sont de beaucoup supérieurs aux dons naturels à cause de leur éminente dignité, la nature demeure plus essentielle à l'homme que la grâce. Dès lors, si l'on est incapable de proposer une réponse satisfaisante à la question qui vient d'être formulée, on est contraint ou bien de se faire surnaturaliste, ou bien de se retrancher dans le naturalisme, ou bien de se convertir au modernisme.

Selon le surnaturalisme, l'intromission, dans la nature, de la grâce se fait au détriment des aspirations — même les aspirations droites — de la nature ; la vie naturelle, comme désir de la force et puissance des appétits, devient suspecte et presque peccamineuse ; toute recherche d'un ordre naturel valant pour lui-même devient superflue ; Dieu seul doit être aimé, n'est tolérable que le souci de Dieu exclusivement ; c'est Dieu ou le monde : on doit vivre calfeutré dans une routine rendant toujours plus désirable l'acte de quitter la vie ; toute ambition mondaine est orgueil ; on doit être esclave pour n'être pas insurgé contre Dieu, victime de l'injustice pour ne pas se complaire dans les biens finis, vaincu en tout domaine pour ne pas cultiver le souci satanique de soi-même, etc. Puisque l'essentiel est de sauver son âme (ce qui est vrai), mais que le souci d'un tel salut passe par le mépris des aspirations naturelles (ce qui est surnaturaliste, et faux), on se rendra indifférent aux grandes affaires du monde ; on ne retiendra, du Politique, que son aptitude à rendre possible la vie morale ; on ne retiendra, comme critère recevable autorisant à juger un mouvement politique, que le fait qu'il permet à la vie privée de cultiver les vertus morales et les vertus théologales, dût-on être mis en demeure de s'accommoder du régime politique le plus injuste, le plus sclérosé, le plus frustrant : tel est cet ensemble de régimes « conservateurs » éminemment bourgeois, prêchant la résignation aux démunis, nourrissant la mémoire de l'ordre médiéval, mais se nourrissant lui-même, dans ses classes dirigeantes, du capitalisme le plus déchaîné ; tout est bien, pourvu que le peuple aille à la messe et reste à sa place, que les bénéfices rentrent dans les caisses et que l'évêché soit prospère.

La question, pour le surnaturaliste, du rapport entre nature et grâce, devient évidemment l'expression d'un souci déplacé ; ce serait là un mystère qu'il faudrait accepter. Tout philosophe qui ne réduit pas la philosophie à l'instrument de la théologie serait au fond un païen, un libertin perdu par le Monde, gangrené par une curiosité malsaine, qui perd son temps et fait perdre leur temps à ses lecteurs ; et toute lecture qui n'est pas lecture pieuse serait concession faite au Monde. Plus généralement, toute actuation des potentialités naturelles qui n'est pas exercée expressément, directement et exclusivement au titre de moyen d'acquisition des biens surnaturels, serait le fait d'une insurrection païenne de la nature contre la grâce.

On peut se demander, dans ces conditions, si l'on a encore des raisons de croire : si le contenu de la foi contredit la raison, comment la raison aurait-elle encore des raisons de croire ? Il est nécessaire de faire observer à ce sujet que ce mépris des choses du monde, de tout ce qui est profane, appliqué à la philosophie considérée en son autonomie, se retrouve volontiers chez les catholiques de formation scientifique : il y a le savoir sérieux pour gagner sa vie (les sciences et techniques), et puis il y a la foi et les commandements de l'Église pour sauver son âme, et puis c'est tout, le reste est le fait des seuls bavards. Ainsi raisonnait naguère un Jean Fourastié (*Le Long Chemin des hommes*, Laffont, 1976, p. 17) que sa prétention à montrer qu'il savait voir les choses de très haut ne rendait guère avisé : « (...) je distingue nettement, dans ma géographie humaine, les poètes, d'une part, les hommes de science, de l'autre, et les intellectuels enfin. Les premiers expriment ce que ressent confusément le peuple ; les seconds lui font découvrir le réel ; les troisièmes font du bruit. » Une telle conception du genre humain n'est pas sans recueillir l'aval des ecclésiastiques qui y trouvent leur intérêt : « Avec des brebis soumises, le troupeau se mène à la baguette, nous pensons pour lui, il s'occupe des moyens de vivre et nous lui dévoilons les fins qu'il est en demeure de poursuivre ; il nous a remis le destin de son âme, et son travail remplit nos coffres. » Ces gens ne voient pas que ce sont les puissances naturelles d'opération qui, surélevées par la grâce inspiratrice des vertus théologales, posent les actes salvateurs de foi, d'espérance et de charité ; que les vertus théologales ne sont pas, de soi, porteuses des règles qui mesurent l'usage naturel de ces puissances opératives ; que donc la vie surnaturelle présuppose la morale naturelle que seule dispense la bonne philosophie. Ces gens ne comprennent pas que la nature n'est surélevée qu'en tant qu'elle est soignée, restituée à elle-même dans son ordre propre, d'autant plus maîtresse d'elle-même, en son identité recouvrée, que plus excellemment surnaturalisée, par là d'autant plus invitée à se contre-diviser à l'ordre de la surnature qu'elle lui a été plus soumise, en sorte que, loin de se substituer à la philosophie, la foi la relance et la somme de s'achever dans son propre élément.

Que l'homme soit sur terre pour souffrir et gagner son ciel (profonde vérité complètement oblitérée par le naturalisme mou des modernistes) ne laisse pas la première vocation de l'homme de célébrer la gloire de Dieu, même si le salut est intrinsèque à cette gloire ; or ce n'est pas seulement par son salut individuel que l'homme honore Dieu, c'est aussi par l'exercice — qui certes peut faire pécher — de ses puissances naturelles, ou plutôt, c'est en tant qu'il poursuit la recherche de l'excellence d'un tel exercice, qu'il s'assure effectivement de son salut.

S'il faut être castré pour cultiver la vertu de chasteté, s'il faut être sous-homme pour n'être pas pécheur, autant vaut renoncer à la surnature — à une telle corruption de la surnature — et se réjouir de la nature en recherchant en elle la fin de la vie ; avec Nietzsche et Calliclès, il est permis au chrétien, il est exigé de lui qu'il affirme : « pitié pour les forts ».

Si, en tant qu'il est réflexif, le désir infini d'infini habite bien l'homme, il reste qu'il est posé en lui par une nature finie, circonscrite (et c'est là, au reste, une aporie dans l'aporie, qu'il faudra dissiper : comment ce qui est actuellement fini peut-il poser en lui-même une aspiration à ce qui le dépasse, s'il est vrai que la puissance est ontologiquement suspendue à l'acte ?), de sorte que le naturalisme tendra immanquablement à démesurer l'ordre naturel, ainsi à le défaire en croyant l'exalter, pour le proportionner à l'infinité du désir que cette nature induit, et s'ensuivront toutes les formes d'idolâtrie : ôtez la surnature, il ne reste même plus la nature (Chesterton).

Reste au catholique antirationaliste (à ce titre renonçant à résoudre l'aporie) à tenter de concilier nature et surnature en faisant de la surnature une exigence de la nature, en oblitérant sa gratuité. Mais, comme on l'a vu, c'est là surnaturaliser la nature et tendre à convertir, malgré qu'on en ait, le désir de Dieu en désir d'être Dieu.

DEUXIÈME PARTIE

9 – Comment rendre conflictuelles nature et surnature en croyant les harmoniser

L'Aquinate s'est évidemment posé la question, mais on peut se demander si sa réponse a pleinement satisfait l'intelligence de la foi. Et ce n'est pas là faire offense au génie et à la sainteté éminents de saint Thomas, puisque ses commentateurs les plus illustres se sont essayés, non sans mal, à traiter cette question en s'efforçant à dissiper les ambiguïtés des réponses de leur maître.

Si la grâce est requise pour que l'homme parvienne à sa fin ultime, c'est, semble-t-il que l'homme ne dispose pas, dans sa nature même, des conditions suffisantes à son épanouissement, de sorte que la nature semble mal faite. Saint Thomas répond (*S. Théol.*, I^a II^{ae} q. 5 a. 5 resp. 1) : ce que nous pouvons par nos amis (la grâce déiforme l'homme, elle rend possible l'amour de charité qui consiste à aimer Dieu tel un autre soi-même, à Lui vouloir du bien), c'est quelque chose qui s'accomplit comme si nous le pouvions par nous-mêmes.

Mais c'est là de toute évidence une réponse verbale, car si la grâce est gratuite, elle exclut d'être due, elle aurait pu ne pas être donnée ; qu'en eût-il été si elle avait fait défaut ? L'homme, après la chute d'Adam, était justement promis à l'enfer si Dieu n'avait, par amour, décidé de le racheter ; mais que se fût-il produit si l'homme avait été créé « *in puris naturalibus* » ?

Dans la *Somme contre les Gentils* (IV 52), l'Aquinate rappelle que la mort est la plus lourde des peines corporelles, et que la débilité de la raison est la plus lourde des peines spirituelles. Mais il se fait une objection : la peine et la débilité de la simple raison, dont l'exercice est compromis par les pesantes exigences d'un corps naturellement porté à se soustraire — comme toute matière — aux injonctions de la forme (âme), sont des déficiences de nature antérieures au péché qui se contente de les aggraver ; elles n'ont pas, en elles-mêmes, un caractère pénal, elles découlent de manière obligée de la liaison, pourtant naturelle, de l'âme et du corps. « À considérer droitement les choses, répond-il, on pourra estimer cependant comme assez probable (« *satis probabiliter poterit aestimare* ») — supposé la providence divine qui ajuste à chaque perfection les objets qui lui conviennent — que Dieu a uni une nature supérieure à une nature inférieure pour que la première dominât sur la seconde. S'il arrivait que quelque déficience naturelle gênât cette souveraineté, on doit supposer qu'une grâce spéciale, surnaturelle, viendrait lever cet empêchement. » « Docile à l'enseignement de l'Église », saint Thomas se retranche derrière l'idée selon laquelle Dieu a créé l'homme en état de grâce pour que le corps restât subordonné aux exigences de l'âme.

Force est de répondre respectueusement à l'Aquinate : *quid* de la gratuité de la grâce ?

Les successeurs de saint Thomas ont proposé, pour aller vite, deux réponses : le « désir-velléité » (auquel saint Thomas lui-même a parfois recours), et le « désir-puissance obédientielle ». Tantôt on déclare que le désir naturel de Dieu n'est qu'une velléité et non un véritable désir en attente de son actuation, qu'il est analogiquement semblable au désir de voler mais que cela est impossible du fait que l'homme n'est pas doté d'ailes, de sorte qu'un tel désir, s'il n'est pas transfiguré par la grâce, reste à l'état de velléité et en vient à s'éclipser. Ou bien on déclare que le désir naturel de Dieu n'existe pas, mais qu'il existe en l'homme une puissance obédientielle, dont l'homme n'eût même pas connu l'existence si la grâce ne l'avait pas actualisée, qui par là ne se fût pas manifestée comme une exigence, et que cette puissance obédientielle est l'analogue dans l'esprit de ce que sont dans les corps ces puissances servant de sujets à l'opération surnaturelle des miracles, laquelle opération ne répond nullement à un besoin naturel inscrit par la nature dans celui qu'elle habite.

La difficulté liée à la première réponse est que l'objet d'une velléité est tel que la volonté peut y renoncer après que l'intellect lui a signifié que son objet relevait de l'impossible, et que c'est en ce renoncement que la tension velléitaire de la volonté se résout et trouve son accomplissement. *A contrario*, le désir naturel de Dieu coïncide avec la « *voluntas ut natura* » puisque par nature la volonté tend vers son objet qui est le bien universel, ainsi le bien parfait[1] ; c'est au reste dans la mesure où aucun bien fini, à elle proposé, ne la nécessite, qu'elle est libre à son égard, ainsi qu'elle peut le choisir ou le refuser ; il ne devient nécessitant pour elle que dans la mesure où elle le rend tel ; la volonté n'est libre de ses actes à l'égard des biens finis que parce qu'elle est nécessitée par le Bien absolu qui la focalise par nature et la pré-ordonne à lui : même le démon aime la déité, mais il refuse de la chercher en Dieu ; on ne délibère en dernier ressort que des moyens. Or il est possible dans l'hypothèse du désir-velléité de délibérer à propos du bien considéré : la volonté soucieuse de vouloir raisonnablement décide souverainement de renoncer à un bien dont elle sait qu'il n'est pas accessible, elle cesse de s'obstiner à exercer un désir inchoatif qu'elle sait vain ; jugé inaccessible, l'objet d'une velléité est supposé pouvoir être révoqué par la volonté. Donc ou bien Dieu n'est pas le bien absolu, ou bien il n'y a pas de velléité à l'égard de Dieu.

Considérons la solution de la puissance obédientielle. Si cette dernière est une puissance numériquement distincte et non solidaire des autres puissances naturelles d'appétition, l'actuation de cette dernière suscite dans la créature un mouvement vertical l'invitant à s'arracher au monde pour s'attacher à Dieu, quand les puissances naturelles, supposées rivées à l'immanence, ne cessent de faire valoir leur droit, au point que l'homme se révèle dans l'hypothèse comme déchiré entre deux fins conflictuelles, et se voit mis en demeure de choisir de frustrer systématiquement la nature au profit de la surnature, ce qui est la définition du surnaturalisme, qui est la version théologique de la schizophrénie. Il en est de la puissance obédientielle

---

[1] « *Sola natura rationalis creata habet immediatum ordinem ad Deum, quia ceterae creaturae non attingunt ad aliquid universale, sed solum ad aliquid particulare, participantes divinam bonitatem vel in essendo tantum, sicut inanimata, vel etiam in vivendo et cognoscendo singularia, sicut plantae et animalia ; natura autem rationalis, inquantum cognoscit universalem boni et entis rationem, habet immediatum ordinem ad universale essendi principium* » (*S. Théol.* II^a II^{ae} q. 2 a. 3).

des théologiens comme il en est de cette contradictoire perfectibilité rousseauiste appelant son actualisation culturelle cependant qu'elle n'est pas le principe d'un progrès mais d'une dépravation, de sorte que l'homme selon Rousseau est invité à choisir de demeurer en cet état de nature que sa nature lui prescrit tout en suscitant en lui le désir vain de se civiliser.

Il existe bien une autre réponse, d'inspiration scotiste (*Prolog. Sent.* q. 1 ; *IV Sent.* dist. 49 q. 10), à la question du rapport entre nature et surnature, qui ne sera évoquée ici que pour mémoire puisqu'elle s'élabore contre le réalisme thomiste, et dans une ligne objectivement porteuse du modernisme, ainsi qu'il le deviendra évident avec Blondel, Laberthonnière et plus récemment Claude Tresmontant. Elle consiste à se représenter le don surnaturel telle une création continuée : l'homme naturel serait simplement ce que Tresmontant nommait, après saint Paul (I Corinthiens) — mais en un sens évolutionniste oblitérant tant le péché originel affligeant le « vieil homme » que la gratuité de la grâce et la différence de nature entre nature et grâce —, « l'homme animal », le païen, l'homme du passé de la création, un homme inachevé en train d'être créé et mené à sa perfection future, c'est-à-dire à l'homme véritable et achevé, par surcroît d'information constitutive, de sorte que ce que les théologiens scolastiques nommaient « maladroitement » ordre de la grâce ne serait, selon Tresmontant, qu'un prolongement dans l'ordre de la création de la réalité naturelle, sans césure radicale entre les deux ordres (pour Tresmontant, la grâce est seulement l'ultime moment de l'acquisition d'information en contexte transformiste, au point que tout homme est appelé à devenir un Christ, lequel est l'Homme achevé, et non point le Dieu-Homme du catholicisme orthodoxe) ; Tresmontant, à la suite de Blondel, appelle « normative » l'éthique, et définit la « normative » telle une « création inachevée et continuée » ; la normative « se découvre dans une ontologie génétique, c'est-à-dire une ontologie de l'être créé en régime de genèse ou de création », de telle sorte que le christianisme serait « exclusivement la théorie et la réalisation, la programmation et la création de l'Homme nouveau et véritable, par rapport auquel nous naissons à l'état de pré- ou de paléo-anthropiens » (*Les Métaphysiques principales*, p. 299, O.E.I.L., 1989). Ce n'est certes pas exactement ce qu'enseigne Duns Scot, mais ce dernier rend possible une telle réponse. Il existe pour Duns Scot une puissance active au surnaturel, ainsi un désir naturel inné de voir Dieu, mais inefficace, de telle sorte que l'ordre naturel ne pourrait pas être parfait, pleinement lui-même, sans l'ordre surnaturel entendu tel le complément obligé du premier. La grâce s'ajoute à la nature tel un don extrinsèque au don naturel avec lequel le premier fait nombre, et sous ce rapport la grâce est bien gratuite ; mais puisque la nature n'est parfaite que moyennant un tel don surnaturel, puis donc qu'elle n'est parfaite qu'en étant surnaturalisée, dans le moment où la perfection d'une chose est son essence, elle n'est pleinement naturelle que par la médiation de ce don qui contracte sous ce rapport le statut de détermination naturelle : si c'est en tant que surnaturalisée que la nature est parfaite, c'est en tant que surnaturalisée qu'elle est elle-même, vraiment naturelle, dès lors que ce par quoi une chose est rendue parfaite est ce qui l'achève, la termine, la rend adéquate à son essence qui la définit. C'est que, pour le Docteur subtil, la césure entre ordre naturel et ordre surnaturel dépend seulement de l'arbitraire de la volonté divine, ce qui revient à dire que, pour lui, un don est tenu pour naturel ou pour surnaturel non selon son essence objective qui s'impose à Dieu même, mais selon que Dieu lui confère tel statut plutôt que tel autre ; aussi, le don de la grâce peut-il être tenu — selon les exigences du dogme que Scot entend respecter — pour gratuit, *en tant qu'il excède les déterminations de ce qui serait tenu pour la nature de l'homme si la grâce n'était pas donnée, mais tout autant, puisque Dieu — dont la volonté infinie exclut, pour Scot, d'être mesurée par un quelconque ordre des raisons d'être — a décidé de dispenser un tel don, ce dernier peut être tenu pour naturel, inscrit dans la nature de l'homme et annoncé dans la forme d'un appétit inné.* C'est là, évidemment, rejeter le principe même d'une fixité des essences idéales normatives des existences ; c'est là se soustraire à l'idée même de nature humaine intangible fondatrice des principes de la morale rationnelle et du droit naturel, et c'est ainsi ouvrir la voie de l'existentialisme et du nominalisme. Au reste, la thèse scotiste de l'individuation par la forme allait dans le même sens : puisque chaque forme humaine est personnelle, ineffable, si l'individualité de l'essence est l'essence même en tant qu'individuelle (et non en tant qu'*individuée* — thèse aristotélothomiste — par quelque chose d'autre qu'elle, ainsi par la matière), alors, autant il y a d'individus, autant il y a d'essences distinctes : l'individu est sa propre norme.

10.1 – L'être du néant d'être, ou la réalité du négatif

Du « point de suture » entre nature et surnature

Il est temps de proposer l'esquisse d'une résolution, qui nous contraindra à sortir de la lettre du discours et de la doctrine thomistes, mais qui, selon nous, appelée par le thomisme même, sera respectueuse de son esprit.

Les données du problème sont les suivantes : la grâce est absolument gratuite, et un état de pure nature eût été possible sans injustice ; il n'y a pas en l'homme une simple velléité mais un authentique désir naturel de voir Dieu ; Dieu est juste : « *naturale desiderium nequit esse inane* » (un désir naturel ne saurait être vain). Dès lors, il existe, en droit sinon en fait (la nature humaine étant congénitalement blessée, de sorte que la chose n'est plus possible en fait), une capacité naturelle de voir Dieu tel qu'en Lui-même, réellement distincte de la vision béatifique surnaturelle, incomparablement moins glorieuse que cette dernière, mais réelle, et c'est à cette condition que la grâce n'est pas contre nature : elle transfigure la fin naturelle, mais c'est la même fin ; il n'y a quant à l'objet qu'un seul « *ultimus finis* », mais deux manières de l'exercer : l'une surnaturelle, l'autre naturelle ; l'homme est naturellement invité à s'arracher aux biens finis qu'il est en vocation naturelle d'aimer, ainsi d'aimer pour y renoncer, et c'est dans l'exercice de ce double mouvement captatif et oblatif du désir que la poursuite des biens finis mène à la fin ultime ; il n'y a pas contradiction entre nature et surnature, mais contradiction naturelle et non peccamineuse, vouée à être vécue et surmontée, au sein même de la nature intègre, selon les scansions de la dialectique de l'Amour dans le *Banquet* de Platon : aimer les biens finis ; corrélativement aimer l'acte de les aimer ; prendre, en cet acte même, conscience de la disproportion structurelle entre la finitude du bien d'une part, et l'infini du désir se saisissant de lui-même « *ad tergum* » d'autre part ; s'arracher au bien fini selon la dynamique par laquelle on l'a aimé afin de s'élancer vers un bien supérieur ; poursuivre cette démarche jusqu'à la saisie du bien qui est le Bien.

Il reste que le « *terminus ad quem* » du désir naturel doit coïncider avec le « *terminus a quo* » de la vie surnaturelle, dans un nœud cordial ou « point de suture » dont le statut ontologique demeure éminemment problématique : ce terme médiateur doit être à la fois un principe de continuité et une solution de continuité, c'est-à-dire un principe de rupture ; il doit être un principe de continuité pour que l'intromission de la grâce dans la nature ne soit pas contre nature ; il doit être un principe de rupture pour que la grâce demeure incommensurable à l'ordre naturel, par là gratuite, et — s'il est vrai que la surnature est la nature de Dieu — pour que la transcendance de Dieu ne soit pas compromise ; le naturel et le surnaturel doivent s'indifférencier dans un terme commun aux deux, qui en même temps les sépare : en tant qu'il leur est commun, il assure la continuité de l'un par rapport à l'autre ; en tant qu'il les sépare, il est le garant de leur discontinuité.

Doit ainsi être exhibée une détermination qui ne soit ni naturelle (pour relever de l'ordre surnaturel en son « *terminus a quo* ») ni surnaturelle (pour relever de l'ordre naturel en son « *terminus ad quem* »), tout en appartenant aux deux sphères afin d'assurer sa fonction médiatrice. Puis donc qu'une telle détermination doit consister dans la négation concomitante des deux domaines (naturel et surnaturel) tout en relevant de chacun d'eux, *il faut et il suffit que chacun soit tel que sa propre négation lui soit intérieure et constitutive de lui-même, ainsi que les deux sphères aient chacune la forme d'une réflexion, d'une négation de négation, d'une identité réflexive à soi posant l'identité à soi de chaque domaine (la nature et la surnature) telle une souveraine victoire sur son contraire qu'il assume et en lequel il s'anticipe* ; et il faut que ce en quoi chaque domaine s'anticipe en s'y reniant soit identique pour les deux domaines ; en tant que *négation* d'un domaine, un tel terme médiateur appartient bien à l'autre, et la césure est respectée ; en tant que négation (de soi) *de chaque domaine*, ainsi en tant qu'il est chacun des deux domaines (qui s'identifient en lui) dans le moment de sa négation de soi, ou — en termes hégéliens — dans sa négativité, il y a bien continuité.

Nous faisions observer plus haut que le fini est habilité à subir une infinitisation qui le rend déiforme, si l'Infini est capable de se finitiser sans cesser d'être infini (§ 5). Pour que l'infini condescende à se faire fini sans cesser d'être infini, il doit consister dans l'acte de vaincre une finitude qu'il assume : absolument parfait dans l'ordre de toute perfection, Dieu, indépendamment de la création du monde et d'un esprit fini, est de surcroît maître de sa perfection absolue, assomptif de tous les degrés de sa perfection infinie, jusques au néant ou degré nul de perfection qui, comme néant, est immédiatement néant de lui-même et reconduction à l'origine. Et la créature, réalisation contingente, par libre décision divine, d'un degré d'être — ainsi d'une essence — intemporellement assumé par l'infini actuel, contracte aussi, en tant que substance dotée d'un exister propre, la forme d'une identité à soi réflexive, ou *réflexion ontologique* de son essence :

L'essence est puissance de l'acte d'exister, car, de même que ce n'est pas l'acte de courir qui court mais bien plutôt le coureur s'actualisant — en tant que coureur — dans l'acte de courir, de même ce n'est pas l'acte d'être qui est, mais bien plutôt l'essence qui exerce l'acte d'être et s'actualise en lui :

DEUXIÈME PARTIE

« *Ipsum esse non significatur sicut subjectum essendi, sicut nec currere significatur sicut subjectum cursus. Unde sicut non possumus dicere quod ipsum currere currat, ita non possumus dicere quod ipsum esse sit* » (*de Hebdomadibus*, lect. II).

Dès lors, en tant qu'acte de l'essence, l'exister est l'essence elle-même en tant qu'elle est en acte, c'est-à-dire l'essence en tant qu'elle est pleinement essence, par là pleinement *cause*, raison suffisante des déterminations par lesquelles elle se fait conditionner pour être individuelle ou existante, et dont elle se fait procéder par éduction : l'essence se fait procéder de ce qu'elle pose, ce qui revient bien à dire qu'elle a la forme d'une réflexion, et que sous ce rapport elle se pose en tant que victoire sur son propre envers ; l'essence se fait substance par réflexion ontologique. Toute essence, avant que d'être l'acte d'une matière et/ou le sujet d'un acte d'exister, est, comme degré idéal d'être, un moment de l'intemporelle réflexion par quoi le divin est Dieu. Mais l'essence créaturelle, l'essence en tant que sujet d'exercice d'un acte d'exister créé, n'est pas la raison suffisante de la réflexion qu'elle exerce, et c'est sous ce rapport que le mode d'être divin des Idées paradigmatiques diffère de leur mode d'exister créé. Il demeure que le néant à partir duquel les choses sont créées, et ce néant en quoi consiste le degré nul de perfection qu'assume l'infini actuel de perfection, sont « matériellement » le même néant ; il ne saurait y avoir dualité de néants, car toute dualité suppose différence, détermination différentielle, or le néant est par définition l'indéterminé pur. Et c'est en lui que communient naturellement le créé et l'Incréé qui, n'ayant en commun que le rien, n'ont sous ce rapport rien de commun : la transcendance et l'incompréhensibilité de Dieu sont sauves, et pourtant Dieu peut y être saisi en Lui-même et non dans ses seuls effets ; saisir Dieu dans ses effets, c'est saisir à proprement parler les effets de Dieu, et ne saisir que ces derniers. Mais parce que c'est un néant qui *est*, qui dit plus que le simple être de raison d'un jugement négatif, alors, en s'atteignant par réflexion dans le néant dont elle procède, en cet acte créateur qui lui est intrinsèque, la créature atteint quand même naturellement quelque chose de Dieu tel qu'en Lui-même.

Par l'intromission, dans le corpus du thomisme, du concept de réflexion ontologique emprunté à la philosophie néo-platonicienne mais déconnectée de son nécessitarisme émanatiste, peut être mise en évidence la possibilité d'un « point de suture » entre nature et surnature. L'ordre naturel s'*achève*, aux deux sens du terme, s'accomplit et se supprime, dans un terme qui est aussi, indépendamment de l'acte contingent de la création, ce que la puissance absolue veut vivre afin de s'introniser maîtresse d'elle-même, par là concrètement absolue : ce qui a tout ne manque de rien, mais il lui manquerait quelque chose s'il n'était capable de faire l'épreuve de l'acte même de manquer, de sorte qu'il n'est possesseur de toute perfection qu'à proportion de son pouvoir de vivre le fini sans cesser d'être infini, d'être identique à soi dans sa différence ; l'exinanition ou kénose par quoi l'absolu, dans son incarnation salvatrice, s'humanise sans cesser d'être divin, trouve sa raison et son modèle dans la Vie Trinitaire entendue, selon ce que la simple raison (qui ne peut concevoir que les moments de la vie divine soient des Personnes) peut en dire par elle-même, telle l'assomption du fini par l'Infini : si l'Infini était exclusif du fini, il l'aurait à l'extérieur de lui-même, par là il serait limité et comme finitisé par lui. Et c'est pourquoi, en s'incarnant, Dieu nous signifie quelque chose de ce qu'Il est en Lui-même indépendamment de sa Révélation. Si Dieu, qui est l'*Infini* actuel, possède en lui-même, sur le mode idéal, tous les degrés de *finitude*, Dieu contient en soi et par essence, de toute éternité, toute extériorité ainsi idéalement assumée, de sorte que, quand une extériorité survient par l'acte créateur positionnel de créatures essentiellement autres que Dieu, elles ne limitent ni n'ajoutent rien à Dieu, étant superlativement assumées par Dieu indépendamment de sa création.

DEUXIÈME PARTIE

Des vertus attendues d'un tel « point de suture »

Ce qui, pour le moins, n'est pas facile à penser, c'est l'idée d'un point de suture qui soit principe de continuité et de rupture entre les termes qu'il médiatise. Il en est ainsi parce que cela équivaut au réquisit logique suivant :

a) La nature doit être une détermination ontologique parfaite ; il n'est pas tenu compte ici du péché originel, qui est accidentel, mais qui certes est tel que, depuis la Chute, l'homme est incapable de se passer de la grâce ne serait-ce que pour être seulement pleinement naturel ; il reste que la grâce ne saurait être intrinsèque à la nature en tant que nature qui, en sa condition intègre, doit receler les conditions de sa propre perfection ; la nature doit donc être, dans son ordre propre, suffisante : si elle ne l'était pas, alors, la grâce pouvant n'être pas donnée parce que gratuite, Dieu serait injuste, et cela est évidemment impossible ; la nature doit être une détermination ontologique parfaite afin de maintenir le caractère gratuit et non nécessaire de la grâce ; la nature doit donc avoir raison d'entéléchie, elle doit correspondre à une Idée divine éternelle, elle doit être la réalisation d'un archétype divin fixe et parfait dans son degré de perfection qui n'est pas moins — comme toute essence paradigmatique — qu'une connaissance éternelle que Dieu a de Lui-même en tant que participable ;

b) Et en même temps la nature doit entretenir à l'égard de sa condition de nature graciée le même rapport que celui de la chrysalide à l'égard du papillon, si l'on tient à respecter cette idée thomiste et vraie selon laquelle il est contre nature de refuser la grâce, ou encore si l'on entend que l'intromission de la grâce dans la nature ne soit pas contre nature ; de sorte que l'Homme nouveau n'est pas une condition d'existence qu'il ne serait pas dans la nature de cette nature humaine de plébisciter comme ce qui la parfait en la transfigurant.

Moyennant l'usage des termes requis par l'analogie ci-dessus esquissée, on obtient ceci :

La chrysalide doit d'une part s'éprouver telle une réalité imparfaite qui trouve sa perfection dans le papillon qui l'achève (mort du vieil homme et naissance de l'Homme nouveau), c'est-à-dire qui la supprime en la conservant ; et d'autre part elle doit s'éprouver telle une réalité parfaite dans son ordre, délestée de toute tendance ou exigence immanente à acquérir quelque complément ontologique qui, s'il était inscrit dans une telle tendance, serait exigible ; la nature doit être telle une chrysalide en attente de quelque chose qui la parfait et en lequel elle se sublime, cependant qu'elle doit paradoxalement, à ce titre même, pouvoir demeurer cette même nature se reposant dans son entéléchie naturelle ; il faut qu'il existe un terme commun au papillon et la chrysalide, qui soit tel que le papillon en lequel se nie et se conserve la chrysalide soit encore cette même chrysalide accomplie dans son ordre de chrysalide, sans au-delà d'elle-même.

La « chrysalide-nature » doit n'être en puissance à rien, étant acte et raison du sujet qui exerce cette perfection, et en même temps elle doit être en puissance à sa déformation reconnue telle sa vérité immanente ; elle doit être puissance et acte en même temps et sous le même rapport. Assurément, ce problème en apparence insoluble est dissipé si l'on nie l'existence d'un désir naturel et inné de voir Dieu tel qu'en Lui-même, car alors la nature n'est pas puissance et acte en même temps et sous le même rapport. Mais on a vu que le mouvement à raison duquel, connaissant l'effet, l'intellect désire connaître la cause, et désire la connaître non seulement dans son effet mais en elle-même, est un mouvement inscrit dans la nature même de l'homme, en tant que nature.

D'aucuns considèrent qu'il n'y a que de l'être, que le néant n'est pas, qu'il est une fausse idée, que supposer une extériorité à l'être est une absurdité puisque rien n'est en dehors de l'être, car pour être au dehors, il faut être, ainsi être intérieur à cet être, de sorte que déclarer qu'il n'y a hors de l'être que du néant, c'est signifier que l'être n'a pas d'extérieur et que le négatif de l'être se réduit à une illusion d'optique, à un « *flatus vocis* », à un être de raison. Si cependant, à défaut de penser que l'être aurait le néant à l'extérieur de lui-même, on persiste à prétendre que l'être est dénué de tout négatif à l'intérieur de lui-même, alors on doit confesser que l'être serait imparticipable et qu'il n'y aurait qu'un être parménidien : qu'il y ait des êtres, cela est possible dans la mesure où l'être sait se faire recevoir dans une puissance qui le limite (et le modifie intrinsèquement : l'être est analogue), qui ainsi le diminue ou le nie partiellement en tant qu'être, mais qui, pour être dotée du pouvoir de diminuer, doit elle-même être de l'être : le néant doit avoir un être de néant, ainsi être, par là relever de l'être en tant qu'il est être, pour expliquer la participabilité de l'être, laquelle est un fait : il y a des êtres ; « *ab esse ad posse valet illatio* ». Dès lors, le néant participe de l'être qui ne serait pas être, ainsi qui ne serait pas, sans cette instance de non-être, s'il est vrai que sa participabilité, ou encore sa diffusibilité, est définitionnelle de sa perfection : ce à quoi rien ne manque est tel que rien ne lui manque pas même l'acte de manquer, de sorte que le parfait sait — à peine de n'être pas parfait — faire l'épreuve de l'imparfait sans cesser d'être parfait, par là il sait demeurer identique à soi dans sa différence, se maintenir vivant dans sa mort même. Cela dit, le néant actuel, irréductible à un simple être de raison, est tel qu'il est et n'est jamais que comme néantisation de soi de ce dont il est le néant : « *ex nihilo nihil fit* » ; on ne peut rien tirer de ce qui n'est rien, car tirer quelque chose de quelque chose, c'est le causer ; il faut avoir pour donner ; or il y a de l'être, donc il y a toujours eu de l'être et, s'il y a du néant, il n'est que comme néantisation de soi de l'être, il est suspendu à ce qu'il conteste, il est le résultat de ce qui se conteste en lui ; il tient son être de néant de l'être dont il est le néant, mais, comme néant de toute chose, il est tout autant néant de lui-même et reconduction à l'être qui se nie en lui, ce qui invite à reconnaître en cet être une réflexion, une unité d'attraction et de répulsion : l'être se fait affirmer par ce en quoi il se nie, il se nie dans un processus dont l'avancée est régression, et, à l'inverse, le néant se nie dans un acte positionnel de l'être qui le pose en se niant en lui ; la même réflexion peut être envisagée du point de vue du néant. Tout être créé a le néant pour origine, mais aucun être créé n'est la raison suffisante de la réflexion par quoi ce néant se convertit en être. C'est pourquoi le néant intrinsèque à l'être créé, son « *terminus a quo* » immanent, a un double statut ontologique ; il est à la fois ce néant potentiellement riche d'une perfection actuelle déterminée par le coefficient — que la créature ne maîtrise pas — de négation de soi de ce néant, et sous ce rapport il est de l'être en puissance en attente de sa possible perfection surnaturelle ; mais il est aussi, comme ce néant intrinsèque à une créature qui n'est pas raison suffisante de sa réflexion ontologique constituante, un néant sans attente d'une perfection à venir, un « *terminus a quo* » de l'être créé qui est aussi le « *terminus ad quem* » — sans autre au-delà de lui-même que lui-même — de la réflexion par laquelle il s'atteint, et sous ce rapport il est l'entéléchie du créé. Le néant remplit bien la condition requise pour faire se réaliser sans contradiction l'identité de la puissance et de l'acte. Dès lors, s'il est permis de distinguer dans la créature spirituelle une instance de néant, on est habilité à discerner en ce dernier le statut ontologique du point de suture entre nature et surnature.

En tant que le néant est, « *materialiter spectatus* », néant de toute perfection aussi bien infinie que finie, dans le moment où il est définitionnel de toute perfection, finie et infinie, de s'anticiper dans le néant d'elle-même, alors l'infini et le fini, l'Incréé et le créé, le surnaturel et le naturel coïncident négativement en lui. D'une manière générale, ne peut être en puissance à quelque chose que ce qui est commensurable à ce quelque chose : le bourgeon est fleur en puissance parce qu'il est habité par la nature de la fleur ; la créature n'est habitée par un désir de voir Dieu, ainsi de devenir intentionnellement Dieu, que si elle est déjà divine « *secundum quid* » ; or il existe une césure infranchissable entre le créé et l'Incréé ; la transcendance de Dieu est absolue, autrement Dieu n'est pas Dieu, et ainsi Dieu et la créature sont absolument incommensurables ; donc entre Dieu et la créature, il n'y a rien de commun, fors ce rien, qui est ; et cela est possible pour autant que la créature et le Créateur se voient reconnaître la forme d'une réflexion, dont le propre est de se faire inclusive du néant.

Sous un certain rapport, l'ordre naturel s'achève dans un néant qui est à la fois le « *terminus a quo* » intestin de la créature, à la fois son « *terminus ad quem* », le terme de son désir réflexif où la créature s'atteint dans sa racine par retour exhaustif sur soi ; et dans cette perspective la nature est parfaite dans son ordre propre, sans être en attente d'une perfection qui s'ajouterait à elle pour l'accomplir ; la « nature-chrysalide » est parfaite et suffisante dans son ordre propre, pour autant que le Créateur ne lui attribue pas, librement et gratuitement, un surcroît surnaturel de don que la créature, selon ses ressources naturelles, ne saurait de ce fait exiger, et dont elle n'a même pas le désir ; un tel don par surcroît consiste alors dans le fait que le Créateur confère au néant intérieur à la créature cette puissance de négativité réflexive excédant les pouvoirs de la créature et le degré de négativité définitionnel de sa réflexion constituante. Mais c'est aussi ce même néant qui, comme point de suture entre nature et grâce, est ce néant qui, au titre de « *terminus ad quem* » auquel renvoie circulairement la nature comme à son « *terminus a quo* » intestin, est encore le « *terminus a quo* » de la possibilité de la vie surnaturelle. Sous ce second rapport, la créature spirituelle déiformée entretient, à l'égard d'elle-même en tant que non-déiformée, la relation du papillon à l'égard de la chrysalide, laquelle se conserve et se nie en celui-là. En effet :

Parce que l'infini assume le fini, parce que l'infini et le fini coïncident par le néant, alors le plus haut degré d'essence, raison suffisante de la réflexion qu'il exerce, peut faire vivre, librement et gratuitement, un degré fini d'essence réalisé dans une créature, selon la pulsation réflexive de l'infini, sans que la créature cesse d'être créature. En tant que greffée, par la grâce, sur la vie surnaturelle, la créature vit sa finitude selon le mode à raison duquel l'Infini divin, en tant qu'il est maître de sa puissance qu'à ce titre il exerce selon tous ses degrés, vit cette finitude. Si l'homme avait été créé en état de pure nature ; s'il n'avait, en outre, pas péché, il eût connu une béatitude naturelle consistant à se saisir, dans l'acte naturel de mourir qui rend l'âme transparente à elle-même (le corps est principe d'inconscience), de sa racine intérieure, par là de ce néant dont la réflexion sur soi tisse le contenu de l'acte créateur, ainsi de son acte créateur à lui immanent, lequel, en tant qu'acte du Créateur, est le mode de présence, en lui, du Créateur même : la causalité en général dit l'acte du moteur en tant qu'il est dans le mobile, et le moteur est d'autant plus moteur, d'autant plus parfaitement moteur, et d'autant plus parfait, qu'il est plus immobile ; l'Immobile, qui repose en lui-même, ne peut, sans changer, se rendre immanent à ce qu'il n'est pas, que si cette différenciation de soi-même à raison de laquelle il se rend immanent à l'autre, est de toute éternité assumée dans et par son identité, car alors cette différenciation de soi positionnelle de la communication d'actualité en quoi consiste la causalité, en tant qu'assumée par son identité, ne change rien à cette identité même. La solution ici proposée du problème de l'hymen entre nature et grâce était déjà requise pour rendre raison du problème de la causalité en général, et du statut ontologique de l'acte créateur en particulier : si l'acte créateur, qui est l'acte du Créateur, ainsi le Créateur lui-même en tant qu'il est en acte (il n'y a pas de différence en Dieu entre son essence et ses opérations), est aussi l'acte d'être créé constitutif d'une créature essentiellement et existentiellement *différente* de son Origine, alors le Créateur et la créature se confondraient, la création serait nécessaire, la créature serait consubstantielle au Créateur, si cette différence n'était de toute éternité, indépendamment de la décision de créer, assumée par le Créateur ; car alors, en tant qu'assumée (et surmontée), comme intrinsèque à son identité, elle est telle que, en se différenciant de lui-même (pour se rendre immanent à son effet) il demeure auprès de lui-même à distance de ses effets. C'est que, coulée dans l'étoffe d'une négativité qui se renie en s'absolutisant, la cause en général (et le créateur en particulier), la causalité comme immanence du moteur au mobile, consiste en dernier ressort dans l'immanence, au mobile, de la négativité d'un moteur déjà victorieux de sa déhiscence intestine. Si la présence ou identité à soi du moteur, et plus généralement de l'être en tant qu'être, consiste dans la rédemption immanente de son absence à lui-même, alors, en se dépossédant de soi pour se rendre immanent au mobile, le moteur ne fait que se déposséder de son absence à soi, par là demeure souverainement auprès de lui-même sans changement aucun, cependant que, comme constitutive de son identité, une telle immanence, au mobile, de l'absence à soi du moteur, est encore, dans le mobile, la présence de l'acte du moteur.

Et l'on notera au passage, afin d'éviter de se faire piéger par le mirage des représentations « spatialisantes » inhérentes à notre mode humain de penser, que ce qui est sa réflexion est à la fois infini (il a en lui-même son autre, il n'y a pas d'altérité hors de lui qui le limiterait) et absolument immobile (puisque le départ est identique au point d'arrivée).

10.2 – Pour une réflexion ontologique thomiste

Cette idée, d'origine plotinienne et proclienne, systématisée par Hegel dans sa *Logique*, d'une contradiction (négation qui se renie) au sein de l'identité, est bien présente — *horresco referens* — dans l'héritage métaphysique du réalisme thomiste :

« *Quanto magis forma* vincit *materiam, tanto ex materia et forma magis efficitur unum* » (*C. G.* II 68) : plus la forme se rend victorieuse de la matière, plus l'unité de la matière et de la forme est parfaite. Si l'on se souvient que l'*unité* de deux éléments est le principe de l'amour qui les fait tendre l'un vers l'autre (*S. Théol.* Iª q. 20 a. 1 : l'amour est « *vis unitiva et concretiva* », force *d'union* et de concrétion), on doit se rendre à cette idée, aussi vraie et féconde que paradoxale, selon laquelle l'amour de la matière pour la forme est mesuré par le degré de négation victorieuse que la forme exerce sur la matière. Or ce qui aime, trouve son bien dans le fait de posséder ce qu'il aime. Donc la matière est perfectionnée dans son ordre de matière par l'acte même d'être contestée. Ce qui revient à dire que l'essence de la matière est celle de l'unité — contradictoire — de l'attraction et de la répulsion, parce que ce qui est en conflit avec soi-même trouve son apaisement dans le fait d'être nié. Et parce que le propre de l'être en puissance est de faire s'identifier les contradictoires, l'essence de la matière est celle de l'être en puissance se révélant à ce titre tel le mode d'être de ce qui est contradictoire, le mode d'être de ce qui, en tant que contradictoire, est non-être.

Ce qui réalise l'identité contradictoire de l'attraction et de la répulsion est ce qui, en tant que répulsion, se repousse spontanément de soi, mais qui, comme attraction, s'attire à soi ; c'est ainsi ce qui se repousse de soi dans un acte qui n'est autre que celui à raison duquel il s'attire à soi, c'est par là ce qui se repousse de soi dans un processus qui est régression en direction de l'origine du processus, bref, c'est ce qui est réflexion, laquelle, comme circulaire, fait s'opposer, à l'extrême matériel de l'orbite, cet autre extrême formel dont la matière est la position dans sa négativité. Cela dit, la réflexion ontologique, comme positionnelle d'un retour identique à l'origine, équivaut au repos : l'acte de se réfléchir et d'être sa réflexion est immobile en tant que radicalisation du mouvement. Si l'être en tant qu'être est réflexion, il est victoire éternelle sur le non-être en lequel il s'éclipse (réalisation extrême ou limite du plus petit degré d'être), il *est* son objectivation, et, du fait qu'il s'objective son *être*, il est objectivation de sa propre objectivation, par là réflexion dans son processus du résultat du processus, et de ce fait émancipation de sa contradiction puisque, ravalant au rang de moment du processus le résultat contradictoire du processus, il se libère — la libérant — de la contradiction qu'il est, mais alors, s'en libérant, il se pose comme non-contradictoire ; il *a* sa contradiction sans l'être, et c'est parce qu'il l'a qu'il *n'est pas* contradictoire.

On peut montrer la même chose en rappelant, avec saint Thomas (*de Principiis naturae*) que toute génération naturelle suppose trois principes, à savoir la matière (« *ens in potentia* »), la forme (« *id per quod fit actu* ») et la privation (« *non esse actu* »), et que la privation et la matière sont une même chose « *in re* », mais ne diffèrent que selon la raison ; or la privation est négation de la forme ; donc la matière est, au moins « *secundum quid* », négation de la forme, donc l'éduction de la forme est négation de la matière qui pourtant, en tant qu'actuée par la forme qui s'éduit d'elle, est perfectionnée par cette négation même, ainsi confirmée dans son identité de matière ; ainsi, l'actuation de la matière est sa sublimation, ce qui la *conserve et la nie*, son « *Aufhebung* », à la manière dont le papillon conserve la chrysalide qu'il conteste. Or, quand une chose se sublime en une autre, elle qui est puissance *à* cette autre, elle est niée *par* cette autre mais conservée *en* cette dernière sur le mode de puissance opérative à se régénérer et à engendrer *ad extra* : la chrysalide, qui est puissance *au* papillon, est niée par ce dernier mais conservée *en* lui sur le mode de puissance à se régénérer et à engendrer d'autres papillons ; ce qui se produit, dans une « *Aufhebung* », c'est la conversion de l'origine en résultat par *intériorisation* de l'origine primitivement extérieure à ce résultat : la **réflexion ontologique**, c'est l'acte à raison duquel l'essence, en tant que puissance à son acte substantiel d'exister, se sublime en substance existante par intériorisation en elle-même de la puissance qu'elle est, sur le mode de position, dans la substance, de ses puissances opératives ; la substance *est* puissance à ses accidents (c'est-à-dire à ses puissances opératives), et elle s'intronise substance en acte en *ayant* cette puissance (par là en ayant ce qu'elle est, en n'étant pas ce qu'elle est du fait même de l'avoir) sur le mode de puissances opératives diverses. Et, quand une chose s'intériorise, c'est qu'elle était extérieure à elle-même, ainsi noncoïncidence avec soi, par là contradictoire, de telle sorte que cette intériorisation en elle de la contradiction qu'elle est pour elle-même revient à la faire *se libérer* de sa contradiction, à la faire se poser comme non contradictoire. Et il est bien clair, comme le rappelle Proclus (*Éléments de Théologie*, § 15), que ce qui est matériel est incapable de coïncider avec soi selon toutes ses parties, ainsi impuissant à se convertir à soi-même ; tout autant, comme le rappelle Aristote (*Physique* IV 3), l'amphore peut bien contenir du vin, mais elle est incapable, *à cause de sa matérialité*, d'être pour elle-même son propre contenu ; elle est incapable d'être à l'intérieur d'elle-même, elle est extérieure à soi *secundum quid*, relativement contradictoire, et c'est en quoi elle peut devenir autre chose que ce qu'elle est ; la matérialité, dans une chose, ou son être en puissance, c'est le déterminant à raison duquel elle est potentiellement autre que soi ; la matérialité est le coefficient d'extériorité à soi du réel, elle est le résultat d'une réflexion ontologique *inaboutie* de son essence. Est non contradictoire ce qui, *étant* sa contradiction, s'en libère et de ce fait se sublime, en posant comme son *avoir* la contradiction qu'il est : l'être en puissance est l'identité des contraires (comme l'établit Aristote par exemple au Livre Θ de sa *Métaphysique*), et en retour l'identité des contraires est l'être en puissance ; si ce qui est contradictoire se libère de sa contradiction en se l'objectivant, alors, lui qui était en puissance, devient acte du fait qu'il se libère de sa contradiction, ainsi de son être en puissance, et c'est en cela qu'il se sublime, ayant — telle sa puissance opérative qu'il maîtrise — la puissance à être lui-même.

Même bien disposé, le lecteur pourra éprouver, à lire ce qui précède, le sentiment de malaise qui s'empare d'un thomiste confronté aux « délires » de l'idéalisme honni. Pourtant, quand saint Thomas enseigne que « *non possumus dicere quod ipsum esse sit* » (ici § 10.1), il entend signifier que l'essence est à l'*esse* ce que le coureur est à la course ; que par là, de même que le courir ne court pas mais est exercé par le coureur, de même *l'acte d'être n'est pas* mais est exercé part l'essence (ce qui est) : autre est ce qui exerce, autre est ce qui est exercé. Or le Dieu de saint Thomas est « *ipsum esse per se subsistens* », l'acte même d'être subsistant par soi ; ce qu'est Dieu, c'est son exister, de sorte que *cet esse est*. Il y a donc une contradiction : l'*esse* absolument *esse* est, alors qu'il n'appartient pas plus, à l'acte d'être, d'être, qu'il n'appartient à la course de courir ; ou encore, bien que l'essence soit à l'*esse* comme la puissance à l'acte, l'essence de Dieu est son acte d'être, ce qui revient à dire que, en Dieu, il y a identité de la puissance et de l'acte. Et cela même est contradictoire. Car enfin, ou bien l'expression signifie que Dieu n'a pas d'essence, mais cela même est impossible dès lors que l'acte pur d'exister qui ne serait l'exister de rien ne saurait lui-même exister, puisqu'il n'appartient qu'à une essence — selon l'Aquinate — d'exercer l'existence, ainsi d'exister ; ou bien cette expression signifie que Dieu a ou est une essence, et que cette essence est identique à son acte d'exister, et c'est bien là signifier que, en Dieu, s'identifient contradictoirement la puissance et l'acte : en tant que sujet d'exercice de la perfection qu'il est, Dieu est essence et cause puisque l'exister présuppose l'essence comme l'acte présuppose le sujet qui l'exerce ; en tant que l'essence doit *être*, pour être essence, elle présuppose son exister, et il en résulte que le Dieu de saint Thomas, en dépit des dénégations de ce dernier, est un Dieu « *causa sui* », un Dieu dont l'essence pose l'exister de cette essence, ainsi pose cette essence même. Et cela même est encore contradictoire, et plus précisément c'est la même contradiction que la précédente, et c'est une contradiction nécessaire : *la vérité n'est pas dans le refus de la contradiction dans l'être, elle est dans l'affirmation de l'être comme victoire sur sa contradiction*. Aussi, si la réflexion ontologique explique que le contradictoire puisse être, et être l'acte de se sublimer — par intériorisation de lui-même — en non-contradictoire, on doit en conclure que ce qui fut tendancieusement nommé « métaphysique de l'Exode » requiert implicitement le thème de la réflexion ontologique pour échapper à l'incohérence. Cela dit, si une « métaphysique de l'Exode » se complaît dans un apophatisme tout judaïque accusant les limites d'une raison invitée à renoncer à l'infini dont le désir (« désir de l'infini » pris au génitif objectif) sera désormais exercé par la volonté (d'où la tendance à privilégier, dans cette perspective, tant la volonté par rapport à l'intellect que la foi aveugle par rapport à la raison), en retour, la thèse thomiste de l'*esse* entendu tel l'acte de l'essence, en contexte « épistrophique », s'émancipe de cet apophatisme et rejoint ses exigences intellectualistes, en tant que l'exister est reconnu tel l'acte même à raison duquel *l'essence* exerce sa réflexion sur soi et se réfléchit dans son processus.

On dira qu'il est contradictoire, impensable, par là impossible d'être cause de soi, puisqu'il faut — pour ce faire — être (pour être cause), et n'être pas (pour être cause *de soi*) en même temps et sous le même rapport ; et l'on ajoutera qu'il faut être pour se réfléchir, et n'être pas pour être le résultat de sa réflexion, ce qui est encore contradictoire et ainsi impossible.

À ces objections, il sera répondu que la réflexion ontologique rend raison du fait que l'acte à raison duquel l'être se pose (par réflexion) comme contradictoire *est* l'acte à raison duquel il s'émancipe de sa contradiction, et que la raison humaine atteste, sans cesser d'être potentiellement infinie, sa propre finitude en cela que, n'étant pas la raison suffisante de la réflexion ontologique qu'elle exerce, elle est incapable de s'objectiver — cependant qu'elle en saisit le sens — la concomitance des deux opérations enveloppées par ce même acte. N'étant pas la raison suffisante de la réflexion (ontologique) dont elle est le produit — réflexion entitative dont la réflexion noétique est le prolongement et l'accomplissement dernier —, la créature pensante, en sa débilité constitutive, ne peut exercer l'unicité de l'acte de poser et de surmonter sa contradiction que sur le mode d'une position de deux actes qui à ce titre se révèlent contradictoires. Mais, en tant qu'elle sait sa finitude, la raison finie sait le sens non contradictoire de cette contradiction factuelle. Répudier le principe de la réflexion ontologique au nom d'une absolutisation du principe de non-contradiction opérée par une raison formelle incapable de se faire dialectique, c'est ériger la loi de fonctionnement de la raison finie, en tant que finie, en modèle magistériel de l'être en tant qu'être. Et cette érection orgueilleuse était déjà le fait des Mégariques qui, absolutisant le principe de non-contradiction, en venaient à nier l'être en puissance.

Réflexion ontologique et être de don

Un esprit fini, c'est-à-dire un esprit créé, soit, encore, un esprit dont l'acte opératif n'est pas l'acte entitatif, ainsi donc, de ce fait, un esprit dont l'essence est réellement distincte de son acte d'exister — autant de caractères convertibles les uns avec les autres —, est un esprit qui, exerçant un acte d'exister *reçu*, c'est-à-dire un acte d'exister qu'il ne se donne pas, est un esprit *donné à lui-même* : en tant qu'il exerce cet acte comme le sien, il est donné *à soi*, il s'appartient ; en tant que cet exercice de son acte n'est pas producteur d'un tel acte, il est *donné* à soi, il est l'effet d'un Donateur producteur d'un don qui s'identifie au donataire, lequel, réellement distinct du Donateur, est tel qu'il commence, en tant que don, par préexister dans le Donateur auquel il est primitivement identique, cependant qu'il n'est lui-même que comme reçu dans un donataire qu'il fait être puisqu'il est ce donataire même, et qui en retour le fait être pour la même raison : le don de l'exister au donataire est ce par quoi ou ce à raison de quoi le donataire est donataire, puisqu'il faut être, pour être donataire ; et tout autant le donataire est ce par quoi le don de l'exister est l'exister d'un don, puisque cet exister n'est tel que comme exercé par un donataire qu'à ce titre il présuppose ; de sorte que *la conversion du don en donataire, ainsi la réflexion ontologique, est intrinsèque au don lui-même*, elle est ce qui présuppose ce qui se réfléchit (ce qui se réfléchit est ce qui la fait être en tant qu'il est sujet de sa réflexion), cependant que c'est par cette réflexion que ce qui se réfléchit contracte son être de sujet ou d'opérateur d'une telle réflexion. Cette nécessité logique et ontologique en forme d'action réciproque — il faut être pour recevoir, et c'est l'acte de recevoir qui fait être ce qui reçoit ; il faut être pour être ce don voué à se convertir en donataire, et c'est la conversion du don en donataire qui habilite ce dernier à faire être le don en l'exerçant — exige ainsi l'identité concrète de ce qui se réfléchit et de sa réflexion. S'il faut posséder la clé du coffre pour accéder à son contenu, cependant que la clé est enfermée dans le coffre, le problème de son ouverture est insoluble, sauf si le coffre est un intellect, à savoir ce dont le propre est de s'extérioriser dans et comme l'acte de s'objectiver, c'est-à-dire d'être un intérieur habilité à s'extérioriser dans lui-même, et tel est le modèle d'une extériorisation intérieure ; en tant qu'il s'extériorise réellement, il est accessible à partir du dehors (dans la forme du mot, « signi-fication » du concept en lequel la pensée s'actualise) ; en tant qu'il demeure immanent à l'intellect, il lui reste intérieur. Et l'opération à raison de laquelle l'intérieur s'extériorise sans cesser d'être intérieur, laquelle le révèle telle l'identité concrète de l'intérieur et de l'extérieur, exige que cet intérieur soit *une réflexion sur soi qui se réfléchit dans son processus* : une *intériorité*, à la différence d'un simple intérieur physique, est ce qui réalise l'identité de l'intérieur et de l'extérieur, et elle est ce qui s'atteint par réflexion et n'est constitué en intériorité que par cette réflexion, car c'est en tant qu'elle a en elle-même son extérieur qu'elle est intériorité, or ne contient son extérieur dans son intérieur que ce qui a la forme d'une victoire sur son autre qui est sa négation, par là ce qui est négation de négation ou réflexion ; mais elle *est*, en tant que réflexion, sa propre objectivation, cependant qu'elle s'objective son *être*, donc elle s'objective nécessairement l'objectivation de soi qu'elle est, ce qui revient à dire qu'elle se réfléchit dans son processus, de sorte qu'elle confirme le moment de sa différence d'avec soi (ou altérité à soi) dans l'acte de le nier : l'arrivée est par définition le contraire du départ, ainsi sa négation, mais, quand le départ coïncide avec l'arrivée, alors cette arrivée ou retour est à la fois position du départ, *et* sa négation, par là aussi bien affirmation du départ en sa vocation à se nier, que négation de la vocation du départ à se nier, et de ce fait, comme négation-conservation, elle est sublimation du départ, intronisation du départ (qui est arrivée) comme ce dont le propre est de demeurer identique à soi dans sa différence, auprès de soi dans l'acte de s'aliéner, et tel est bien le fait d'un sujet connaissant dont le propre est de *devenir* toute chose connaissable (« *cognoscere est fieri aliud in quantum aliud* ») sans cesser d'être lui-même, ainsi de se différencier de soi sans cesser d'être soi. Ce qui est contradictoire (identité de l'identité et de la différence) et qui doit assumer la contradiction pour n'être pas contradictoire (une identité exclusive de la différence est *différente* de la différence), surmonte sa contradiction en instaurant en soi-même une relation d'avoir à l'égard de soi-même (ce qui *a* sa contradiction n'*est* pas contradictoire), et instaure une telle relation en s'objectivant, ainsi en se libérant de soi, en faisant de soi-même, entendu tel le résultat de sa réflexion, un moment du processus (ainsi de la réflexion) dont il est le résultat. Puis donc que tout « *creari* », en tant que don identique au donataire, a la forme d'une réflexion, cependant qu'il n'est pas la raison suffisante de la réflexion qu'il exerce, alors, quand ce « *creari* » est celui d'un esprit (dont le propre est de penser, ainsi d'exercer une réflexion : tout savoir est savoir qu'on sait), il est invité, pour penser sa propre constitution, à exercer cet acte constitutif dont il n'est pas la raison suffisante ; et, en tant qu'il n'en est pas la raison suffisante, il se représente nécessairement dans la forme de deux opérations ce qu'il sait n'en être qu'une, ou plutôt il exerce deux opérations pour signifier l'unique opération qui s'exerce en lui pour le faire exister.

La contradiction dénoncée par les réalistes anti-dialecticiens, quand on leur parle de réflexion ontologique (il faut être pour se réfléchir, or la réflexion est supposée donatrice d'être) n'est pas du côté du concept de réflexion ontologique, elle est du côté des réalistes eux-mêmes, du côté de leur crispation antidialectique, en tant qu'ils prétendent faire vivre sur le mode de l'Incréé, par l'esprit créé, la signification de l'opération créatrice.

Cela dit, du côté du Donateur, le don de l'être dispensé aux créatures, c'est-à-dire ce don dont on a vu qu'il est tel que la conversion du don en donataire — telle est la réflexion ontologique — est intrinsèque au don, est un don qui, offert par le Donateur, commence par se confondre avec le Donateur lui-même : si l'effet préexistait en acte dans sa cause, il ne serait pas nouveau par rapport à sa cause, et ainsi il ne serait pas effet. Il préexiste en puissance dans sa cause, et en puissance *active* (elle possède éminemment ce qu'elle donne), il est en elle sur le mode du n'être pas, et à ce titre il se confond avec elle dont — comme effet actuel — il se distingue nécessairement. Pour comprendre la manière dont l'effet préexiste dans sa cause, force est de s'interroger avec soin sur la notion de *puissance active*. Et pour introduire au traitement de cette question, on remarquera ceci : de même que, du côté du donataire, le don porteur du donataire se scinde en récepteur et en reçu, de même, considéré du côté de l'Origine du don, le don primitivement identique au Donateur se différencie de ce dernier par l'acte même à raison duquel un tel don se pose comme donataire en se scindant en récepteur et en reçu (l'acte créateur est l'acte commun du Créateur et de la créature), ce qui suppose que le Donateur soit superlativement — indépendamment de son acte créateur, et telle la condition de possibilité d'un tel acte libre et contingent — cette scission rédimée : en tant que confirmant la différence d'avec soi dont — en tant qu'identique à soi — il est le résultat victorieux, le Donateur est ce qu'il a sans contradiction, de sorte qu'il lui est loisible d'être et d'avoir ses opérations ; en tant qu'il est son opération, il est simple et nécessaire de part en part ; en tant qu'il a son opération, il peut l'exercer sur le mode de la contingence. C'est à cette condition que l'acte créateur, acte commun du Créateur et de la créature, peut être — ainsi que l'exige son absolue simplicité — le Créateur même sans le rendre consubstantiel à sa créature et sans la rendre nécessaire à l'essence du Créateur. C'est moyennant un tel réquisit que ce que saint Thomas nomme très légitimement « *emanatio totius esse* », à savoir l'acte créateur, échappe au nécessitarisme néo-platonicien par là intrinsèquement modifié du fait de l'intromission, dans l'Un lui-même à ce titre converti en Être, du processus de la réflexion (« *ousiodes épistrophè* », « réflexion substantielle », réflexion ontologique dont la réflexion noétique, dans les êtres pensants, est l'apparaître à soi).

Saint Thomas n'a aucune réticence à enseigner que Dieu, qui est Acte pur, par là innocent de toute contamination avec l'être en puissance (lequel dit l'inachèvement, la limite dans l'ordre de la perfection), est éminemment puissance active, ce qui est une manière de signifier que Dieu est absolument maître de sa perfection. Est puissance active ce qui est en puissance à son acte que néanmoins il possède, de telle sorte qu'il ne manque aucunement de la perfection signifiée par cet acte. En tant qu'il n'en manque pas, il n'a pas besoin de recevoir d'un autre l'actualité perfectionnant une telle puissance, et c'est elle qui est maîtresse de sa propre actualisation, qui par là se fait passer de la puissance à l'acte. Et il est quelque peu étonnant que ces exigences induites par l'hylémorphisme n'aient pas outre mesure, semble-t-il, suscité chez les thomistes un étonnement particulier. Car enfin, si la puissance active possède son acte, c'est qu'elle l'exerce non en tant qu'elle le reçoit mais en tant qu'elle le pose, et, si elle le pose, c'est qu'il était déjà en elle avant qu'elle ne le posât, car on ne peut produire que ce dont on est riche. On dira qu'il y était sur le mode de l'être en puissance, et qu'il n'y a rien d'étonnant à cela ; mais précisément, toute la question est de savoir à quelles conditions il put y préexister en puissance tout en étant déjà, en tant qu'acte ou perfection actuelle, possédé par elle. Si une puissance est bien une puissance *active*, l'acte qu'elle pose a raison d'effet par rapport à elle, et l'on a vu qu'un effet ne saurait subsister en acte dans sa cause, autrement, étant déjà là en quelque sorte comme consubstantiel à elle avant que d'être effet actuel posé hors d'elle, ainsi différent de sa cause, il ne serait pas nouveau et de ce fait ne serait pas effet. Et c'est pourquoi, préexistant dans sa cause qui l'enveloppe telle sa puissance active à le poser, l'effet se confond avec sa cause avant que d'être posé par elle. La cause est, dans sa simplicité, gravide de la diversité de ses effets puisqu'elle les contient, non comme quelque chose qu'elle a mais comme quelque chose qu'elle est. On aboutit donc à ce paradoxe : la puissance active pose son acte comme son effet, et sous ce rapport l'effet est dans sa cause et se confond avec elle en tant qu'il est voué à être posé par elle ; mais tout autant, parce qu'elle pose son acte *et* le maîtrise avant que de le poser, il préexiste en elle en tant qu'effet *en acte*, dans sa différence d'avec sa cause puisqu'il est définitionnel d'un effet actuel, dans sa nouveauté de détermination posée par sa cause, de se différencier d'elle ; il en résulte que la puissance active est identique à son acte sans cesser de se différencier de lui : la puissance active possède l'acte qu'elle n'exerce pas. Si les effets se confondent avec la cause avant que d'être posés ; s'ils sont une diversité ou un ensemble de différences ; si la puissance active, en tant qu'active, possède l'acte qu'elle n'exerce pas, c'est bien qu'elle est cet acte qu'elle n'est pas ; elle est identité contradictoire de la puissance et de l'acte. Et en effet, pour être simple (exclusive de toute diversité) tout en étant cette diversité même, il est nécessaire que la puissance active soit différente d'elle-même, par là contradictoire, unité de l'attraction et de la répulsion, ainsi réflexion sur soi posant ce qui n'est qu'à se repousser de soi, mais pour faire retour à soi en s'attirant vers soi. Ce qui revient à confesser qu'une puissance active n'est telle que par réflexion ontologique. Or l'être en acte est acte à proportion de sa vertu de s'introniser puissance active. Donc l'être en acte, et plus universellement l'actualité de l'être, par là l'être en tant qu'être, est réflexion. La cause prise comme puissance active doit être elle-même réflexion : se faire victoire sur sa différence absolue d'avec soi, en laquelle s'identifient négativement toutes les différences, et s'objectiver cette identité contradictoire d'identité et de différence dans le moment crucial de sa réflexion qu'est la différence absolue d'avec soi ; en tant qu'elle est principe de sa propre actualisation, la puissance active possède son acte, or son acte est son effet par définition différent d'elle, donc elle possède actuellement en ses flancs la perfection supposée — en tant qu'elle préexiste en puissance dans sa cause — ne préexister en elle que sur le mode du n'être pas, et ainsi la puissance active est une contradiction qui se sublime en acte non contradictoire en se réfléchissant dans sa réflexion ; l'acte en tant qu'acte est la sublimation de la puissance active qu'il n'est que comme l'ayant ; si l'essence est à l'exister telle la puissance active à l'égard de son acte, on comprend, par anticipation, que l'Acte pur est cette puissance active absolue — ainsi cette essence absolue, cette « *omnitudo realitatis* » — se sublimant en exister pur, par réflexion dans sa réflexion, de la réflexion qu'elle est, et que l'Acte pur doit être, à peine de se révéler incapable de maîtriser sa perfection ; et sous ce rapport l'exister est en droit accessible au concept, pour autant que la réflexion ontologique soit conceptualisable ; et elle l'est si l'on n'oublie pas que ce qui est en soi simple ne peut être conçu — par l'esprit fini et en tant que fini — que sur le mode d'une dualité d'actes intellectuels. Le don de l'être est ce qui, par réflexion, se fait créature, et qui avant sa réflexion est le Créateur, mais ce qui est la raison première de la réflexion qu'exerce le don n'est autre que le Créateur même ; et ainsi ce don est tissé dans une étoffe de négativité que l'absolu, librement, libère hors de soi pour le faire se réfléchir comme créature.

Soit : s'il est nécessaire d'avoir recours au thème de la réflexion ontologique pour rendre raison du point de suture entre nature et grâce, il convient corrélativement de reconnaître que la réflexion ontologique trouve sa racine et son modèle dans la vie divine elle-même, indépendamment de la création du monde et d'un esprit fini.

Creari et être comme don

Dans *L'Être et le Néant*, Sartre fait observer (p. 25 et 31-32, Gallimard, 1943), de manière provocante et intéressante :

« On peut concevoir une *création*, à la condition que l'être créé se reprenne, s'arrache au créateur pour se refermer sur soi aussitôt et assumer son être : c'est en ce sens qu'un livre existe *contre* son auteur. Mais si l'acte de création doit se continuer indéfiniment, si l'être créé est soutenu jusqu'en ses plus infimes parties, s'il n'a aucune indépendance propre, s'il n'est *en lui-même* que du néant, alors la créature ne se distingue aucunement de son créateur, elle se résorbe en lui ; nous avions affaire à une fausse transcendance et le créateur ne peut même pas avoir l'illusion de sortir de sa subjectivité <c'est pourquoi, ajoute Sartre en note, la doctrine cartésienne de la substance trouve son achèvement logique dans le spinozisme> (…) une création *ex nihilo* ne peut expliquer le surgissement de l'être, car si l'être est conçu dans une subjectivité, fût-elle divine, il demeure un mode d'être intrasubjectif (…) la théorie de la création continuée, en ôtant à l'être ce que les Allemands appellent la "*Selbständigkeit*", le fait s'évanouir dans la subjectivité divine. Si l'être existe en face de Dieu, c'est qu'il est son propre support, c'est qu'il ne conserve pas la moindre trace de la création divine.

En un mot, même s'il avait été créé, l'être-en-soi serait *inexplicable* par la création, car il reprend son être par-delà celle-ci. »

C'est aux objections de ce genre dirigées contre l'affirmation de Dieu que répond, dans le sillage du thomisme — mais d'un thomisme complété par le thème, rationaliste, de la réflexion substantielle —, la dialectique de l'être et de l'avoir : n'est absolument son être que ce qui a ce qu'il est. Quand on parle de l'être en tant qu'être, on évoque l'objet formel de l'ontologie (considérer toute chose *du point de vue* du fait qu'elle est de l'être), mais cela renvoie nécessairement l'esprit à la question de l'essence quidditative de l'acte d'exister en tant que pur exister (qu'en est-il du sens ou de l'essence de ce qui fonde un tel point de vue ?), et cette question enjoint à l'esprit de poser la question de l'essence de Celui dont l'essence est son exister même : Dieu est en plénitude l'acte d'être que les créatures n'exercent que de manière déficiente, et qu'à ce titre elles se contentent d'avoir ; Dieu est absolument simple ; Dieu *est* donc son acte d'être (il est par là l'essence hypostatique subsistante d'un tel acte, puisque ce qui est l'acte d'être d'une chose finie ou créée est un acte d'être qu'elle *a*), *et* il est l'acte de se savoir ; or l'acte de se savoir est réflexion ; donc l'être en tant qu'être est réflexion. Et c'est parce qu'il est réflexion qu'il peut avoir ce qu'il est :

Pour donner l'être, c'est-à-dire créer, Dieu doit avoir l'être qu'il donne, afin de n'être pas en demeure de donner l'être qu'il est, ce qui équivaudrait à l'aliénation de lui-même en et comme sa créature, en se dépossédant de quelque chose de sa propre substance pour le donner à lui-même et ainsi faire être la créature : l'exercice de la causalité de la Cause serait exténuation de cette dernière, ce qui est contradictoire. Mais Dieu doit, sous un autre rapport, être l'être qu'il donne, en cela que, s'il se contente de l'avoir, ou bien il l'a reçu, ou bien il se l'est donné ; s'il se l'est donné, c'est qu'il l'a tiré de lui-même et que donc il l'était, et le problème lié au fait d'être — unilatéralement — sa perfection n'est que reculé ; s'il ne se l'est pas donné, c'est qu'il n'est pas cause première de toute chose, et il est exclu qu'il soit donateur d'être, parce qu'il faut une puissance infinie pour créer (tirer de rien), et que seule la cause première est infiniment puissante ; donc Dieu doit être l'identité de l'être et de l'avoir : avoir ce qu'il est, ainsi n'être pas ce qu'il est (puisqu'on n'est pas ce que l'on a), et être ce qu'il est en tant même qu'il s'habilite à ne l'être pas, ce qui revient à dire qu'il est réflexion, activité victorieuse de sa différence ou négation intestine, activité de surmonter sa non-coïncidence — qu'il assume pour la vaincre — avec soi. Par ailleurs, la créature doit avoir son être, autrement elle serait Dieu qui seul est tel que son essence est son acte d'exister ; mais elle doit elle-même, en tant qu'essence, être, pour être ce sujet qui reçoit son être et qui l'a, et l'exister de cette essence en tant qu'essence *est* l'exister que reçoit l'essence en tant que sujet de l'exister qu'elle exerce, sans quoi, ayant deux actes d'exister, elle est l'essence de deux choses ; la créature doit de ce fait, elle aussi, être l'identité de l'être et de l'avoir. Parce que la réflexion ontologique se clôt par la réflexion dans son processus du résultat du processus dont elle est l'origine, elle explique que l'on puisse avoir ce que l'on est (l'identité du processus et du résultat se réfléchit dans son processus et, de ce fait, le résultat a, au titre de moment de son processus, l'être qu'il est en tant qu'origine identique à ce processus) ; et ce qui différencie la créature de Dieu, c'est que Dieu seul est raison suffisante de la réflexion qu'il exerce.

Cela dit, si le tout absolu superlativement riche, sur le mode de puissance active, de tous les mondes possibles, à savoir Dieu, était incapable d'extérioriser (ainsi de créer un extérieur) librement, de manière contingente, un moment de lui-même, si donc il était incapable de conférer la forme d'une extériorisation extérieure à ce qui est en lui une extériorisation intérieure (le germe — ainsi le tout — s'extériorise en déployant ses parties organiques dont il est l'unité), si la position d'un extérieur en venait à le limiter, si donc toute création était consubstantielle à Dieu et par là nécessaire, alors il faudrait confesser que cet extérieur est ablatif de l'extériorisation intérieure d'un tel tout, et qu'il n'est pas maître souverain de la réflexion qu'il exerce (il lui serait imposé de ne pouvoir l'exercer qu'à son profit), étant supposé ne pouvoir l'exercer que pour se faire exister lui-même ; il serait supposé incapable de faire se réfléchir absolument un degré momentané de sa réflexion. Il ne disposerait pas de ce qu'il est, il ne l'aurait pas véritablement, il serait incapable de l'aliéner sans le perdre et ainsi sans se perdre en ce qu'il donne, et, de ce fait, il ne le serait pas absolument puisqu'il n'est ce qu'il est que comme l'ayant. Dieu n'est Dieu que si Dieu peut créer, faire exister hors de soi des êtres contingents. C'est sur ce point que toute exploitation du concept de réflexion ontologique, abondamment et génialement développé par l'idéalisme allemand, est en demeure, pour maintenir sa rationalité, de s'éloigner de cet idéalisme panthéistique en lequel il s'est fourvoyé.

S'il est permis de dire les choses de manière cavalière, on confessera que l'idéalisme allemand en sa forme achevée, à savoir l'hégélianisme, est la formalisation rigoureuse de l'identité concrète de la gnose (valentinienne) et du néo-platonisme. Il est évidemment, en l'état, parfaitement irrecevable, d'abord parce que cette doctrine est impie, ensuite parce qu'elle se révèle ultimement irrationnelle du point de vue même de la simple exigence philosophique. Il reste qu'une telle doctrine est porteuse d'une vérité captive extrêmement précieuse, dont l'intromission audacieuse dans le corpus réaliste est seule capable de lever les apories et inachèvements de ce dernier. Quand on a compris que ce sont ces apories et inachèvements qui sont responsables de l'impuissance du thomisme à faire barrage aux solutions spécieuses du modernisme — témoin le fait que maints modernistes contemporains revendiquent, non toujours de manière artificielle et forcée, la paternité du thomisme —, on conviendra que l'intromission ci-dessus évoquée, que d'aucuns parmi les réactionnaires et traditionalistes jugent téméraire, voire incohérente, peut se prévaloir d'une légitimité objective et d'une grande urgence, quelque pénibles que soient les réactions pathologiques de rejet qu'elle puisse susciter. Vatican II est porteur d'hérésies tantôt latentes tantôt explicites, Vatican II se révélera peut-être un jour tel un misérable conciliabule ; Vatican II et ce qui le précède, mais aussi ce qui lui fait suite, est la plus grande crise que l'Église catholique ait jamais eu à affronter. Et celle-ci n'a toujours pas, après bientôt soixante années, trouvé le moyen de se libérer d'un tel fléau insidieux. Cet échec dispose à penser que les solutions offertes par la Tradition pour surmonter une telle crise, par-delà la perversité des méchants, sont intrinsèquement insuffisantes.

10.3[2] – Contre l'apophatisme de l'*esse*

Il était fait observer plus haut (début du § 10.2) que l'hylémorphisme prolongé en thomisme, ainsi la décision de faire de l'acte d'être la raison dernière de l'étant, par-delà son essence réduite au statut de puissance de l'exister (de telle sorte que la puissance aurait toujours une fonction négative, attestant une finitude propre au créé, et que l'Acte pur serait innocent de toute puissance, par là semblerait dénué d'essence), s'achoppait à des difficultés difficilement surmontables s'il n'était pas fait recours à la notion de réflexion ontologique.

Développons ce point quelque peu, afin de corroborer le bien-fondé, déjà établi, du recours à ce concept de réflexion, pour traiter le problème du rapport entre nature et grâce. Notons préalablement que faire de l'exister l'acte de l'essence est ce qui fait l'originalité du thomisme et son incomparable fécondité : cette décision intellectuelle évite les travers de l'ontologie scotiste. Pour Duns Scot, l'être est univoque, mais au prix de sa réduction à un « presque rien » (l'être n'est plus universel de causalité, mais seulement universel de prédication), de sorte que l'ontologie est achevée aussitôt qu'elle est fondée par l'exhibition (obtenue par « *abstractio totius* ») de son objet, et ainsi l'intérêt se portera désormais non sur les êtres comme connaissables en tant qu'ils sont de l'être (la saisie de l'être en tant qu'être, comme universel de causalité, faisait accéder à celle des êtres), mais comme aimables en tant que chacun est une solitude absolue avec laquelle on ne peut s'unir que dans la fusion et par

---

[2] Emprunté à l'ouvrage *Antidote* de Jean-Jacques Stormay (Reconquista Press, 2018).

l'amour ; chaque être ne s'offrira plus, dans son intimité, que comme objet d'amour, dans et par la charité : l'ontologie est dépossédée de son pouvoir de répondre au désir de connaître (ou plutôt « connaître » ne signifiera plus « intelliger », mais aimer, il y aura sagesse de l'amour à la place de l'amour de la sagesse, la dignité de la volonté l'emportera sur celle de l'intellect), et avec elle la philosophie qui confessera son inachèvement structurel, au point que seule la foi pourra répondre à ce désir ; le don de la Révélation devient intrinsèque à la constitution ontologique de la nature humaine, et la gratuité de la grâce devient problématique. Telle est bien la position actuelle d'un Jean-Luc Marion, dans le sillage de Heidegger qu'il s'efforce à christianiser. Mais telle est bien aussi celle d'un Étienne Gilson, en dernier ressort, qui, réduisant l'essence à une « menue monnaie de l'être », développe un « apophatisme de l'*esse* » qui substitue une métaphysique de l'analogie à une ontologie. Le thomisme antirationaliste, ainsi anti-essentialiste, et l'essentialisme ablatif du primat de l'« *actus essendi* » (tel est le scotisme) s'identifient dialectiquement, ainsi dans leur opposition même.

La science de l'être en tant qu'être est connaissance par la cause, c'est-à-dire par l'essence : accéder à la science d'une chose, c'est saisir le pourquoi de sa manifestation ; une réalité quelconque se présente à l'esprit comme ceci ou comme cela, et en se demandant ce qu'elle est, on s'interroge sur la raison de ses manières d'être. Sa cause est son essence. La recherche des causes et celle des essences est au fond la même, et c'est pourquoi la métaphysique est en droit ontologie.

Selon saint Thomas d'Aquin, l'être en tant qu'être, objet de la métaphysique, doit être considéré comme l'« ens », « *ens inquantum ens* », ou mieux peut-être : « *ens qua ens* ». Or l'« *ens* » renvoie à l'exister comme à sa raison : ce qui est, à savoir l'essence, exerce cette perfection qu'est l'acte d'exister, et n'existe soi-même qu'en l'exerçant. L'essence ne reçoit l'exister qu'en tant qu'elle l'exerce, et elle reçoit son pouvoir de le recevoir du fait même de le recevoir ; c'est que, pour être quelque chose, il faut être ; il faut exister pour être essence ; l'essence ne saurait, pour recevoir l'exister, être constituée dans son ordre d'essence, sinon en le recevant ; l'essence est ainsi comme donnée à elle-même, dans un don qui identifie le don et le donataire : ce qu'on lui donne, c'est elle-même, puisque le don est porteur du donataire, puis donc que le donataire est intrinsèque au don. Ce qui est donné à soi-même est libre, en ce sens, ici, qu'il jouit d'un acte d'exister qui le différencie réellement de sa cause à laquelle il n'est plus immanent ou intérieur ; il lui est extérieur, il n'est plus seulement un possible enveloppé par sa cause et suspendu à l'exister de cette dernière, il jouit, sans cesser de subsister tel un possible dans sa cause, d'un acte d'exister qui lui est propre. Aussi cette essence qui existe, qui exerce un acte d'exister n'appartenant qu'à elle, est invitée à reconnaître, dans cet acte d'exister qu'elle exerce, l'origine et la cause de son statut d'essence en tant qu'elle est essence ; c'est bien là reconnaître que l'être en tant qu'être n'est essence que parce qu'il est exister. Il en résulte que la science de l'essence en tant qu'essence ne saurait être le dernier mot de la science de l'être en tant qu'être.

Mais, en toute chose, une perfection inégalement réalisée en plusieurs n'est absolument réalisée que dans ce qui, parmi eux, est cause de la perfection qu'ils exercent, en tant qu'il la possède en plénitude : « *oportet enim si aliquid unum communiter in pluribus invenitur, quod ab aliqua una causa in illis causetur* ; *non enim potest esse quod illud commune utrique ex seipso conveniat, cum utrumque, secundum quod ipsum est, ab altero distinguatur* » (*QD de Potentia* q. 3 a. 5) ; si une perfection est commune à plusieurs, elle doit être causée en toutes par une unique cause, car il ne se peut pas que ce qui est *commun* à plusieurs convienne à chacun d'eux à raison de lui-même en ce qu'il a de singulier, ainsi à raison de ce qu'il est en tant que singulier, puisque c'est cela même qui le *différencie* des autres. De plus, c'est la saisie de l'essence de cette perfection qui permet de reconnaître, dans ce qui la possède imparfaitement, le fait même qu'il la possède ; on ne saurait réduire, unilatéralement, l'essence de la beauté au résultat d'une comparaison entre diverses choses inégalement belles, puisque l'acte de les identifier comme belles et de les rassembler pour en tirer l'essence de la beauté, suppose la considération préalable de l'essence de la beauté ; on ne saurait, de même, faire de l'idée d'être, unilatéralement, le résultat d'une comparaison entre divers étants inégalement étants, puisque l'acte de les identifier comme étants, et de les rassembler pour en tirer l'essence de l'être, suppose la considération préalable de cette essence. Or on vient de voir que l'essence d'une perfection réside dans ce qui la possède en plénitude ; donc l'essence de l'être en tant qu'être réside dans ce qui est l'être même, dans ce qui est l'acte d'exister. Or ce qui est l'acte d'exister, c'est Dieu : l'absolue *simplicité* de l'absolu, ainsi de Dieu, requise par son absoluité (s'il était composé, il faudrait admettre un principe de composition qui lui serait antérieur, et il ne serait pas cause première, par là serait causé et ne serait pas l'absolu), exclut qu'il soit *composé* d'essence et d'existence ; dès lors, son essence est d'exister. Le sujet qui exerce l'exister est l'exister qu'il exerce. Donc, reconnaître qu'il y a des existants, et qu'ils ont en commun d'exister, suppose la précognition au moins implicite de Dieu. Mais cette même simplicité de Dieu exclut qu'il soit possible de distinguer, en Lui, son essence de son agir ; il est exclu qu'on puisse distinguer réellement, en Dieu, entre ce qu'il est, et l'acte de se penser ; donc Dieu ne peut être pensé que par lui-même, puisque l'acte de penser Dieu est Dieu. On est alors conduit à admettre que la pensée que l'homme a de Dieu est la pensée que Dieu a de lui-même en l'homme, et que la raison humaine est la raison divine, ce qui évidemment ne saurait être recevable pour le thomiste qui estime que, puisque Dieu est parfait, *immobile* à raison de sa perfection, alors la raison est intellect en tant qu'il se *meut*, par là imparfait.

Force est de tirer de ces diverses considérations, si elles sont à tous égards fondées, qu'il n'y a pas de science de l'exister en tant qu'exister. Cela dit, cette négation sera diversement reçue, selon les présupposés théologiques de chacun. Pour le luthérien qui hait les prétentions de la raison, toute philosophie ayant le projet de développer une ontologie indépendamment de la foi aveugle sera jugée panthéiste. Pour saint Thomas, il y aura possibilité d'échapper au volontarisme fidéiste, mais non par élaboration d'une ontologie dont le propos est tout de même, par définition, de s'interroger sur l'être en tant qu'être, ainsi de définir positivement le sens ou l'essence de l'être, de cet être qui s'est révélé, dans ce qu'il a de plus propre, être l'acte d'exister ; il y aura possibilité de parler de l'être en tant qu'absolument être, mais seulement sur le mode d'une affirmation de l'existence d'un Premier être dont on dira qu'il est son exister. Et ce sera le dernier mot de la métaphysique. Il y aura métaphysique mais non pas ontologie à proprement parler, puisqu'on conviendra en dernier ressort qu'il n'y a pas de concept de l'exister ; à la question : « qu'est-ce que l'étant ? », laquelle enveloppe celle du « ce que c'est que l'exister à raison duquel l'étant est étant », on ne pourra répondre que par : c'est ce qui est dit tel à raison de sa dépendance à l'égard du Premier étant. Et c'est ce rapport de causalité qui sera supposé fonder tant l'analogie que la participation : les choses sont dites participer à Celui qui est son exister, en tant qu'il est cause de leur exister propre ; et l'être sera analogiquement prédiqué de Dieu et de l'homme en tant que, l'être de Dieu étant cause de l'être de l'homme, alors cet être de Dieu entretient à l'égard de Dieu le même rapport que l'être de l'homme à l'égard de l'homme. Le thomiste admettra la possibilité d'une ontologie, mais seulement sous le rapport de l'analogie : les termes par lesquels on parle de Dieu, ainsi de l'être absolument être, sont empruntés à ceux dont on use pour parler de ce qui n'est être que relativement (le créé), et ils ne se prédiquent de l'être absolument être qu'au sens où cet absolument être est cause des êtres dont de tels termes sont prédiqués adéquatement (analogie d'attribution) ; et, dans le sillage de cette forme d'analogie, on pourra déclarer (analogie de proportionnalité propre) que tel nom emprunté au créé convient à l'Incréé mais proportionnellement : « sagesse » se dit de Dieu et de l'homme, en ce sens que la sagesse de l'homme est à l'intellect humain ce que la sagesse de Dieu est à Dieu. On peut certes s'autoriser, pour affirmer que l'essence de l'exister est un étant, du raisonnement suivant :

L'essence du triangle est le déterminant à raison duquel tous les triangles concrets sont des triangles. L'essence de l'acte d'exister est donc le déterminant à raison duquel tous les étants sont. Mais il y a une différence entre l'essence du triangle (ou de n'importe quoi) et l'essence de l'acte d'exister. L'essence du triangle n'est pas un triangle, elle n'est un triangle que dans les individus dont elle est l'essence, elle n'est pas dotée par soi de l'exister lui donnant d'être un triangle. Alors que l'essence de l'exister, c'est-à-dire l'exister à l'état pur, est nécessairement — *s'il existe* — un étant, sans quoi il faudrait dire qu'il lui manque quelque chose pour être ce qu'il est ; or on ne peut pas dire de l'essence de l'exister qu'il lui manque l'exister pour être un étant, parce que l'essence de l'exister, consistant par définition dans l'exister sans limite, contient superlativement tous les modes de l'exister, lesquels limitent l'exister dans les étants auxquels il se donne.

La réponse d'inspiration thomiste, considérée en l'état, n'est pas sans difficultés. Non qu'elle soit irrecevable, mais l'Aquinate ne semble pas s'être préoccupé de définir les conditions de sa recevabilité, lesquelles sont diversement appréciées entre philosophes se revendiquant de l'héritage de saint Thomas. Pour maints thomistes de l'École, tels Cajetan et Jean de Saint-Thomas, le rôle de l'être en tant qu'essence doit être réévalué, et l'intellectualisme thomiste a vocation à être approfondi dans le sens d'un certain rationalisme ; le problème n'est pas de savoir ici s'ils y sont parvenus. Pour Étienne Gilson et les prédécesseurs qu'il se targue d'avoir (tel Báñez), il faut s'enraciner dans l'« apophatisme de l'*esse* », et en venir à déclarer (ce qu'insinua Gilson dans des textes écrits en anglais et non traduits) que Dieu n'aurait pas d'essence, que de toute façon l'essence n'est jamais que la menue monnaie de l'être, que le principe de raison suffisante et le rationalisme seraient des monstruosités (nonobstant le fait que Pie XII reconnut, dans *Humani generis*, un tel principe comme principe inébranlable de la métaphysique, avec le principe de causalité et le principe de finalité), que le thomisme est une « métaphysique de l'*Exode* (III 14 : *Ego sum qui sum*) », que Dieu est un Dieu caché, tellement caché en fait qu'on n'en peut rien dire et que (tel est le sens de la récupération montinienne, moderniste, de la philosophie de Gilson, avec l'aval de ce dernier), de ce fait, aucune Révélation ne peut se prévaloir d'être la meilleure, ou d'être seulement la vraie puisque Celui qui se révèle en elle est à jamais en retrait par rapport à sa manifestation, de telle sorte qu'il est permis, dans ce contexte apophatiste, de déclarer que l'Esprit-Saint soufflerait dans toutes les religions, en tant qu'il n'aurait aucune prédilection pour une forme particulière de dévoilement de Lui-même.

La réponse thomiste, en l'état, n'est pas sans difficulté, d'abord dans la mesure où le principe de causalité, par lequel sont menées les démonstrations de type « *quia* » (remonter de l'effet à sa cause, par opposition aux démonstrations de type « *propter quid* », en vertu desquelles on déduit l'effet de sa cause, selon l'exigence du principe de raison suffisante : rien n'est sans raison suffisante, qui permette d'expliquer *a priori* pourquoi telle chose est et se comporte ainsi plutôt qu'autrement), n'est pas un principe analytique :

« L'être contingent est causé » n'est pas réductible au principe de contradiction, parce que le concept du prédicat n'est pas inclus dans celui du sujet, ce qui en revanche est le cas pour le jugement « l'être causé est contingent » ; « l'être contingent est causé » est un jugement « *per se secundo modo* », c'est-à-dire un jugement dans lequel ce n'est pas le prédicat qui est inclus dans le sujet, c'est bien plutôt le sujet qui est inclus dans le prédicat, en tant que sujet. « L'être contingent est causé », c'est un jugement du type « le nez est camus » : tout camus est nez, mais tout nez n'est pas camus ; tout être causé est contingent mais tout être contingent n'est pas causé, si l'on en reste à la logique formelle. D'aucuns diront : « l'être contingent est l'être qui aurait pu ne pas être, qui n'a pas en lui-même sa propre cause, donc il tient son existence d'un autre qui est sa cause, donc il est nécessairement causé, et il est contradictoire d'affirmer qu'il pourrait ne l'être pas » ; mais tenir un tel discours suppose ce qui est en question, à savoir que ce qui n'est pas pour soi-même sa cause, devrait la tenir d'un autre ; prétendre que « l'être contingent est causé » est une évidence parce qu'on ne pourrait le nier sans se contredire, c'est commettre une pétition de principe, parce que c'est tenir pour acquis que tout être contingent, n'ayant pas de cause en lui-même, la tiendrait d'un autre et serait causé. On peut déclarer avec l'Aquinate que la proposition « l'être contingent est causé » montre analytiquement sa vérité par le seul fait qu'on se place du point de vue de l'origine de l'être contingent, où l'on voit, le considérant du point de vue de sa cause, que le fait d'être causé lui appartient comme un accident propre : le rire, qui certes n'est pas inclus dans le concept d'homme, est l'accident propre de l'homme et découle de son essence ; le fait d'être causé, qui certes ne fait pas partie de la définition de l'être contingent, est l'accident propre de cet être contingent et découle de son essence ; le rire ne fait pas partie de la définition de l'homme mais, si l'on s'aperçoit que l'homme rit, on comprend que c'est à cause de la présence en lui de la raison : être causé ne fait pas partie de la définition de l'être contingent, mais, si l'on s'aperçoit que l'homme est causé (si on le considère du point de vue de son origine), on comprend que c'est à cause du fait qu'il est contingent.

Mais raisonner ainsi est encore une pétition de principe, car se placer du point de vue de l'origine de l'être contingent, c'est encore supposer qu'il a une cause, c'est ainsi supposer ce qui est en question. Le principe de causalité, pour être recevable comme une proposition analytique, suppose le principe de raison suffisante : l'être en tant qu'être est cause, il est définitionnel de l'être en tant qu'être d'être la raison suffisante de lui-même, il est « *causa sui* », or l'être contingent n'est pas cause de soi, donc il a une cause.

DEUXIÈME PARTIE

Dès lors, on ne peut se contenter du principe de causalité pour poser l'existence de Dieu et déclarer que c'est là le jugement qui clôt la métaphysique et n'autorise qu'une ontologie placée sous le sceau de l'analogie. Il faut passer par un concept d'être qui enveloppe tous les étants, ainsi un concept *univoque*, au moins sous un certain rapport ; il faut ainsi reconnaître l'être dans les êtres comme on reconnaît le beau dans les choses belles. Et cela signifie, fût-ce de manière *infiniment* confuse, que Dieu est *a priori* connu, que l'idée d'être est l'idée de Dieu et qu'elle est la première idée dont toutes les autres dépendent ; et « infiniment » est ici pris au sens propre, comme néant de connaissance, s'il est admis que la connaissance du néant, qui est néant de connaissance, *est encore connaissance de l'être considéré dans le point nul des degrés — qu'il assume nécessairement en tant qu'être (...) — de cette perfection qu'il est*. Dans cette perspective, l'univocité du concept d'être n'exclut pas son caractère analogique : si l'être absolument être est assomptif de tous ses degrés, indépendamment des êtres créés, c'est qu'il est la *réflexion* par laquelle il se diminue jusqu'au néant qu'il fait se renier pour faire retour à soi, comme victoire éternelle sur son propre envers auquel il consent et en lequel il se risque ; si le fascisme conçoit la vie comme une lutte, on peut dire qu'une intromission de la réflexion ontologique dans l'hylémorphisme consiste à introduire le fascisme dans l'être, à fonder le politique sur une conception fasciste de l'être en tant qu'être ; et si l'être est victoire sur le néant dont il fait un moment obligé de lui-même, alors, Dieu étant seul la raison suffisante de la réflexion qu'il exerce, il est *ipso facto* à part des autres qui, cependant, exerçant — au niveau de leur propre essence entendue, dans son origine créatrice, tel un moment de la réflexion divine — la même réflexion que lui, mais sans être la raison suffisante de cette réflexion, sont dits être des êtres au sens même, formellement, où Dieu est dit être ; le caractère identique de la forme réflexive fonde l'univocité de l'être, le privilège d'être ou de n'être pas la raison suffisante de sa réflexion fonde l'analogie de l'être.

En tant que négation souveraine de tous les degrés qualitatifs d'être, l'être absolument être est tel que la notion d'être se dit analogiquement de lui et des autres êtres ; en tant qu'assomptif — intemporellement, indépendamment de la création du monde et d'un esprit fini — de tous ses degrés d'être auxquels il est de ce fait immanent, ils peuvent être considérés tels autant de moments de lui-même, il les fait s'identifier en lui, et sous ce rapport la notion d'être peut se prédiquer univoquement de tous les êtres. Que les bonnes gens ne s'effraient pas de telles audaces, une telle position n'est nullement solidaire du panthéisme. Le néant, comme néant de ceci, est aussi, en tant que néant radical, le néant de cela ; s'il est définitionnel de l'être en tant qu'être de se poser comme tel en tant que victorieux du non-être en lequel il s'anticipe et qui sera son moment, alors le néant de ceci, intrinsèque à ceci, est encore ceci ; mais il est aussi le néant de cela, intrinsèque à cela, et il sera donc aussi cela ; et ainsi ceci et cela seront identifiés négativement, non au sens apophatiste du terme, mais en ce sens que, n'ayant *positivement* en commun que le rien, ils n'auront rien de commun ; et telle est cette communauté d'ordre générique (ou plutôt transcendantale, au sens scolastique du terme) reconnue au concept d'être quand il est pris univoquement : « *Deus includitur sub ente* » (Capreolus).

Supposé, au reste, que l'on se contente du principe de causalité, donné telle une proposition « *per se nota* », pour élaborer une ontologie de l'être placée sous l'économie de l'analogie, ainsi au fond une métaphysique apophatiste, on se voit confronté aux mêmes difficultés que celles consistant à se donner le principe de causalité sans passer par le principe de raison suffisante. En effet, il ne suffit pas d'être assuré que l'essence de l'exister est un étant, pour affirmer qu'elle est possible. Supposé qu'on soit fondé, à partir de la contingence du monde, à affirmer l'existence nécessaire d'un Premier, encore faut-il, pour poser cette affirmation, que le Premier ne soit pas, dans la manière forcément négative dont on va le définir, intrinsèquement contradictoire. Un étant exerce l'exister ; ce qui exerce peut-il être ce qui est exercé ? En d'autres termes, supposé qu'il puisse être tenu pour acquis que l'exister à l'état pur est un étant, resterait à expliquer qu'un tel étant puisse communiquer cette perfection à ceux auxquels il la donne en la proportionnant à leur puissance ou capacité de la recevoir : si le Premier la communique, c'est qu'il l'a, mais peut-il être ce qu'il a ? À quelle condition peut-il avoir ce qu'il est, sinon en tant qu'il est réflexion ? Or s'il est réflexion, il faut adopter le principe de raison suffisante, et accepter la thèse d'une certaine univocité du concept d'être. En tant qu'origine de sa réflexion, il *a* sa perfection qu'il pose, et qu'il peut de ce fait maîtriser ; en tant que l'arrivée est position du point de départ, il *est* sa perfection. Si l'être en tant qu'être est réflexion, il se fait dans lui-même positionnel de ce dont il se fait provenir, il est cause de ce dont il est l'effet, il *se* pose, il est l'identité concrète de la cause et l'effet ; il est, en tant qu'essence de lui-même, puissance active à son poser lui-même en tant qu'acte d'exister ; il a ce qu'il est et consiste dans l'acte de se donner lui-même à lui-même ; il *a* des effets contingents, des effets qu'il n'est pas mais qui cependant sont, précisément parce qu'il a ce qu'il est avant de poser des effets hors de soi ; il a des effets créés pour autant qu'il laisse librement aller hors de soi, en les donnant à eux-mêmes, ainsi en les faisant se réfléchir hors de lui-même, certains moments intestins de lui-même ; dans ce cas, en effet, la cause se déduit d'elle-même en tant qu'effet et fait se renier l'effet dans sa cause ; le geste créateur qui s'achève hors de Dieu est superlativement exercé en et par Dieu, et en retour, étant de ce fait assumé par la cause, il est reproduit, selon son mode fini, par les effets eux-mêmes ; par là il est permis de remonter de l'effet à sa cause parce que la cause est dans elle-même cause de son effet immanent, c'est elle qui fait remonter de l'effet à la cause, même si l'esprit qui procède à une telle remontée ne sait pas ou ne veut pas savoir que c'est sous l'impulsion de la cause, immanente à lui sur le mode de son absence à elle-même, c'est-à-dire comme néant, qu'il remonte à elle ; l'avancée *dialectique* dans le processus circulaire est identité concrète de la démonstration « *propter quid* » et de la démonstration « *quia* », et elle se développe sous l'égide de la démonstration

« *propter quid* ». L'être en tant qu'être est don de soi-même à soi-même, impavide dans l'acte de donner parce qu'il est cet acte même de se donner à soi-même, et tel est ce qui est cause de soi en tant que réflexion : plus il donne, plus il est ; autant il donne, autant il est riche ; autant il se dépossède, autant il gagne ; autant il est riche, autant il conserve jalousement par-devers soi sa plénitude inviolable.

Et l'on ne saurait se dispenser — comme le font les thomistes de métier contemporains frénétiquement attachés à leur orthodoxie psittaciste comme à leur chasse gardée nourricière — d'avoir recours à la réflexion (entendue en sa portée ontologique, c'est-à-dire en son acception néo-platonicienne de conversion substantielle), requise pour fonder le principe de causalité, en se contentant de la preuve de Dieu par la doctrine de la participation ; en effet, la participation suppose elle-même la causalité, parce que déclarer (comme il l'est enseigné dans le *de Potentia* plus haut cité) que ce qui n'est que par participation requiert l'existence d'un participé, c'est supposer que ce qui est contingent a nécessairement une cause, de sorte qu'il n'est pas contradictoire, s'il n'est pas rendu raison du principe de causalité, et si ce dernier se révèle ne pas appartenir aux propositions « *per nota* », que des réalités diverses aient chacune une perfection commune à toutes sans que chacune se la soit donnée. Il n'est pas absurde, dans ces conditions, qu'il soit tenu pour acquis qu'on ne puisse aller plus loin : il y a des choses contingentes qui ne se sont pas donné la perfection que chacune réalise diversement et inégalement, cependant qu'il n'est aucune perfection subsistante qui leur préexiste ; une telle perfection n'existe à l'état pur que dans l'esprit, au titre d'idéal.

Si l'on admettait un tel discours, on donnerait gain de cause au nominalisme. Le nominaliste dirait que cette aptitude, soulignée par Platon, à discerner le beau dans les choses belles, et à se prévaloir de la possession de ce que l'esprit cherche pour s'habiliter à le chercher, n'est autre que le mode de fonctionnement de sa raison n'engageant qu'elle en sa loi physiologique immanente, et que sa représentation du réel est celle qu'il constate, mais qu'il n'a aucune garantie que le réel soit bien tel qu'il l'appréhende, ce qui pour lui n'a aucune importance puisqu'il ne conçoit pas que la raison soit spéculativement en attente de quoi que ce soit ; ce faisant, le nominaliste est évidemment de mauvaise foi, parce qu'il refuse de prendre acte de cette *expérience* vécue (sous ce rapport, il n'est pas assez empiriste) d'une exigence de la pression de la raison en lui, qui, connaissant l'effet, veut connaître la cause, dont en particulier cette cause immanente des choses en quoi consiste leur essence, et que signifie le concept, en son universalité logique expressive du caractère causalement universel de l'essence : il y a évidemment solidarité entre l'acte de reconnaître aux concepts le pouvoir d'exprimer des essences, et l'acte de reconnaître que ces essences, dans les choses, ont raison de cause.

Et il est bien évident que la causalité ne saurait être réduite à une habitude de l'esprit consécutive à l'expérience répétée d'une succession de cas semblables, ainsi à une succession de conjonctions semblables. Déclarer que la causalité n'est qu'une habitude, c'est signifier — si l'on soumet l'empirisme (et le nominalisme qui est son corollaire obligé) au critère de ses propres résultats — que l'acte d'interpréter en termes d'habitude (de voir B succéder à A, par exemple de voir la brûlure succéder au feu) la causalité de A sur B, est lui-même une habitude : la succession répétée de B par rapport à A *cause* cette habitude que l'on interprète, à tort selon Hume, en termes de relation réelle (« *in rebus* ») de causalité de A sur B ; mais dire que la succession *cause* une habitude, et que toute cause se réduit à une habitude, c'est nécessairement déclarer ceci : l'habitude de voir succéder l'acquisition d'une habitude à l'expérience répétée d'une conjonction de cas semblables, est ce qu'on interprète à tort comme une causalité de la succession de cas semblables sur un observateur donné ; or affirmer cela revient à nier que la succession de cas semblables suffise à causer une habitude ; si elle ne suffit pas, c'est que la vraie cause de cette habitude est à chercher dans la causalité qui s'exerce du côté des choses elles-mêmes, et confesser cela revient à nier, en dernier ressort, que la causalité se réduise à une habitude.

C'est la réflexion qui dit au nominaliste que la nature humaine est cause de la causalité entendue comme habitude, de sorte que, dans l'acte même où il identifie la causalité (considérée par lui comme illusoire relation dans les choses) à l'habitude (conjonction répétée de cas semblables), resurgit la causalité de l'habitude elle-même (dans et sur l'entendement) : l'habitude serait *cause* de notre croyance à la causalité dans les choses ; mais si cette croyance est une illusion, on ne voit pas que l'habitude entendue comme cause réelle de l'illusion ne soit pas autre chose qu'une illusion.

Ce qui est tenté d'être exposé ici, c'est que, si la causalité exclut d'être réduite à une habitude (thèse empiriste de Hume), si elle est un principe de la raison ayant une portée réaliste (la relation de causalité existe bien dans les choses), en revanche, se fonder sur cet incontestable fait pour user sans réserve du principe de causalité, cela suppose qu'il soit fait usage du principe de raison suffisante, lequel induit logiquement que l'essence en général, dans son rapport avec l'existence, ait le statut de puissance active, ainsi de cause de son acte d'exister auquel en retour elle demeure suspendue (car l'acte est raison de la puissance), de sorte que cette réciprocation de causalité entre essence et existence exige que l'être en tant qu'être soit reconnu comme réflexion, c'est-à-dire comme ce dont la forme même est celle du connaître en général, du cogito. Le pouvoir de connaître n'est pas un accident ou une manière d'être, ou quelque chose qui survient à l'être, il est la forme que se donne l'être lui-même pour être pleinement être, et c'est pourquoi cette idée *a priori* de l'être en tant qu'être, requise pour identifier les êtres telles autant de participations à l'acte parfait d'être, peut se discerner dans le fait de la conscience de soi pure. Mais alors, si cette position est adoptée, c'en est fini de l'apophatisme de l'exister : l'intelligibilité de l'exister est celle de l'essence qui se donne la forme de son intellection d'elle-même par elle-même pour être existante.

DEUXIÈME PARTIE

Le thomiste de stricte obédience — excluant que l'être soit jamais univoque, et par lequel il serait possible, s'il l'était, d'expliciter le contenu d'un concept enveloppant l'être absolument être définitionnel de l'essence de l'être en tant qu'être — développe une ontologie fondée sur l'analogie de l'être, en considérant que cette analogie est fondée par la dépendance causale des êtres dérivés par rapport au Premier ; ce faisant, il tient pour acquis que le principe de causalité, par lequel il établit l'existence du Premier, est une évidence qui se dispense de toute démonstration, et que l'existence du Premier, fondement de l'analogie de l'être qu'il entend exposer, est acquise par ce principe. Mais on vient d'établir que le principe de causalité requiert le principe de raison suffisante, lequel est solidaire d'une conception univociste (au moins sous un certain rapport) de l'être : l'être en tant qu'être rend raison de lui-même, or ces êtres finis — qui devraient, en tant qu'êtres, rendre raison de soi — s'en révèlent incapables, donc ils ont une cause qui rend raison d'eux. Dès lors, le thomiste de stricte allégeance est incapable, sans abus, de développer une ontologie même placée sous l'économie de l'analogie, et il est contraint de se réfugier dans un apophatisme strict de l'exister, qui devrait le condamner à s'en remettre à la foi seule pour s'approcher du mystère de l'être. Par là, ne faut-il pas confesser que tout apophatisme de l'exister renvoie son défenseur au fidéisme non seulement antirationaliste, mais encore anti-intellectualiste, c'est-à-dire antithomiste ?

10.4 – Réflexion ontologique et concept de l'exister

Si le principe à raison duquel une chose est identique à soi, est différent du principe à raison duquel elle est différente des autres, c'est qu'il est indifférent à cette chose (à son identité de chose) d'être différente des autres, ce qui la fait s'identifier aux autres faute d'entretenir une relation différentielle à leur égard et, par là, en tant que ne répugnant pas à être identique aux autres qu'elle n'est pas, elle est différente d'elle-même : ce qui est identité exclusive de la différence est différent de la différence, et n'est pas identité.

Si le principe à raison duquel une chose est identique à soi, est lui-même identique au principe à raison duquel elle se différencie des autres, alors cette chose n'est identique à soi qu'en se différenciant des autres, le contenu de son identité consiste à se différencier, cultiver sa différence équivaut à nier son identité avec autrui, identité qu'il faut bien commencer par assumer pour la nier, de telle sorte qu'une telle identité avec soi est toute négative, n'a pas de contenu positif propre, et ce qui n'est identique à soi que par négation des autres n'a d'autre identité positive que celle des autres (ce dont tout l'être est de n'être pas les autres, c'est ce qui n'a rien en propre), de telle sorte que sa différence, supposée faire son identité, est en vérité une identité : la différence exclusive de l'identité est une identité sans différence (si chacun n'a d'être que par les autres qu'il conteste et auxquels il est de ce fait suspendu, alors tous s'identifient les uns aux autres dans le néant de leur identité positive commune).

Quand une chose n'est ni identique à A ni différente de A, elle ne peut, dès lors qu'il n'y a pas de troisième terme, trouver, pour la rendre possible, ce nécessaire troisième terme que dans l'identité de son identité avec A et de sa différence d'avec lui. Il en résulte que la véritable identité est nécessairement identité de l'identité et de la différence, une identité qui se renie dans une différence radicalisée au point d'être différente de toute chose y compris d'elle-même, et par là de reconduire à l'identité de départ. Mais, à ce titre, une telle identité de l'identité et de la différence est contradictoire (puisqu'elle n'est identique à soi que comme différente de soi), et elle ne conquiert son identité non contradictoire d'identité de l'identité et de la différence qu'en se libérant de sa contradiction, ainsi d'elle-même en tant que contradictoire, par là en niant son identité (d'identité et de la différence, ainsi en se posant dans sa différence), mais en la niant de telle sorte qu'elle se conserve dans sa négation (puisque c'est pour se conquérir qu'elle se nie), ce qui a pour réquisit qu'elle s'objective : s'objectiver, c'est être identique à soi dans sa différence, ou se faire autre que soi dans soi, et n'être un « soi » qu'à raison de cette altérité même. Aussi, cette identité de l'identité et de la différence doit-elle se nier, se faire différence, mais dans elle-même, par là confirmer sa différence (cette même différence engagée dans l'identité de l'identité et de la *différence*), la (re)poser dans l'acte où elle l'indifférencie, s'introniser identité non contradictoire de l'identité et de la différence dans et comme l'acte, en forme de « contrecoup » (le « *Gegenstoß* » de la logique hégélienne de l'Essence), de se libérer dans soi — la libérant corrélativement — de sa différence. Si la négativité s'ensourçant dans l'identité est, en direction de la différence, une négativité redoublée, la négativité réflexive restituant l'identité à elle-même à partir de sa différence intestine, est simple. Est véritablement identique à soi ce qui se pose telle l'identité de son identité à soi et de sa différence d'avec soi, ce qui se réfléchit dans son processus, ce qui est capable d'opérer l'« *Aufhebung* » de sa propre identité contradictoire sans cesser de la conserver comme contradictoire dans son identité sublimée non contradictoire, car c'est ainsi qu'une telle identité s'émancipe de sa contradiction la vouant à la mort, sans cesser de se conserver telle cette contradiction qu'elle est, et qu'elle doit être pour conjurer la contradiction mortifère en laquelle elle glisserait si elle se contentait d'être une identité sans différence ou une différence sans identité. Cela dit, l'exister qui n'est l'exister de rien se convertit en néant : être, c'est être quelque chose, il n'est pas d'acte d'exister qui ne soit celui d'une essence ; mais il faut être, pour être une essence, l'essence sans son acte d'exister n'est pas, ainsi n'est pas essence ; l'essence *a* un exister qui lui donne d'*être* essence, et l'exister *a* une mesure essentielle qui lui donne d'*être* cet exister ; or cette essence existante est cet exister « essencifié » : ne pouvant subsister que l'un par l'autre, l'essence et l'exister sont non pas deux êtres, mais deux principes d'être *un* être ; donc cette essence qui *a* un exister *est* cet exister qui *a* une essence ; mais avoir quelque chose est ne l'être pas ; donc l'essence qui n'est pas son exister est cet exister qui n'est pas son essence ; l'essence est une même chose avec son exister, *et* elle est différente de lui ; l'exister est ainsi l'identité concrète de l'exister et de l'essence, il a la structure même de cette identité de l'identité et de la différence, et au reste l'exister est bien ce qui est commun à tous, ce qui les identifie « *secundum quid* » les uns aux autres (aussi différentes soient-elles, deux choses ont au moins en commun d'être des actes d'exister), quand tous se distinguent ou se différencient les unes des autres par leurs essences respectives ; compte tenu de ce qui précède, l'exister est sa réflexion, son identité à soi réflexive réduisant sa contradiction à un moment de sa réflexion, il est objectivation de soi, il est son savoir ; en termes scolastiques empruntés à Cajetan et à Cornelio Fabro, l'« *esse in actu* », c'est l'essence dotée d'un « *esse essentiae* », en attente de son « *esse existentiae* » qui sera l'« *esse ut actus* » ; l'essence dotée d'un être d'essence requis (car il faut être, pour être essence) pour qu'elle soit cette essence invitée à recevoir son exister, c'est l'identité abstraite de l'essence et de son exister, elle est contradictoire et s'objective, se libère d'elle-même, par là se sublime, dans le « *terminus a quo* » de son objectivation, en exister (non contradictoire, telle est la substance existante) mesuré par une essence (cet *esse* est « *esse ut actus* »), et, dans le « *terminus ad quem* » de son objectivation, elle s'objective elle-même comme contradictoire, comme moment du processus de sa réflexion circulaire, et c'est pourquoi l'essence, considérée dans sa différence d'avec l'exister, est la puissance de ce dernier : le mode d'être de ce qui est contradictoire, c'est l'être en puissance. L'identité concrète de l'essence et de l'existence n'est pas contradictoire, parce que l'acte à raison duquel elle se pose comme contradictoire *est* l'acte selon lequel elle se soustrait à sa contradiction. Et ce qui est discursivement exposé en termes de moments et de réflexion est absolument simple, pour la raison que ce « mouvement » circulaire, absolument immanent, fait s'identifier l'origine et le résultat, ce qui équivaut à l'absolu repos.

L'exister, a-t-on dit, est réflexion, et, à ce titre, l'essence de l'exister, c'est l'identité concrète de l'essence et du savoir qu'elle a d'elle-même ; quand un tel exister est raison suffisante de sa réflexion, il est l'exister absolu, il est Dieu. Quand il n'en est pas la raison suffisante, il est créature. Il est aisé de s'apercevoir, sous ce rapport, que la déité a la forme d'une staurologie subsistante : même dans l'ange, son essence n'est pas son acte d'exister, et il est une essence qui a un exister tout en étant un exister qui est mesuré par une essence, de sorte qu'il a ce qu'il est, ce qui revient à dire qu'il n'est pas absolument ce qu'il est, dès lors que, n'étant pas la raison suffisante de cette identité de l'être et de l'avoir, il ne réalise pas complètement cette identité ; ce qui est absolument identique à soi, au point d'être l'Identité comme concept, c'est l'identité concrète de l'identité et de la différence, l'identité *concrète* (ce que mésestime un certain thomisme) de l'essence et de l'exister, c'est-à-dire une identité de l'acte d'être et du sujet essentiel qui exerce cet acte, mais victorieuse d'une déchirure intestine faisant se différencier l'essence et son exister, déchirure qu'elle conserve tel le principe immanent de sa pulsation vitale éternelle. Il en résulte que, pour qui est voué à ressembler, analogiquement, à son Auteur, la voie du renoncement à soi est nécessaire. C'est parce que la différence absolutisée se renie en identité, que l'identité (de l'identité et de la différence) contracte la forme d'une identité réflexive à soi, ainsi d'un cogito ou Moi, l'habilitant à s'objectiver, à se libérer de sa différence, et c'est parce que l'identité donne la différence à elle-même (ou la libère) et la confirme, que cette dernière est à même de se maintenir dans son identité de différence dans l'acte où elle renonce à soi. Il en résulte, selon ce double effet du « *Gegenstoß* », que c'est en renonçant à soi (et la souffrance y invite), que la créature ratifie l'acte, coopérant avec lui, à raison duquel Dieu la donne à elle-même en lui donnant par là d'exercer un acte d'exister propre, distinct de celui de sa Cause, et d'être libre et de se posséder.

Il faut retenir, de ceci, que c'est dans l'identité que la différence trouve le secret de sa position ; or l'universel dit la totalité, laquelle désigne l'unité de l'unité et de la pluralité, ainsi l'identité de l'identité et de la différence ; donc l'universel concret est l'identité concrète, de sorte que c'est dans l'universel que le particulier s'enracine, et c'est comme identité de l'universel et du particulier qu'il est singulier ou existant. Cela dit, c'est le concept qui saisit l'universel, et c'est comme conception (intuitive) de soi, signifiée discursivement dans l'exposition systématique de nos concepts désignant l'être (ainsi dans l'exposition systématique de nos catégories), que l'être, universel absolu, se fait la perfection hypostatique de l'acte d'être.

Donc il y a, nécessairement, un concept de l'exister.

L'exister, c'est l'acte de l'essence ; c'est donc l'essence en tant qu'elle est en acte, l'essence en tant qu'elle est pleinement essence, c'est-à-dire pleinement *cause*, par là raison suffisante ou positionnelle de toutes les déterminations par lesquelles elle se fait conditionner pour être cette essence singulière existante, de sorte que l'essence en acte est l'essence en tant que réflexion, ou savoir d'elle-même. L'essence de l'exister est l'identité concrète de l'essence et du savoir ; notre raison finie désigne une telle essence de l'exister tel le passage à la limite, inobjectivable en vertu de la finitude de notre raison, d'un mouvement asymptotique d'identification, toujours successif pour notre raison finie, de réflexion sur soi de l'essence (elle est son objectivation) et de réflexion dans soi de cette essence (elle s'objective l'objectivation de soi qu'elle est, elle se réfléchit dans son processus). Que cette identification ne soit pas objectivable pour nous ne laisse pas une telle définition de l'exister de n'être pas apophatique. Il y a un bien un concept de l'exister. On peut désigner, en montrant le caractère rationnel et conceptuel de cette désignation, le terme d'un processus asymptotique, terme qu'on se sait ne pouvoir s'objectiver mais qui révèle, par le fait qu'il consent à se faire désigner, son caractère en soi conceptuel et rationnel.

S'il est à jamais impossible de forger un concept de l'exister, on est confronté aux conséquences suivantes :

« Sens » a deux sens, intelligibilité et direction (ou finalité). Mais ces deux sens, d'une certaine façon, n'en sont qu'un, car le sens ou l'essence d'une chose est défini par sa finalité : l'essence du couteau est de couper, à tout le moins est-elle définie par rapport à la fonction qui est attendue de lui. Si donc l'intelligibilité d'une chose est inaccessible, sa finalité l'est aussi. Dès lors, si l'acte d'exister échappe à tout concept, il est sans finalité, ainsi sans raison d'être, de sorte qu'il devient strictement impossible de répondre à la question de Leibniz (*de Originatione radicali rerum*) reprise par Heidegger (*Introduction à la Métaphysique*) : pourquoi y a-t-il quelque chose et non pas plutôt rien ? Or, sans réponse, une telle question fait conclure à l'esprit méditant que l'être se détache gratuitement sur fond de néant, qu'il est absurde. Mais, parce que rien n'est en dehors de l'être, fors le néant, si l'être est absurde, toutes les finalités qu'il enveloppe sont frappées d'absurdité. La vie humaine est sans raison, tel sera le diagnostic de la raison, et seule la foi aveugle pourra tirer l'homme de sa déréliction. Les thomistes (à tout le moins : certains thomistes) et Bergson pourront toujours déclarer que cette question est une fausse question, que le néant n'est que privation d'être, qu'une privation est essentiellement relative à ce qu'elle conteste, que par là le néant présuppose l'être, et qu'il n'y a possibilité de néant qu'au sens relatif du terme, mais non point au sens absolu ; force est de leur répondre que toute privation présuppose ce dont elle est la privation (la cécité présuppose la vue), mais pour autant que ce dont elle est la privation *existe* : il y a des trous dans le gruyère, qui ne sont que par le gruyère dont ils sont les trous, mais, après qu'on a mangé une tranche de gruyère, il ne reste même plus les trous. Il y a du néant relatif seulement s'il y a de l'être : oui, mais pour autant qu'il y ait de l'être. S'il n'y a pas d'être du tout, il n'y a pas de néant relatif, en revanche il y a du néant absolu. Si l'existence humaine est sensée, il doit être possible de rendre raison du fait qu'il y a de l'être. Et parce que tout est de l'être, jusques et y compris le rendre raison de l'être, et la raison qui opère ce rendre raison, alors, si l'existence humaine est sensée, il doit être possible de faire se refléter, dans la pensée, l'acte à raison duquel l'être rend raison de lui-même, ainsi rend raison du fait qu'il est, et consiste dans cet acte même de rendre raison de soi ; or cela même suppose que le concept par quoi la raison s'empare de l'être ou le fait se réfléchir en elle, soit l'acte par lequel le concept d'être, c'est-à-dire l'être comme concept de lui-même, déduit de lui-même l'être dont il est le concept. On voit bien qu'il est illusoire, en rigueur, de justifier le fait d'exister, si l'apophatisme de l'*esse* a gain de cause.

11 – Le négatif non peccamineux

Il peut paraître passablement oiseux de se demander ce qu'il en eût été du destin de l'homme s'il avait été créé sans la grâce, puisque, aussi bien, il a été créé avec elle. La réponse à cette objection tient dans le fait que c'est la considération de cet état n'ayant pas eu de réalité historique qui permet, seule, de dégager la nature du rapport ou « point de suture » entre nature et surnature, par là de s'éviter de vivre l'invitation à la surnature sur le mode du conflit entre nature et surnature.

Le surnaturalisme postule que tout négatif dans la vie (toute instance polémique, toute relation conflictuelle) serait issu du péché. Il existe en vérité un *négatif non peccamineux*, puisque la positivité du parfait, paradigme de toute bonté, est en soi la négation souveraine de sa propre négation immanente. Il en résulte concrètement, de la manière la plus existentielle qui soit, que la paix a la forme d'une victoire sur la possibilité de la guerre dont l'éventualité est requise, ne le fût-elle que pour être conjurée. Corrélativement, l'amitié a la forme d'une victoire opérée sur la possibilité de la haine, et c'est si vrai que les grandes amitiés deviennent facilement sanglantes quand elles échouent, tout comme les amours. Il faut aimer les biens finis, passionnément, fût-ce pour s'en arracher et, de fait, en tant qu'il faut s'en arracher ; il faut aimer le combat et la force, et la grande santé des corps resplendissants, et l'ivresse des victoires et des dominations, et la beauté et la jouissance, et la guerre et les femmes, et tout ce que le paganisme exaltait, mais pour les crucifier joyeusement, héroïquement, en les rapportant à un bien qui les dépasse et auquel on se sait et se veut rapporté. C'est en référence à cet amour naturel que les vertus chrétiennes d'humilité, de pardon, de charité, de résignation et de renoncement prennent leur vrai sens ; sans cette référence expresse à l'ordre naturel qu'elles présupposent, les vertus chrétiennes deviennent, selon le mot de Nietzsche, l'idiosyncrasie des dégénérés. C'est à l'amour des biens finis que puise le pouvoir de faire se dépasser un tel amour dans le plébiscite crucifiant du Bien infini. Le vrai catholique est l'identité concrète du chrétien et du païen, il est capable d'*être* catholique en tant qu'il *a* et cultive une dimension païenne réduite au statut de moment — mais de moment obligé, par définition destiné à passer — de sa vie spirituelle. Le Christ est doux et humble de cœur, et c'est à ce titre même que son paradis appartient aux violents, qu'il est venu apporter non la paix mais le glaive. Seul celui qui sait éprouver l'appétit naturel de vengeance face à l'affront subi, qui sait oser ne pas s'y soustraire (et, s'il est tenté de s'y dérober, c'est pour n'avoir pas à le maîtriser, à l'affronter et à le dépasser), est aussi celui qui sait pardonner en vérité, exercer la vraie douceur, instaurer la véritable paix. Et le seul à savoir en retour conserver les vertus de l'énergie païenne sans les corrompre, est celui qui sait les faire se sublimer en vertus chrétiennes : le chrétien n'est pas chrétien à proportion de son aptitude à refouler le paganisme, il est chrétien à proportion de son aptitude, qu'il tient de la grâce, à radicaliser, à maximiser le culte païen de la force ; la force qui se contente de s'exercer *ad extra* est dépendante de ce sur quoi elle s'exerce, et la dépendance est une faiblesse ; la force se maximise en se faisant victorieuse d'elle-même, en s'exerçant sur elle-même, en se *réfléchissant* (conformément à la loi de réflexion ontologique ci-dessus exposée), en assumant la faiblesse sans cesser d'être force, en se maintenant identique à soi dans sa différence, et tel est l'homme doux, acmé de la force. Mais autre chose est la douceur qui vainc la force par radicalisation de la force, autre chose est la faiblesse qui se croit forte par impuissance à affronter la force.

Un comportement surnaturaliste

Pour illustrer par un exemple le comportement typique du surnaturaliste, il est permis d'évoquer la triviale situation suivante :

Un homme honnête est lésé par un aigrefin. L'attitude naturelle de l'observateur est d'abord d'éprouver de la compassion pour l'homme honnête, et corrélativement de partager son indignation gravide de souci de réparation — laquelle enveloppe d'une part la restitution du bien dérobé, d'autre part la satisfaction du désir de vindicte, ainsi de juste vengeance —, qu'a suscité dans la victime la faute de l'offenseur. S'il est chrétien, l'offensé, dominant son juste désir de vindicte et sa peine, commencera par offrir à son Créateur sa souffrance, considérant que Dieu a permis cette injustice afin d'en tirer un plus grand bien. La victime saura discerner dans cette épreuve l'occasion providentielle de se conformer, comme coopérateur de sa rédemption, à la croix de son Sauveur. Dans le sillage de cette attitude, il en viendra peut-être, plutôt qu'à exiger réparation pour l'offense, à pardonner, à choisir la miséricorde, pourvu que l'offenseur sollicite un tel pardon ; par un surcroît de charité, l'offensé ira même, peut-être, jusqu'à accorder son pardon même à celui qui ne le sollicite pas, considérant qu'il paie par là, dans l'intérêt du pécheur, le prix de ce dont l'offenseur lui était redevable, afin de valoir à ce dernier les grâces dont il aura besoin pour solliciter plus tard le pardon de Dieu et de l'offensé. L'offensé agira ainsi seulement s'il juge qu'un tel renoncement ne sera pas générateur d'un surcroît d'impudence dans l'offenseur, car, dans le cas contraire, la vraie charité, le véritable amour de ses ennemis, exigerait que la peine fût appliquée à l'offenseur dans son intégralité et selon toute sa rigueur, car ce serait l'unique manière de l'amener à résipiscence ; et il faut bien avouer que c'est là le cas le plus fréquent ; le chrétien est en demeure de répondre au mal par le bien, mais précisément l'exercice de la vengeance (punir est, pour le lésé, une manière de repousser le mal, de n'être pas victime de l'offense qui l'a atteint[3]) peut être souvent le bien le plus approprié à la guérison

---

[3] « Ordonner » signifie « mettre en ordre » et « donner un ordre », et l'acte de donner un ordre est l'acte de mettre en ordre, en même temps que l'acte d'ordonner est l'acte d'être ordonné (*actio et passio sunt*

DEUXIÈME PARTIE

du pécheur : « La miséricorde sans la justice ne serait que la pire des cruautés » (sainte Catherine de Sienne).

Ainsi donc, c'est du sein même de l'exercice du désir de juste vengeance que la victime, sous l'effet d'une grâce, saura faire se convertir la puissance de vindicte en puissance de pardon, faisant se sublimer la vengeance en miséricorde. L'amour, comme force d'union et de concrétion, a pour propre de réduire à l'unité les amants qu'il rassemble ; de soi, l'amour est la qualité de la relation qui les unit, et, comme toute relation, il est relatif à ceux qu'il relie ; parce que l'amour se consomme en unité, il est ablatif de la différence (condition de leur relation) des amants, mais par là sa consommation se résout en son ablation. Or l'amour est aimable et ainsi s'aime lui-même, aspire à se proroger, répugne à se supprimer, aussi est-il porteur tant d'une tendance à l'identité que d'une tendance à la différence des amants, ce qui revient à dire qu'il a la forme d'une unité de l'attraction et de la répulsion, par là qu'il est victoire sur la possibilité de la haine : l'amour est identité concrète de l'amour et de la haine, victoire sur son propre envers qu'il porte dans ses flancs tel un possible destiné à demeurer à l'état de possible. Et cette contradiction est résolue dans l'engendrement : dans l'engendré, les amants sont un, sans cesser d'être deux. Parce que l'amour a la forme d'une victoire sur la possibilité de la haine, c'est à l'amour, transfiguré par la grâce — mais à l'amour considéré dans la position de lui-même dans le moment de sa négativité, c'est-à-dire à l'amour

---

idem) ; aussi, la violation d'un ordre instauré est la violation de l'autorité du donateur d'ordre, laquelle ne subsiste que comme reconnue par ceux qui lui sont en droit soumis : en violant l'ordre, le criminel s'intronise auteur de l'ordre qu'il entend substituer au premier, mais par là il réduit l'autorité du donateur d'ordre à une velléité, ce qui revient à dire qu'il la supprime ; de sorte que le lésé est en demeure de punir, ainsi de se venger, s'il entend reconstituer ontologiquement son autorité, car c'est dans la vengeance qu'il fait reconnaître, par la force, son autorité. Or il est dans l'ordre que tout homme soit reconnu comme personne, ou comme propriétaire de son bien, par tout homme, et qu'il soit l'opérateur de cet ordre. C'est pourquoi l'offense qui l'atteint (insulte ou dol) appelle naturellement d'être lavée par la riposte.

entendu comme désir de vindicte — que le pardon puise l'énergie requise pour dépasser la vengeance : « *Misericordia non tollit justitiam, sed est quaedam justitiae plenitudo* » (*S. Théol.* I^a q. 21) ; c'est au négatif que la positivité de l'amour se nourrit, puisque le positif est négation de négation, négation se reniant par réflexion. Et c'est pourquoi la rédemption opérée par le Christ est solidaire, loin de l'abolir, de la création de l'enfer, premier acte de miséricorde exercé par Dieu au début des temps, ou plutôt avant la naissance du temps.

Hanté par la pathologie surnaturaliste, le donneur de leçons bien-pensant qui se dit catholique se comportera tout autrement. Plutôt qu'à conspuer l'offenseur en réconfortant l'offensé, le surnaturaliste patenté commencera par ignorer les devoirs de l'offenseur, il l'oubliera même : quand on a des ennemis, on ne devrait pas tendre ses énergies pour les combattre, on doit d'abord s'efforcer à subir leurs coups passivement en se persuadant que telle est la volonté divine. Notre surnaturaliste s'attachera donc, bien entendu au nom du devoir surnaturel de charité, à forlancer, dans l'offensé qui ose exprimer sa plainte et son indignation, toute velléité naturelle — humaine et trop humaine dira-t-il — de vengeance ; c'en est au point que l'offensé sera coupable de se déclarer offensé, et que le conseiller surnaturaliste se fera une sainte obligation, au nom de la correction fraternelle, d'exercer quant à lui un devoir de charitable vindicte non à l'égard de l'offenseur mais à l'égard de l'offensé.

« N'avez-vous pas honte de vous plaindre et de nourrir une colère païenne à l'égard de ceux qui vous font et vous veulent du mal ? Est-il chrétien d'agir avec ses ennemis comme ils agissent avec vous ? Vous devez répondre à la haine par l'amour, extirper en vous toute velléité de ferme réplique, vous devez tenter de "comprendre" votre pauvre offenseur malheureux réduit à être méchant, faute d'avoir reçu d'autrui l'amour suffisant pour prévenir ses chutes. En souhaitant sa punition, vous vous mettez à son niveau ; en prétendant lutter selon l'ordre naturel, vous manquez d'esprit surnaturel. Vous refusez la croix ; il est honteux, quand on est chrétien, d'écouter la voix cruelle de la nature, l'inspiration froide de la justice sans cœur ; il faut prier, non se rebeller, il faut accepter, non tenter de réparer avec des moyens tout humains ; le Christ a pardonné à ses bourreaux, il ne s'est pas vengé ; la moindre des choses est d'agir dans le sillage du Maître ; toute revendication purement naturelle de justice est, en tant même que naturelle, un péché contre la grâce, une tentative véritablement diabolique de vous soustraire à la résignation ; vous n'avez rien compris au sens chrétien de la souffrance. »

En bref, l'offensé sera converti en coupable et l'offenseur en innocent, voire en bienfaiteur puisque cet offenseur fut permis — ainsi voulu — par la Providence afin d'éprouver la charité des baptisés. Tel était le type de raisonnement qu'un Léon Bloy, gnostique halluciné, pouvait tenir à propos de l'action subversive bimillénaire des Juifs et de celle du démon depuis le commencement, en soutenant la thèse hérétique de l'apocatastase : le mal serait providentiellement nécessaire à la surabondance du bien, donc le mal serait le bien, et c'est le bien qui ne serait pas bon quand il ne sait pas accueillir les bienfaits surnaturels du mal. Et c'est un fait que le surnaturaliste est bien souvent judéophile, à la manière d'un Joseph de Maistre par exemple.

On a là, dans ce banal exemple, l'esquisse de cette véritable inversion des valeurs, de ce littéral renversement de l'ordre naturel opéré par le surnaturaliste au nom de la prééminence de l'ordre surnaturel. Il sera presque peccamineux, il sera certainement suspect, d'être bien né, fécond, talentueux, fort et ambitieux. La graine de chrétien se récolterait dans l'ergastule des ratés, des difformes, des faibles, des envieux, des malfaisants, des scrofuleux et des laids. Par où il appert que le surnaturaliste, en ses dehors austères et réactionnaires, jansénistes et sulpiciens, développe exactement la même mentalité que celle de l'homme de gauche, homme de ressentiment par excellence, suggestivement défini par Bernanos dans *Les Grands Cimetières sous la lune* : ces « affreux petits curés démocrates jaunes de toute l'envie des parvenus de l'intelligence », qui vous crachent leur bile au visage et n'ont à la bouche que l'« option préférentielle pour les pauvres », l'aversion pour les riches, la haine des talentueux, une sympathie presque maniaque pour les anormaux, les handicapés et les fous, et une indifférence haineuse à l'égard des gens normaux, comme s'il était injuste qu'il y eût des handicapés quand ils côtoient des gens normaux, comme si le fait d'être un abandonné de la nature devait lui valoir une considération particulière fondée sur cette idée délirante et morbide selon laquelle une frustration naturelle serait comme l'envers d'une dilection divine particulière. Le propre de la puissance divine est de faire de grandes choses avec de petits moyens, afin de montrer que l'irruption du surnaturel est incommensurable aux forces naturelles : le peuple juif — naturellement médiocre au regard des Égyptiens, des Grecs et des Romains — aussi longtemps qu'il fut fidèle à sa vocation ; sainte Jeanne d'Arc, sainte Thérèse de l'Enfant Jésus. Le propre du surnaturaliste est de prendre prétexte de ce fait pour exalter les petits en tant qu'ils sont débiles, en se parant des vertus chrétiennes pour donner leur revanche envieuse aux ratés.

Toute insurrection contre le désordre est interprétée, par le surnaturaliste, tel un refus des décisions providentielles, telle une insurrection contre Dieu ; si vous êtes malade, c'est au fond que Dieu l'a voulu et que l'effort de se soigner relève de l'orgueil ; si vous êtes animé par quelque ambition, c'est là déjà céder aux séductions du monde puisque l'ambition est principe de changement, ainsi de contestation d'un état de fait : tout changement est en effet négation du point de départ et accomplissement de soi du mobile dans le point d'arrivée ; prendre la décision d'un changement est déjà peccamineux, qui, manifestant en la créature le choix de se prendre en charge, révèle déjà la prétention à ne pas s'en remettre à Dieu et à ne pas se reposer en Lui. Le saint, du point de vue du surnaturaliste qui — selon la logique d'un quiétisme providentialiste, par là particulièrement réceptif aux apparitions privées et aux « signes » — confond cause première et causes secondes, ressemble furieusement à un masochiste mouillé d'eau bénite ; de ce que Dieu permet le mal en tant qu'Il en peut tirer un plus grand bien, notre surnaturaliste en déduit que cette permission — qui en soi, il est vrai, est une décision divine —, exclut, en tant que décision, qu'on lutte contre le mal parce que ce serait là lutter contre la Providence ; le providentialiste échevelé n'appliquera pas un tel raisonnement au péché en tant que tel, mais il sera prompt à l'appliquer aux maux subis, discernant en toute calamité un châtiment divin, de sorte que lutter contre de telles calamités (maladies, ouragans, injustices) reviendrait à se soustraire aux justes châtiments du Créateur. Voici son raisonnement :

« Tout ce que Dieu *permet* est en vérité — sans que Dieu soit jamais cause morale du mal — *voulu* par Dieu, puisque — Dieu étant Acte pur innocent de toute potentialité — les futurs contingents préexistent non seulement dans l'intelligence infinie de Dieu, mais encore dans les décrets éternels de la volonté divine ; or Dieu permet que l'on soit victime de la malice, de l'égoïsme, de la perversité, de la faiblesse, de l'orgueil, de l'injustice, et aussi — bien souvent — de la bêtise des hommes ; donc Dieu *veut* que l'on soit victime de telles iniquités ou faiblesses, que l'on soit la proie de la méchanceté de ces hommes responsables de leurs erreurs (car on est responsable de sa bêtise, surtout quand elle est soutenue par la suffisance, ce qui est le cas la plupart du temps), de sorte que s'opposer aux initiatives de tels hommes revient à se dresser contre les décrets divins, par là équivaut à s'insurger orgueilleusement contre Dieu ; dès lors, pour faire son salut, il est nécessaire de ne jamais avoir recours à ces mesures humaines et naturelles ayant vocation à empêcher les progrès du mal, les victoires des méchants, mais aussi l'impudence, l'effronterie, la vanité, la violence, les spoliations, les vilenies polymorphes des esprits mauvais qui, en tant qu'instruments de la Providence, ne font qu'exécuter des décrets divins, et à l'égard desquels, de ce fait, il est normal de n'exercer aucune vengeance ; honte à vous, l'indigné, le violent, le brutal, soyez doux et humble de cœur, contentez-vous de prier en tremblant. »

Et, à la vérité, c'est là le comportement que le surnaturaliste prescrit plus volontiers pour les autres que pour lui-même, tout en l'adoptant chaque fois que cela va dans le sens de ses propres intérêts, mais seulement dans ces derniers cas, tel le souci de faire passer sa lâcheté pour de la magnanimité : il saura, en bien-pensant fielleux, en susurrant melliflue, satisfaire sur le mode des femelles, en catimini, ses pulsions vengeresses enrobées de bons sentiments (« je ne lui veux pas de mal, je ne vous avertis que pour votre bien, c'est dans l'unique but de l'amender que je lui prépare des échecs »), et en retour il se fera une douce violence d'interpréter ses propres ambitions comme autant d'injonctions providentielles à faire le bien, et ses rancœurs comme autant d'expressions — en lui — de la sainte colère de Dieu. Il ne vient pas à l'esprit tordu du surnaturaliste que si Dieu veut que l'innocent soit victime des méchants, Dieu veut aussi que les méchants soient châtiés, tantôt directement par Lui, tantôt par la médiation des bons : « Selon Aristote la nature nous donne des aptitudes pour la vertu qui reçoivent leur complément de l'habitude ou de toute autre cause. Les vertus viennent donc nous parfaire et nous permettre de suivre, d'une manière convenable, les penchants innés qui sont de droit naturel. À tout instinct nettement défini correspond donc une vertu spéciale. Or, nous sommes naturellement portés à repousser les choses nuisibles ; c'est pour cela que les animaux sont doués de l'appétit irascible, distinct de l'appétit concupiscible. L'homme suit ce penchant en repoussant les offenses pour ne pas en être atteint, ou en les punissant s'il en a été atteint déjà, non pas dans l'intention de nuire, mais pour éviter d'en être victime. Cette manière d'agir constitue la vengeance qui, dit Cicéron, "repousse et punit la violence, l'injustice et tout ce qui peut nuire". Elle est donc bien une vertu spéciale » (*S. Théol.* II^a II^{ae} q. 108 a. 2) ; elle tient le juste milieu entre la cruauté et l'indulgence coupable.

Le surnaturaliste, en sa haine de la force en autrui, manifeste la seule espèce d'énergie dont il est capable en sa médiocrité pieuse ; plutôt que de se mesurer à des rivaux, il tente de les engluer dans la mauvaise conscience. Et la volonté de puissance de trop de prêtres tout attachés à diviser les familles au nom du Sacré-Cœur, à faire capoter les causes politiques au nom du surnaturel, à déraciner le bien au nom du meilleur, n'est pas en reste, trop souvent, dans cette entreprise de subversion des forces naturelles.

Ajoutons que le surnaturaliste nourrit, au nom du culte de la Sainte Croix, une aversion épidermique pour toutes les formes d'action et de réaction énergiques et violentes ; en plus de le rendre vulnérable vis-à-vis des méchants, cette aversion — qui refoule ses naturelles pulsions agressives (l'irascible, en l'homme, n'est pas le produit du péché, et la colère n'est pas un défaut mais une passion naturelle) — fait que ces dernières, par un retour du refoulé non sublimé, réapparaissent dans la forme d'une dilection pour la médisance, la curiosité malsaine, et dans celle d'une propension à se réjouir du malheur d'autrui, tout cela — dans un acte de parfaite mauvaise foi (au sens sartrien) — étant vécu sur le mode de la « sainte résignation chrétienne » ; criantes de vérité sont les descriptions nietzschéennes relatives à la psychologie du sous-homme qui fait de sa faiblesse une force, qui prêche pour l'instauration des valeurs de faiblesse afin d'affaiblir les forts et de se mettre à leur place.

Quand Maurras évoquait le « venin du Magnificat » (« *Dispersit superbos mente cordis sui, Deposuit potentes de sede, et exaltavit humiles* »), on peut se demander s'il était vraiment mû par une source antichrétienne d'inspiration ; peut-être au fond, de manière bien compréhensible, entendait-il seulement, certes de manière maladroite et objectivement erronée, dénoncer les méfaits du surnaturalisme. Et tout le nietzschéisme est porteur de la précieuse vérité captive suivante : le surnaturalisme est la corruption la plus pernicieuse qui soit du message chrétien.

Le vrai catholique rend le bien pour le mal, tend la joue droite à qui le frappe sur la joue gauche ; mais n'arrive-t-il pas, et fort souvent à la vérité, que vouloir le bien de l'agresseur consiste à lui appliquer la justice de vindicte ? De plus, combien sont, parmi eux, ceux qui agissent ainsi par sublimation du désir de rendre les coups ? Combien sont ceux qui cèlent leur lâcheté en se parant des vertus évangéliques ? Le propre du surnaturaliste est de mettre la charrue devant les bœufs : devant même que de songer à se soigner quand il est malade, il dépensera ce qui lui reste d'énergie à cultiver le souci d'accepter sa déchéance, afin de s'assurer qu'un refus de résignation, ainsi une révolte contre la Providence, ne serait pas lové dans son désir de bonne santé. En réduisant la nature humaine à sa blessure adamique, le surnaturaliste se soustrait à sa nature et s'identifie à sa conscience, absolutisant par là sans le dire sa liberté soustraite au magistère de toute essence. Le primat du surnaturel a bon dos : il est la caution du subjectivisme.

Il n'est pas — on l'a vu (§ 3 et 6) — de véritable esprit de Droite qui ne soit pas catholique. Mais il n'est pas d'esprit catholique, s'il s'obstine à être seulement réactionnaire, qui ne soit gravide de surnaturalisme, ainsi objectivement porteur du ressentiment définitionnel de l'esprit de gauche. Dès lors, il n'est pas d'esprit véritablement de Droite, non gravide de germes mortifères pour son propre camp, qui ne soit révolutionnaire, ainsi violemment opposé à l'esprit réactionnaire. Le mot d'ordre des S.A., « Contre les Rouges et la Réaction » est donc plus actuel que jamais, non seulement en politique, mais encore en morale, en philosophie et dans le domaine religieux. Le contre-révolutionnaire, en politique et en morale, s'en tient aux apparences : les contraires s'excluent, la dialectique est satanique, on doit extirper de soi-même toute dimension naturelle ainsi réduite aux séductions païennes inspirées par les démons, etc.

Tantôt, révulsé par le surnaturalisme, le chrétien quitte le catholicisme ou en vient à considérer que le combat catholique serait accessoire dans le combat pour l'Europe, la patrie, la race blanche et le recouvrement de la place — la première — qui échoit naturellement dans le monde à l'Occidental.

Tantôt, se persuadant qu'il a « manqué d'esprit surnaturel », ce même chrétien renchérit dans le surnaturalisme, n'aspire qu'à revenir en arrière en réveillant tous les travers du passé : on a là le contre-révolutionnaire « pieux », qui, tout affairé à gagner des concours de radicalité en matière d'exercices ostensibles de piété, veut « tout faire tout bien », récitant son angélus avant chaque exercice de latin ou de mathématiques, préférant, quand il est malade, offrir une prière à sainte Hildegarde plutôt que de visiter le médecin, collant partout des fleurs de lys bénies par Monsieur le Curé jusque sur les rouleaux de papier hygiénique, se gargarisant de la lecture de *Unam Sanctam* de Boniface VIII, se persuadant que la mesure de l'excellence naturelle d'un régime politique est strictement proportionnée aux professions de foi catholique de ses chefs ; et c'est ainsi qu'on loue les dictatures paternalistes et cléricales d'un Franco roulé dans la farine par l'Opus Dei et ses nonces modernistes, d'un Dollfuss incapable de comprendre qu'il était dans la vocation de l'Autriche de réintégrer le Reich en vue de la reconstitution du Saint-Empire, ou d'un Maréchal Pétain républicain et américanophile, et que l'on condamne avec la dernière énergie les entreprises de Hitler et de Mussolini dont les excès furent plus l'expression d'un anticléricalisme induit par l'exaspération des peuples à l'égard de la politique démocrate-chrétienne — version moderne de l'esprit théocratique — des papes, que par une haine du catholicisme en tant que tel.

12 – Catholique et fasciste toujours

« C'est un beau mystère, une chanson de geste, qu'écrivent nos gars à la pointe de leur baïonnette, avec l'encre de leur sang, sur cette immense page blanche de la neigeuse steppe russe. Jeunesse de France, comprendrez-vous le spirituel de la Légion française ? Au Christ souffrant, le national-socialisme oppose le Christ combattant » (Mgr Mayol de Lupé, *Sturmbahnführer* dans la S.S., qui parlait dans ses sermons de « Notre Saint Père le Pape » et de « notre vénéré Führer Adolf Hitler »).

Il s'agissait — et il s'agit toujours — du même Christ.

CONCLUSION

Il était fait observer, dans l'introduction à cet ouvrage, que la vie terrestre n'est qu'un voyage et à ce titre n'est réussie — comme tout voyage — que si le voyageur est tendu vers le port, mais que cela ne dispense pas le voyageur de s'intéresser au paysage. C'est que, en effet, c'est l'intérêt même porté aux péripéties du voyage qui alimente le désir d'atteindre le but. Si la traversée de la « Mer de la dissimilitude », selon l'expression de saint Augustin reprise de Platon, offre des délectations périlleuses faisant oublier qu'il ne s'agit que d'un voyage invitant à s'arracher aux escales en lesquelles on serait tenté de s'enraciner, c'est encore à la dynamique de l'appétit portant sur de telles délectations que le voyageur, en faisant se réfléchir un tel appétit, trouve encore la puissance de s'arracher à elles et d'aspirer efficacement au but ultime. Ce qui peut être établi, pour confirmer les résultats développés dans la deuxième partie du présent travail, par le moyen d'une analyse élémentaire du désir d'être heureux.

Désir de Dieu et réflexion ontologique

À toute distance des spéculations abstraites, arides à proportion de leur éloignement par rapport à toute représentation, toute imagination et tout sentiment, on verra que la nécessité du recours au concept de réflexion ontologique affleure dès le stade de l'épreuve la plus répandue, la plus élémentaire de la vie humaine, à savoir l'aporie du désir en général.

Le bien est l'objet de l'appétit, lequel est souffrance en tant qu'il est manque. Il est donc étonnant que le désir puisse s'aimer lui-même, comme si la souffrance était aimable, et c'est pourtant ce qui se produit : la vie, comme se plaisait à l'enseigner Schopenhauer, oscille tel un pendule de la souffrance à l'ennui ; quand le bien convoité n'est pas possédé, on souffre d'en manquer ; quand il est consommé, le désir est comblé mais aussitôt vient l'ennui, qui désigne le sentiment de douloureuse vacuité s'emparant de l'âme quand elle n'est plus mobilisée par rien, quand donc elle est en attente de l'appel d'une raison de vivre, et cela même est un mot pour signifier le désir de désirer. La réflexivité du désir appelle donc une explication. Si le désir aspire corrélativement d'une part à son bien qui — le comblant — le supprime en tant qu'il est constitutivement manque de ce qu'il aime, d'autre part à sa pérennisation qu'atteste sa réflexivité, c'est qu'il est contradictoire, et au reste tout ce qui est réflexif est contradictoire puisque la réflexion est mouvement circulaire faisant s'attirer à soi ce qui en retour ne s'atteint que pour se repousser de soi. Le désir se porte sur son objet supposé le combler en tant que celui-là est manque, mais le désir se désire et aspire, pour cette raison, à se creuser comme pour se proportionner à un bien plus désirable, cependant que ce dernier le renvoie à lui-même et ne l'apaise sporadiquement que pour relancer son tourment. C'est pourquoi le désir de désir est si dangereux, qui dispose à s'inventer un bien illusoire pour prétexte à désirer, en l'adornant selon la logique stendhalienne de la cristallisation. Il reste que le désir de désir a la forme d'un arrachement du désir au bien fini, afin de se réfléchir et, à partir de lui-même ainsi révélé en son manque infini, de s'élancer vers un bien mieux proportionné à sa pulsation. Et c'est pourquoi l'énergie requise pour tendre vers les biens les plus élevés, présupposant l'arrachement aux biens plus humbles, requiert de ce fait que le désir condescende à se risquer dans la recherche de ces derniers, ne fût-ce que pour les surmonter. Et dresser un tel constat n'est autre que faire mémoire, d'une certaine façon, de la leçon de saint Augustin : « *ab exterioribus ad interiora, ab inferioribus ad superiora* » (*Enarratio in Psalmum* 145, 5) inspirée de Plotin (*Enn.* I, 3,1). Pour se réfléchir, ainsi revenir sur soi et

CONCLUSION

s'élancer au-dessus de soi, encore faut-il commencer par se porter vers le bien fini. Ce qui suffit à établir que le surnaturalisme, qui détourne — avec des raisons aussi austères que fallacieusement vertueuses — le désir des biens finis sous le prétexte de se réserver pour le Bien absolu, loin de préserver l'intensité du désir, se contente de l'exténuer, par là de le préparer à ne se satisfaire — au rebours des intentions avouées — que des biens finis supposés abhorrés ; mais peut-être est-ce là, en fait, la raison profonde de la complaisance dans le surnaturalisme qui, sous ce rapport, se réduit à une lamentable tartufferie. Le véritable chrétien, qui est le catholique, est un païen surmonté, il n'est chrétien qu'à proportion de son acceptation, en lui-même, du païen qu'il ne surmonte qu'en l'assumant, et le grand mérite du fascisme, considéré en son acception générique, par-delà ses réalisations historiques imparfaites, est de le rappeler. Le fascisme est de droite, n'en déplaise aux représentants traditionnels et sclérosés, surnaturalistes, de la droite dite « classique », qui prennent leurs échecs pour l'effet d'une intégrité doctrinale, leurs crispations obsessionnelles pour une manifestation héroïque de fidélité à leurs principes, leurs propres carences pour la conséquence de l'hostilité des méchants. Non seulement le fascisme est de droite, mais il est la Droite devenue consciente d'elle-même. Aussi longtemps que les hommes d'Église — seuls habilités, par leur autorité surnaturellement fondée, à l'imposer à leurs ouailles — ne l'auront pas compris, la droite sera condamnée à végéter, et avec elle l'apostolat religieux : sans le soutien de princes chrétiens, à tout le moins d'hommes politiques respectueux de l'ordre naturel et capables de l'imposer, qui plus est au moins non hostiles à la diffusion du catholicisme, l'apostolat se réduit à une série de coups d'épée dans l'eau ; la loi naturelle, qui veut que la morale soit subordonnée à la politique, fait que, quand il y a conflit entre morale et politique, c'est toujours, à terme, la pesanteur du politique qui l'emporte.

Il est permis de prolonger cette analyse du désir pour montrer que poser la question du désir mène à l'adoption du concept de réflexion ontologique.

DÉSIR DE DIEU ET ORGANICITÉ POLITIQUE

Pour que le désir de l'homme soit comblé, il est nécessaire que son objet adéquat satisfasse au réquisit suivant :

Il doit être un bien pour avoir raison d'objet, et un bien infini pour satisfaire un appétit que sa réflexivité infinitise nécessairement : un désir qui se désire est tel que, quelque élevé que soit le degré de bonté du bien qui le nourrit, sa puissance d'aimer n'est pas comblée, puisqu'il conserve la ressource de se désirer lui-même ; et ce qui conserve la ressource d'excéder tout degré est par définition infini, par là ordonné à l'infini. Mais le bien ayant raison d'objet adéquat d'un tel désir doit être doté du pouvoir de relancer le désir dans l'acte où il le comble, telle une source d'eau revitalisant la soif par l'acte de l'étancher, afin de satisfaire au réquisit de réflexivité du désir ainsi constitué. Pour combler le désir, son objet doit être un bien et, comme objet d'un désir infini, il doit être un bien infini, à savoir le Bien. En tant qu'il est le Bien, il est aussi la Cause première, car autant une chose a d'être, autant elle a de bonté, autant elle est cause. Or la Cause première de toute chose est à ce titre même la racine ontologique du désir, ce dont il procède, ce dont il tient son être de manque riche des plus grandes promesses, ainsi ce avec quoi, en retour, en tant qu'il en vient à s'y aboucher, il se revitalise en tant que désir. *L'Objet du désir humain le régénère, ainsi le confirme en tant que désir, en le comblant, et par là en le supprimant en tant que manque.* Qu'est-ce à dire, sinon que le désir s'atteint réflexivement dans l'acte de tendre vers ce qui le supprime en le comblant, s'identifie réflexivement à soi par la médiation de son objet, se confirme — condition de sa satisfaction complète — en tant que manque par l'acte à raison duquel il se satisfait, et de ce fait — se conservant dans l'acte de se nier — se dispose à subir le destin d'une « *Aufhebung* » ? Si l'on se souvient que le propre d'une « *Aufhebung* » est de faire se conserver ce qui se nie, et de le conserver sur le mode d'une position, en et par le résultat d'une telle sublimation, de sa puissance à se régénérer, force est de concéder que le désir, ayant vocation à être actué, est puissance, et que, s'il se sublime, il se sublime en un acte conservant en ses flancs, en tant même qu'acte, la puissance à se faire poser par elle. Ce qui revient à dire que le désir, s'abouchant avec son Objet, tend inchoativement à se convertir en puissance active, c'est-à-dire à s'assimiler à son Objet même. On voit bien, par là, que la logique présidant à l'exercice du désir conduit à l'affirmation de la réflexion ontologique entendue telle la structure secrète de l'être en tant qu'être dont l'immobilité définitionnelle de sa perfection est le résultat éternel d'une inquiétude, d'une mobilité absolue surmontée parce que radicalisée. Et ce résultat permet de comprendre en quoi le désir de désir peut en venir, ici-bas, à être préféré à son objet, au point d'en arriver à se forger des objets désirables chimériques en fonction des exigences d'un tel désir réflexif, selon une démarche qui relève du subjectivisme : l'acte à raison duquel le désir revient sur soi coïncide, positionnellement, avec l'acte à raison duquel le Bien pose le désir et le confirme dans l'acte où il le comble ; de sorte qu'en se crispant sur sa réflexivité à partir d'un bien que le désir idolâtre, ce dernier en vient à éprouver comme le substitut de la béatitude, à partir d'un bien fini qui dispense le désir de s'y ordonner comme à sa fin, par là qui autorise le sujet du désir à s'absolutiser. Ce qui vient d'être décrit n'est rien d'autre, comme pathologie romantique de la déification du sentiment, qu'un développement possible de la profonde observation de Lanza del Vasto : « Le suicide est le dénouement de la passion parce qu'il en est la substance. Toute passion est suicide : oubli de soi sans abnégation. »

Réflexion ontologique et bien commun

Le bien commun immanent, celui de la famille ou de la société politique, est le bien de la nature humaine, de l'espèce qui se veut en chaque individu puisqu'elle est raison des appétits qui portent vers elle, et l'invite, de ce fait, à l'aimer tel un bien auquel il est rapporté. Et quand il est enseigné que tout être aime naturellement Dieu plus que lui-même, c'est en ce sens que chacun, selon sa nature, tend vers le bien de son espèce, vers le bien commun immanent de son espèce, par là obéit à la loi que Dieu a placée en lui, tend à concrétiser au mieux cet aspect de l'essence divine qu'est son essence et qu'est chaque essence. C'est pourquoi, en aimant le bien commun, l'homme aime naturellement Dieu plus que lui-même, comme toutes les créatures. Mais par sa raison, l'homme sait que Dieu est transcendant, et il aspire naturellement à connaître Celui qu'il sait être la cause première séparée. Son appétit volontaire est mû par sa raison ; il faut donc bien connaître Dieu pour l'aimer.

Le bien commun est le meilleur bien du particulier, la part la plus précieuse de son bien particulier, *et* le bien propre du tout pris comme tout. Il est meilleur au titre de cause finale, en ce sens qu'il n'est pas aimé pour faire accéder chacun à son bien particulier qui aurait, lui, raison de fin ; si « cause efficiente » du bien désignait unilatéralement cette propriété du bien commun le réduisant à rendre possible l'accession au bien particulier, ainsi rendant les biens particuliers compossibles, il faudrait parler d'intérêt général et non de bien commun, et le bien commun ne serait que matériellement commun, sa communauté ou universalité relèverait de la prédication et non de la causalité. En vérité, il est le meilleur du bien particulier en tant qu'il est aussi le bien d'un autre. Mais le bien commun doit aussi être tenu, sous un autre rapport, pour le meilleur des biens, en tant qu'il est leur cause efficiente universelle. Le bien commun, en tant qu'il a raison de cause finale des biens particuliers, est un bien que l'on aime en tant qu'on lui est rapporté, et non en tant qu'on le rapporte à soi. Mais on ne peut aimer un bien auquel on est rapporté que si, d'une manière ou d'une autre, un tel bien se veut lui-même dans celui qui l'appète ; cela ne signifie pas qu'un tel bien, s'il est extrinsèque et subsistant (et tel est le cas, éminemment, de Dieu), serait incapable de s'aimer lui-même en dehors de et antérieurement à l'amour que les créatures lui portent ; cela signifie que ce qui aime un être en lui étant rapporté est finalisé par lui ; or la fin est première en intention, de sorte que celui qui aime, ayant raison de moyen, procède proleptiquement de la fin ; et donc son appétit procède aussi de la fin, et à ce titre elle est cause efficiente, car la cause efficiente est ce en

CONCLUSION

quoi s'anticipe la cause finale. On ne peut aimer un bien en lui étant rapporté que s'il s'aime lui-même dans celui qui l'appète ; or s'il s'aime en lui, c'est que le désir qui porte l'aimant vers l'aimé procède de l'aimé, est posé par l'aimé dans l'aimant, ce qui ne peut se faire que si l'aimant procède lui-même de l'aimé qui se veut en ce qu'il aime, et c'est à cette condition que le bien commun est le meilleur du bien particulier ; le bien commun est immanent à ce qui n'est qu'une particularisation de lui, à savoir le bien particulier, si et seulement s'il est capable d'être tout entier et non totalement en chacune de ses particularisations, et il en est ainsi si les parties vivent de la vie du tout qui se *constitue* en elles, contractant ainsi, en tant que parties, le statut concomitant de moments du processus à raison duquel le tout s'atteint. Dire que le bien commun est tel au titre de cause efficiente, c'est signifier, quand on précise qu'il est aussi cause finale, qu'il est diffusif de soi, et qu'il est de son essence d'être diffusif de soi, de s'excéder en se donnant, de s'accomplir en se communiquant, de coïncider avec lui-même en débordant de soi. Et il en est bien ainsi pour la raison suivante, ainsi qu'on l'a déjà expliqué : ce qui est parfait ou absolu ne manque de rien, pas même de l'acte de manquer, de sorte qu'il se sacrifie, dans l'acmé de sa puissance, afin de se vider de soi-même — ainsi de se donner — et de se faire poser en retour par ce à quoi il se donne, contractant par là la forme d'une réflexion, s'habilitant à avoir ce qu'il est. Il n'est ce qu'il est qu'en l'ayant, il assume tous les degrés finis de perfection et s'en fait victorieux, et à ce titre il est tout entier et non totalement en chacun de ses moments, mais en retour chaque moment idéal, chaque essence des choses finies préexiste en Dieu, *et elle est Dieu considéré dans un moment de Sa vie intestine infinie*. Aussi, à toute distance d'un émanatisme qui rendrait la création nécessaire et comme consubstantielle à son Créateur, Dieu accomplit dans Sa Vie Trinitaire (dont la raison finie ne saurait concevoir les moments comme des Personnes, bien qu'elle soit capable de reconnaître la nécessité de moments dans la vie intime du Bien), indépendamment de la création, ce processus intemporel identique à l'absolu repos (Il *est* l'acte immobile de sa réflexion). Et Dieu se propose, quand Il crée, de faire imiter Sa geste éternelle par Ses créatures : Dieu fait accomplir, par la procession de Ses créatures, l'analogue fini de ce qu'Il accomplit en Lui-même, exprimant en Sa création, à partir d'un degré maximal fini de cette dernière, tous les degrés inférieurs de Sa communicabilité. Et c'est en quoi les créatures, quoique non nécessaires à la vie divine, conservent dans leur comportement naturel les exigences de cette loi de la communicabilité qui définit le Bien : *il n'est tel que comme engendrant, et ce qu'il engendre l'aime parce qu'il s'aime en son fruit*. Ayant librement décidé de créer, Dieu ne peut pas faire que les créatures ne se comportent pas selon la loi de Sa vie intestine. Dieu, en tant que bien commun extrinsèque, ne Se constitue pas Lui-même en posant Ses créatures, mais, les ayant posées, Il veut qu'elles se comportent comme s'Il se constituait en elles, et c'est cela qui fait qu'elles aiment le bien commun tel le meilleur de leur bien propre, tout entier quoique non totalement en ce dernier : un être ne peut aimer un bien tel le meilleur de ce qu'il peut aimer, et en lui étant rapporté, un tel être ne peut s'accomplir comme le moyen d'un autre, il ne peut se trouver en se donnant, que si, ce à quoi il se donne, se donne en retour à lui et se donne à lui-même en se donnant à ce à quoi il enjoint de se restituer à lui. Et parce que Dieu Se connaît et S'aime et se veut Lui-même, Ses créatures Le connaissent et Le veulent et L'aiment et ne parviennent adéquatement à se connaître, à s'aimer et à se vouloir elles-mêmes, qu'en Le connaissant, en L'aimant et en Le voulant. Si l'homme aime le bien commun comme se rapportant à lui, il trouve son bien dans l'acte de s'oublier, il s'affirme dans sa négation, en tant qu'il se fait affirmer par ce en quoi il se nie ; il faut bien qu'il soit définitionnel du bien de produire ceux qui l'appètent pour que ces derniers puissent s'affirmer dans leur négation, c'est-à-dire se nier dans ce qui les pose, s'accomplir en se sacrifiant. Au vrai, il est définitionnel du bien de se communiquer, mais il le fait souverainement en lui-même indépendamment de la création ; il reste que cette loi de la communicabilité du bien régit le comportement des créatures qui par définition imitent leur créateur : Dieu est l'Être même, elles L'imitent par le simple fait qu'elles sont, or cet Être est diffusif de soi, donc elles le sont autant que cela leur est possible ; mais surtout, en tant qu'effets contingents de cette essentielle communicabilité du Bien, elles se comportent comme si Dieu Se constituait en elles.

Si le Bien est diffusif de soi au titre de cause finale (le Bien attire tout à lui), et si l'on prétend qu'il ne l'est pas aussi au titre de cause efficiente, alors cette loi de communicabilité définitionnelle du Bien est brisée : *les créatures ne peuvent aimer comme leur meilleur bien ce à quoi elles sont rapportées que si ce à quoi elles sont rapportées a superlativement raison de leur essence, car c'est en tant qu'il est superlativement leur essence que le bien peut les affirmer par l'acte à raison duquel elles se sacrifient en et pour lui*. Dès lors, *si le désir qu'éprouve la créature pour le bien commun n'est pas le désir de soi du bien commun en elle*, si la transcendance du bien commun extrinsèque est exclusive de son immanence, si donc le bien commun est tel au titre de seule cause finale et non — en quelque sens que ce soit — au titre de cause efficiente, s'il attire tout à lui sans se vouloir dans ce qu'il attire, s'il est aimé sans vouloir être aimé, ou plutôt (car même ceux qui refusent le caractère diffusif de soi du Bien professent que Dieu veut être aimé) si l'amour que les inférieurs lui portent n'est pas enraciné dans l'amour qu'il leur porte et se porte à lui-même, *alors l'homme sera tel que, s'il aime Dieu plus que lui-même, ce ne sera pas par l'appétit à raison duquel son essence — qui est sa **raison** — se veut en lui* ; il en résultera que la plus haute puissance de l'homme sera sa volonté supposée excéder potentiellement, en perfection, les vertus de l'intellect. Et ce volontarisme est lui-même objectivement porteur de modernisme latent, comme on l'a vu à propos de l'évocation du scotisme. L'homme sera supposé doté d'un appétit naturel excédant les pouvoirs de sa raison naturelle, et la gratuité de la grâce en deviendra problématique.

C'est donc par l'intromission de la réflexion ontologique dans l'hylémorphisme qu'il est possible de maintenir toutes les exigences organiques du bien commun, ainsi toutes les exigences du politique, mais aussi celles du primat de l'intellect sur la volonté, sans verser dans le panthéisme. Si l'on se refuse à accepter cette intromission, on est contraint, pour préserver la transcendance du Créateur, de verser dans le surnaturalisme et/ou dans le volontarisme : pour l'ordre naturel, il y a primat du bien commun et de l'intellect, mais le rapport devrait s'inverser pour l'ordre surnaturel : primat du bien particulier et de la volonté ; il faudrait alors frustrer l'ordre naturel pour l'habiliter à recevoir la surnature.

En résumé :

Pour tendre vers un bien qui soit son meilleur bien *et* un bien auquel il est rapporté, un être doit se sacrifier, ainsi se nier, pour y être et s'y vouloir rapporté, mais tout autant il doit s'affirmer dans sa négation pour y tendre comme vers son bien le meilleur, ainsi comme vers ce qui l'accomplit. Pour s'affirmer dans sa négation, il doit tendre vers ce dont le propre est de l'affirmer, ainsi ce qui contient dans son essence cette vocation à l'affirmer. Mais un tel bien est alors tel qu'il est diffusif de soi au titre de cause efficiente, en ce sens que, s'il est diffusif de soi en tant que cause finale universelle aimée à raison d'elle-même, il est aussi diffusif de soi en tant qu'il est définitionnel de lui-même de se communiquer, et cela tend à faire considérer ce à quoi il se communique comme quelque chose qui lui est en dernier ressort nécessaire, par là consubstantiel. L'idée d'un bien commun immanent, tel le bien commun politique, ne pose pas de problème à la conscience du croyant, qui ne répugne pas à accepter que la cité est intrinsèquement dépendante de ceux qui s'inscrivent en elle et s'ordonnent en retour comme à leur fin à l'ordre qui la constitue. Mais si l'on ajoute — thèse indissociable de celle selon laquelle le bien a raison de cause finale et est aimé pour lui-même — que le bien est d'autant meilleur qu'il est plus commun, et que le bien absolument commun est Dieu, qui est séparé et créateur libre, alors la difficulté surgit, qui consiste dans le fait qu'un bien diffusif de soi au titre de cause efficiente semble se confondre avec ce bien des néo-platoniciens, ce Bien qui est l'Un, qui fait nécessairement émaner de soi ses effets et ne les crée pas, ce qui compromet en dernier lieu la transcendance de Dieu, la contingence de la créature, et la liberté du Créateur. La solution ici proposée consiste à radicaliser la portée du concept (lui-même néo-platonicien) de réflexion ontologique, à en faire la loi ontologique de l'Un lui-même par là identifié à l'Être, ce qui a pour conséquence que, la diffusibilité intrinsèque du Bien (convertible avec l'Être) étant tout entière assumée par lui en sa vie intestine, alors toute « *emanatio totius esse* » (*S. Théol.* I^a q. 45 a. 1), ainsi tout acte créateur, doit se révéler contingente.

Quand on tient à maintenir, à bon droit, que le bien est d'autant meilleur qu'il est plus commun, et que le bien absolument commun est Dieu créateur, on est spontanément porté, sans le recours au concept de réflexion ontologique, à nier que le bien commun soit diffusif de soi au titre de cause efficiente. On précise alors (tel Charles de Koninck), pieusement, que le bien est « *diffusivum sui* » et bien commun, seulement au sens où il a raison de cause finale, mais non au sens où il serait dans sa nature de se communiquer.

Pourtant, ce qui donne à un être de s'affirmer dans sa négation, ainsi de se faire affirmer par ce en quoi il se nie, c'est cette espèce de bien qui a pour lui raison de son essence, car son essence est en effet ce qui n'est que par lui (il en est l'individuation, elle n'a pas d'autre exister que celui de ce en quoi elle s'individue), lequel n'est que par elle : « *forma dat esse rei* ». Si donc l'on tient à ce que le bien absolument commun, qui est transcendant et divin, vérifie le réquisit de ce rôle assumé en chaque créature par l'essence de cette dernière ; pour que, en d'autres termes, Dieu soit superlativement l'essence de toute chose sans être aucunement substantiellement investi en aucune d'elles, il faut que l'essence de toute chose préexiste en Dieu et y exerce le rôle qu'elle exerce dans les créatures, à savoir celui d'un acte de réflexion : ce qui se fait affirmer par ce en quoi il se nie, c'est ce qui s'atteint réflexivement par la médiation de ce qu'il aime en lui étant rapporté, à savoir son essence qui, en retour, se fait aimer et affirmer par ce en quoi elle s'anticipe et qu'elle aime ou veut comme s'aimant ou se voulant elle-même en lui. En effet, si chaque essence préexiste en Dieu dans la forme d'une réflexion, alors l'être créé selon cette essence se comporte, nonobstant le caractère contingent de son existence individuelle, selon la loi de son essence et ainsi l'aime selon la dynamique à raison de laquelle elle s'aime en lui, se faisant le bien commun de tous les individus de son espèce. Et, en dernier lieu, pour que les essences préexistent en Dieu dans la forme d'identités à soi réflexives non ablatives de l'absolue simplicité de l'essence divine, il faut et il suffit que cette dernière soit elle-même une identité à soi réflexive dont les essences finies sont les moments hiérarchisés.

La restriction, opérée par les philosophes du bien commun d'obédience strictement thomiste, consistant à ne comprendre sa diffusibilité qu'au sens de cause finale et non à celui de cause efficiente, a pour conséquence de rendre problématique l'existence du désir naturel de Dieu : on a vu plus haut qu'il est dans la logique d'une telle position de soutenir la thèse du primat, pour l'ordre naturel, du bien commun et de l'intellect, mais de soutenir tout autant que le rapport devrait s'inverser en ce qui concerne l'ordre surnaturel qui exigerait un primat du bien particulier (le salut individuel) et de la volonté (soutenue par la charité) ; il faudrait alors rendre à jamais inachevée la vocation politique de l'homme afin de donner à ce dernier la latitude requise pour qu'il se dégage de l'hégémonie totalitaire du bien commun politique en vue du souverain bien ; il faudrait donc frustrer l'ordre naturel pour l'habiliter à recevoir la surnature, et c'est bien ce qui se produit dans l'hypothèse d'une double fin (naturelle et surnaturelle), ou de la réduction du désir naturel de Dieu à une puissance obédientielle : le service de la fin surnaturelle transcendante ne peut s'exercer, dans ce contexte, que sur le principe d'une frustration du service de la fin naturelle mondaine, de sorte que c'est par la volonté seule, contre le vœu de la raison naturelle, que la créature est invitée à dépasser le bien terrestre.

CONCLUSION

Si le vrai christianisme est le catholicisme intègre, débarrassé de ses maladies moderniste *et* surnaturaliste ; si la forme politique induite par ces libérations n'est autre que le fascisme par là reconnu en sa vérité de pensée traditionnelle devenue consciente de soi et incarnant la vraie droite, en retour seule la dimension catholique du fascisme est à même de le maintenir en une telle vérité. Que seul le catholique — parce que la foi relève du surnaturel et que le surnaturel ne saurait se déduire du naturel — soit capable d'en prendre conscience ne l'empêche pas d'avoir raison. Le païen, ou celui qui se dit tel, peut néanmoins entrevoir, de diverses façons, une telle nécessité de la religion catholique pour que l'homme ne trahisse pas sa propre humanité, aussi bien en tant qu'individu qu'en tant que peuple. D'abord, il est clair que l'homme est incapable (le catholique sait que tel est l'effet du péché originel) de se conformer à l'ordre naturel lui-même sans l'aide surnaturelle, comme le prouve la chute de l'Empire romain : Jean Dumont (*L'Église au risque de l'Histoire*, Criterion, 1982, p. 15 et suiv.) rappelle que les invasions barbares ont pénétré l'Empire romain d'abord et le plus facilement dans ses régions non christianisées, et que l'empire de Byzance dura mille ans de plus que l'Empire d'Occident, précisément parce qu'il était chrétien. Il rappelle aussi que pour Julien l'Apostat, revenu au paganisme de 361 à 363, il était nécessaire pour sauver Rome de transporter dans le paganisme les vertus morales du christianisme ; le drame du destin de Julien, c'est de n'avoir pas compris qu'on pouvait parvenir à un résultat intégrant ses propres vœux et autrement plus fécond que les siens, qui n'était autre que le projet chrétien lui-même : transporter dans le christianisme les vertus intellectuelles et morales du meilleur du paganisme, et c'est bien ce que fit l'Église catholique génératrice de l'Occident médiéval et moderne. Saint Augustin, au livre V de *La Cité de Dieu*, en appelle au témoignage du païen Salluste pour montrer que l'Empire romain ne doit pas son écroulement au christianisme, et que Salluste tenait Rome pour ruinée par ses vices, ce qui évidemment ne saurait être imputé au christianisme, qui n'était pas né. Et même un René Guénon, pourtant fort prisé dans les milieux — entichés d'ésotérisme — de supposée droite non catholique, fut bien contraint de confesser que le paganisme, ployant sous le poids de ses vices, était exténué quand survint le christianisme. Surtout, et dans une perspective plus conceptuelle, par là plus universelle et nécessaire, il faut se souvenir que le Politique est cette instance humaine qui se subordonne les personnes en vue d'un bien commun qu'elles aiment en tant qu'elles lui sont rapportées. Mais ce qui a raison de fin a aussi nécessairement raison de fondement, car la fin n'est ultime en exécution que parce qu'elle est première en intention, de sorte que ce qui se subordonne les biens particuliers a raison de fondement premier pour ces derniers. Il en résulte que le bien commun serait le souverain bien, ainsi serait absolument divin, cause première et fin dernière, si la cité était raison suffisante des individus qui s'inscrivent en elle. Si donc l'on ne reconnaît pas à la religion le statut de vérité du Politique, c'est-à-dire la nécessité d'un changement de sphère par lequel le Politique réalise au-delà de lui-même les vœux dont il est porteur, force est d'absolutiser la cité, de la déifier, mais cela revient — parce qu'elle n'a d'existence que par ceux qui la font être en s'unissant en elle — à absolutiser l'individu qui, à ce titre, tendra à se subordonner ses semblables pourtant habités par les mêmes prétentions que lui, et la cité en viendra à se défaire. Sans la religion, la cité dépérit ; et la seule religion qui mérite d'être tenue pour telle, comme instance capable de relier (« religion » dit bien « *religare* ») le contingent à l'absolu, est cette religion dans laquelle l'absolu se fait lui-même religion. Or tel est le christianisme.

À égale distance de la droite naturaliste et anticatholique, et du catholicisme surnaturaliste, la « contre-révolution révolutionnaire » est bien l'expression, pour notre temps, d'une théorisation cohérente des exigences de salut éternel de nos âmes, mais aussi temporel de nos peuples.

ANNEXE I

À propos d'un livre de l'abbé de Tanoüarn, et de la crise de la Fraternité sacerdotale Saint-Pie-X

Le travail qui suit fut rédigé en 2014, à la suite de la publication d'un ouvrage de Monsieur l'abbé de Tanoüarn. Il ne nous fut pas donné de le publier à l'époque, et il nous a paru opportun de le présenter au public aujourd'hui afin de préciser les enjeux des questions qui ont été traitées dans le présent ouvrage. L'abbé de Tanoüarn nous fit un jour observer — ce qui d'une certaine façon nous honore — que notre point de vue sur la question du rationalisme néo-thomiste ne pouvait pas trouver d'opposition plus radicale que la sienne. Il nous a semblé, en exposant sa position à nos yeux éminemment contestable mais intelligemment développée par lui, accompagnée de notre réfutation, que nous donnerions là, au lecteur, un moyen supplémentaire d'apprécier de manière critique le bien-fondé de notre propre position : aider à mieux circonscrire ce que nous pensons en en exposant l'antithèse.

Dans *Une histoire du Mal* (Via Romana, 2013), l'abbé Guillaume de Tanoüarn, brillant cajétanien et pascalien impénitent, ecclésiastique formé dans le giron lefebvriste et objectivement rallié à la cause moderniste, part en guerre contre le rationalisme néo-thomiste (qu'il oppose à la sagesse thomasienne), et plus particulièrement contre le « principe de raison suffisante » en le pouvoir de séduction duquel il ne discerne pas moins que l'œuvre de l'antique Serpent tentateur et le constitutif formel du péché originel. Il s'oppose clairement sur ce point à l'enseignement de Pie XII : « Cette philosophie reconnue et reçue dans l'Église défend, seule, l'authentique et juste valeur de la connaissance humaine, les principes inébranlables de la métaphysique, à savoir de **raison suffisante**, de causalité et de finalité, la poursuite enfin, effective, de toute vérité certaine et immuable » (*Humani Generis*).

La haine de la raison

« Le Bien ne se donne pas à notre raison, il se donne à notre foi » (p. 209). « (...) l'on peut parler du rationalisme, ce défaut dans l'exercice de l'acte de connaître, comme d'un péché, comme d'un mal, comme du mal peut-être : le mal originel, celui qui est lié à l'arbre de la connaissance » (p. 205). Le rationalisme ici anathématisé n'est pas seulement cette orgueilleuse prétention des pouvoirs de la raison humaine s'intronisant mesure et juge de recevabilité des données de la foi ; il s'agit de cette tendance intellectualiste inaugurée par la Scolastique du XIIIe siècle, et singulièrement celle du Docteur angélique, tendance légitimement accusée par ses successeurs dans l'École au cours des siècles, au rebours des augustinisants toujours plus ou moins fidéistes et surnaturalistes, mais aussi volontaristes, en le sillage desquels se situe complaisamment notre théologien pourfendeur de syllogismes au profit de la suavité sainte de l'amour et de la confiance parieuse, contre la virilité de l'intellect et pour le primat de l'intuition féminine, contre l'esprit de géométrie au profit de l'esprit de finesse : « Deux espèces d'hommes, dirait peut-être Pascal, et deux seulement : les rationalistes et les parieurs » (p. 27). Si Dieu n'existe pas, tout est permis, et aucun catholique ne contestera cette assertion dostoïevskienne ; car, comme le rappelle Tanoüarn, « alors il n'y a plus ni principe ni fin ni rien. Ou plutôt : il n'y a plus que **cette toute petite chose à la surface de nous-mêmes**, la raison qui est comme un rien face à l'écrasante prégnance de l'Enjeu : le bien possible » (p. 65). « La grandeur de l'homme ce n'est pas, dans l'ordre pratique, de suivre sa raison dans tous ses calculs, c'est d'être capable de poser le bien au-dessus de ses calculs et d'y adhérer par la foi. C'est par l'intelligence que donne la foi qu'un homme est vraiment grand, non par le calcul de sa raison. Le péché originel est cette épreuve décisive, que nous vivons tous et chacun,

ANNEXE I

au sein de laquelle nous devons choisir entre "la connaissance [rationnelle] du bien et du mal" et la foi dans le bien. La connaissance rationnelle met le bien à la disposition de l'homme à travers ses différentes manières de le calculer. La foi met l'homme à la disposition du bien (…) » (p. 65-66). « C'est dans et par la connaissance que Dieu nous donne de lui-même, c'est dans la foi en sa Parole que nous apprenons à faire le bien avec efficacité et vérité. Et si, comme Ève, nous mettons cette parole en doute, si nous préférons nos propres démonstrations pratiques aux ordres du Seigneur, alors le péché est là, avec l'endurcissement du cœur qu'il produit et la divinisation du Moi qu'il justifie. Le Serpent n'avait-il pas dit à Ève : "vous serez comme des Elohim" ? » (p. 68). « L'homme n'a pas daigné manger de l'arbre de vie. Il a voulu s'auto-suffire en accédant à la connaissance rationnelle du bien et du mal. Il a refusé cette foi dans le bien qui lui était demandée. Sans foi, réduit à sa raison, il est désormais condamné à éprouver sa mortalité. Ce n'est pas par la connaissance ni par la science qu'il pourra la dépasser ou la changer, la science ne change rien, elle ne fait que découvrir l'identité des choses. C'est par la foi, par la liberté, par l'amour, c'est par l'acceptation de la volonté de Dieu, c'est par le cœur que tout pourra encore changer » (p. 69). Le péché originel « consiste en la volonté de savoir rationnellement quel est le bien et quel est le mal en refusant et la foi dans le bien et la crainte du mal » (p. 77). « Le péché d'Adam et d'Ève avait été justement de vouloir tout connaître et comprendre Dieu même. Il faut accepter de ne pas le comprendre, tel est le dernier mot du livre de Job. Il faut accepter que l'espérance — éperdue — que nourrit la foi, vienne prendre le relais d'un savoir impossible » (p. 14). « L'homme ne veut pas se contenter de l'évidence, que lui donne sa lumière naturelle, avec une forme de sagesse. Il voudrait une connaissance rationnelle du bien et du mal. Il voudrait une connaissance qui égale l'Infini du bien et qui puisse mettre en balance le bien, de manière purement rationnelle, avec le choix du mal. Cette connaissance rationnelle, cette connaissance "à égalité" qui objective absolument le bien et le mal, seul Dieu la possède » (p. 206). « Quant à nous, d'une part nous aimons le bien et nous parions pour le bien. D'autre part, nous craignons le mal et nous nous éloignons d'instinct de ses réalisations diverses. Nous sommes dans l'amour et dans la foi vis-à-vis du bien. Nous sommes dans la crainte vis-à-vis du mal. Mais nous ne sommes pas dans la connaissance rigoureuse, expérimentale ou scientifique du mal ou du bien... sinon nous serions Dieu ! » (p. 207). « Le travail de l'Esprit-Saint en nous ne consiste pas à nous donner des raisons, comme si nous pouvions les peser nous-mêmes. L'Esprit-Saint développe en notre esprit ce que saint Thomas appelle un *instinctus*, une sorte de "tact", un sens de la vie qui nous fait tout comprendre — et d'abord notre propre vie — dans la lumière du Bien. Sommes-nous sûrs à cent pour cent du bien que nous avons à faire ? Sommes-nous toujours sûrs d'avoir trouvé la volonté de Dieu et de faire route avec lui ? Non : il faut parier ! » (p. 208-209). « Comment l'homme peut-il accéder à l'Infini ? Il doit montrer qu'à un moment il est capable de renoncer au fini, dans un acte de confiance absolue, indissoluble expression de la foi et de l'amour, engendré en lui par cet appel efficace qu'est la grâce sanctifiante » (p. 222). « Nous avons essayé de montrer que le rationalisme, la réduction de toute intelligence à la raison raisonnante, est la source cachée du péché originel, quelque chose comme l'arbre de la connaissance du bien et du mal » (p. 255). « Le mal véritable possède quelque chose de surnaturel. Il met en cause Dieu lui-même, avec une violence redoutable. Les philosophes disent que le mal est une absence. Ils ont tort de s'en tenir à cette phénoménologie transcendantale » (p. 15) ; Paul comprend que le péché originel et aussi son péché personnel « ont un rôle dans sa sanctification. C'est ce que j'appelle le caractère surnaturel du mal » (*id.*). « (...) le mal n'en est pas un lorsque Dieu s'en saisit et le fait servir au bien » (p. 16). « Nous avons peur du péché et c'est à tort : sans le péché il n'y aurait pas l'humilité et sans l'humilité, c'est-à-dire la remise de soi à Dieu, il n'y aurait pas de divinisation » (*id.*).

ANNEXE I

Au terme de la lecture de ces morceaux de bravoure tumultueux à valeur aussi comminatoire qu'édifiante, il est aisé de comprendre que notre auteur, enfant chéri des catholiques de Tradition lévogyres, ne tient pas la raison naturelle en grande estime. La raison naturelle est si insignifiante qu'il lui est refusé (comme pour Cajetan qui, lui, croyait par cet interdit préserver la gratuité de la grâce), même non blessée, d'être habitée par un désir naturel de Dieu (p. 111). Et c'est sur ces présupposés anti-intellectualistes (sous couvert d'antirationalisme) que l'abbé de Tanoüarn aborde la question du péché : « il fallait la crise [la chute d'Adam] pour provoquer la métamorphose. Il fallait le péché, non pas pour que l'homme découvre toutes les dimensions de sa nature et s'épanouisse en elle, mais pour qu'en quelque sorte il la **quitte** et se laisse diviniser. En ce sens, oui, le péché est surnaturel : il nous conduit à quitter notre vie pour en recevoir une autre : "Nul, s'il ne naît de nouveau, ne peut entrer dans le Royaume des cieux" (Jn III, 3) » (p. 12) ; en exergue à son ouvrage : « Le mal est à l'amour ce que le mystère est à l'intelligence : il le rend surnaturel » (p. 9, citation de Simone Weil). Et ainsi : « Sans l'épreuve du péché, sans la conscience que nous en prenons, nous n'aurions pas l'humilité nécessaire pour nous fondre dans le Brasier divin » (p. 12). Les néo-thomistes (tous rationalistes infernaux) ne voudraient pas, selon notre auteur, entendre parler du péché originel (p. 233). Et bien entendu il existerait chez Maxime le Confesseur (*Lettres à Thalassios*) une espèce d'affinité perverse entre les relents gnostiques (rationalistes) charriés par sa condamnation du sexe intrinsèquement pervers et son affirmation de l'existence d'un désir naturel de voir Dieu (p. 240). Il faut bien avouer que, sous ce rapport, saint Thomas aura bien du mal à échapper à la vindicte cajétano-tanoüardienne : « *omnis intellectus naturaliter desiderat divinae essentiae visionem* » (*CG*[1] III 57 4)[2]. S'il faut quitter sa nature pour accéder à la vie de la grâce, comment peut-on

---

[1] *Somme contre les Gentils*
[2] Tout intellect désire naturellement la vision de l'essence divine.

encore affirmer que « *gratia non tollit naturam sed perficit* » ? Comment la nature peut-elle être le sujet de la grâce si elle doit se renier — en particulier en tant qu'elle est raison — pour accueillir la grâce ? Cette haine de la raison, poussée à l'incandescence et définitionnelle du surnaturalisme le plus radical, se manifeste aussi, chez l'historien de Cajetan, dans sa radicalisation (cajétanienne) de la doctrine thomiste de l'analogie : « Parce que nous n'avons pas de définition du concept analogique, non seulement il est ouvert à l'infini — on peut donc l'attribuer à l'infini sans risque d'anthropomorphisme — mais encore, d'une certaine façon, puisqu'il s'identifie à son maximum comme le supposait déjà Aristote, alors il faut dire que ce concept analogique du bien, ce concept sans identité et tout en ressemblances s'identifie à l'Infini. Il est l'Infini » (p. 266). Aussi convient-il de parler non de bonté infinie, mais d'Infini bon (l'infini étant une notion négative : ce dont on ne sait rien sinon qu'il n'est pas ce fini que l'on connaît), l'infini est bon d'une bonté dont on n'a pas idée, l'Infini est la semblance de toutes les ressemblances finies du bien.[3] L'« *alietas* » est cette altérité cajétanienne fondamentale

---

[3] Il faut avouer que même saint Thomas prête parfois et en partie le flanc à une telle compréhension de l'analogie. Dans la *Somme théologique* (Iᵃ q. 14 a. 10), il fait observer qu'on ne connaît les formes simples et indivisibles que par privation de la division, car elles ne sont pas en acte dans notre intelligence mais seulement en puissance, et que si elles étaient en acte en nous on ne les connaîtrait pas par le détour de la privation. Nous ajouterons quant à nous, selon une leçon de Platon dont au reste se souvient saint Thomas dans la « *quarta via* », que, si nous n'avions aucune idée de l'infini positif et de la perfection, il ne nous serait même pas possible d'identifier le fini et l'imparfait comme tels. On a donc une espèce de précognition de l'infini et du parfait. De plus, on ne connaît les maux qui sont privations du bien que par le bien (saint Thomas l'enseigne explicitement), mais toute limitation n'est pas privation (autrement tout ce qui est autre que Dieu serait intrinsèquement mauvais) et, en ce qui concerne les limitations non peccamineuses, si une limitation n'a d'être que par l'être dont elle est la limitation ou négation, c'est parce que l'être *se* nie en elle, la faisant être en

impossible à réduire à l'identité rationnelle quand il s'agit de termes analogues (être, vrai, bien) ; elle oblige à déclarer que la perception d'une ressemblance non conceptualisable entre des situations, des êtres et des choses, relève au fond de l'intuition et non de la raison (p. 263). « Cajetan a conçu tout cela (...) à travers l'intuition évidente d'une subjectivité infinie, qui est identiquement la mesure de l'être et la Toute puissance de Dieu dans son être-sujet au-delà de tout étant » (p. 266). Parce que le cajétanisme se veut « personnalisme intégral », il doit se définir telle la synthèse de la pensée antique et médiévale contractée dans l'œuvre de l'Aquinate, et d'une anthropologie du « mystère de la personne, dans sa réalisation existentielle encore inachevée » (p. 219). Aussi : « Principe régulateur, la nature humaine n'existe pas par elle-même. Cela nous renvoie à la différence réelle de l'essence et de l'existence. Ceux qui ont tenté de théoriser une "espèce humaine" se sont largement égarés » (p. 220), et l'abbé de Tanoüarn de renvoyer au *De dignitate hominis* de Pic de la Mirandole, matrice de l'existentialisme. Tout relève de l'analogie : « homme » ne saurait désigner une essence intemporelle et immuable, à la fois cause efficiente (en tant que nature), cause formelle et finalité de l'existant humain concret en lequel elle s'individue ; « homme » n'est qu'un terme analogue signifiant que l'humanité de Pierre est à Pierre ce que l'humanité de Paul est à Paul, à savoir quelque chose d'infiniment différent. Une telle nature humaine n'a plus rien de normatif. Ce qui définit chaque homme est son « *alietas* » (quelle différence avec l'haeccéité scotiste ?), sa singularité même et, en elle, sa liberté et son amour, sa capacité de « parier », de se faire en se déterminant : « *natura humana est mutabilis* » (*S. Théol.* II^a II^{ae} q. 57

---

s'y niant ou limitant, cependant que, pour maîtriser son pouvoir « limitateur », il doit être capable de se maintenir en sa perfection et infinité dans l'acte où il assume la négation de lui-même, de sorte qu'il doit être intemporellement victoire sur les limitations qu'il assume et qu'il peut librement faire être *ad extra*, comme déconnectées de sa réflexion infinie, en tant que créatures.

a. 2), dit saint Thomas ; mais là où ce dernier n'entendait signifier autre chose que le fait que la volonté humaine peut dévier, notre cajétano-pascalien (p. 120), se réjouissant de cette formule si thomasienne et si pascalienne tout en étant si peu thomiste (rationaliste...), tire saint Thomas dans le sens relativiste et culturaliste de Pascal : « vérité en deçà des Pyrénées, erreur au-delà ». Il eût pu ajouter, s'il avait osé : « Les pères craignent que l'amour naturel des enfants ne s'efface. Quelle est donc cette nature, sujette à être effacée ? La coutume est une seconde nature, qui détruit la première. Mais qu'est-ce que nature ? Pourquoi la coutume n'est-elle pas naturelle ? J'ai grand peur que cette nature ne soit elle-même qu'une première coutume, comme la coutume est une seconde nature » (Pascal, *Pensées*, posth, 1669, section II, 93, édition Brunschvicg, p. 372). Notre auteur en oublie que la nature humaine est plus intérieure à la personne que la personne ne l'est à elle-même, en tant que la personne est individuation de la nature ; mais accepte-t-il seulement la thèse thomiste (et thomasienne) de l'individuation de la forme par la matière ?

La nature du péché originel

Pour Guillaume de Tanoüarn, seule la grâce ou la foi accomplissent l'homme en tant qu'homme ; sa nature purement naturelle (l'homme « *in puris naturalibus* ») est au fond bien imparfaite, grevée de pesanteurs, au point que, selon notre philosophe, l'état post-lapsaire ne serait guère différent de l'état de pure nature non peccamineux : « La nature après le péché c'est une nature sans les dons préternaturels qui l'équilibraient, **mais non une nature tarée en elle-même ou marquée de je ne sais quelle tache**. Cajetan nous explique que l'homme de la pure nature serait comme nu, mais sans le savoir, en toute innocence. Quant à l'homme réel, après le péché originel, il est dans la même nudité, mais lui se sent comme dénudé ou déshabillé (*expoliatus*). Il sait qu'il lui manque quelque chose. Il garde — en creux dans une étrange mémoire de l'espèce — la trace des dons de Dieu » (p. 100-101). À moins de laisser entendre (ce qui serait évidemment hérétique) que la nature post-lapsaire ne serait aucunement, dans son ordre propre, sinon tarée, à toute le moins blessée, il faut comprendre que cette nature pure non peccamineuse ne vaut pas grand-chose en tant que telle (et avec elle, évidemment, la raison naturelle). La raison naturelle ne sert, comme on l'a vu, qu'à saisir l'identité des choses, ainsi à nous faire prendre conscience de notre misère, de notre finitude, de notre foncière incomplétude, afin de préparer cet acte de foi naturel ou surnaturel, cet acte de confiance, ce pari en lequel seul se risque le tout de l'homme, son « cœur ». Il n'y a pas de souci métaphysique naturel (recherche spéculative des causes premières) chez l'homme si ce dernier, même non encore pécheur, n'est réveillé de sa torpeur mondaine par quelque intervention divine surnaturelle. C'en est au point qu'on en vient à se demander si, pour l'abbé de Tanoüarn, il est permis à Dieu de créer un être spirituel sans la grâce. Au rebours des intentions de Cajetan sur le même sujet, c'est pour épouser, semble-t-il, les conclusions du Père de Lubac (judéophile et moderniste) que notre théologien amateur de paradoxes part d'une anthropologie opposée à celle de celui-là. L'état naturel de l'homme « *in puris naturalibus* », c'est pour notre auteur, on l'a vu, celui que nous nommons habituellement l'état de l'homme déchu, lequel ne peut être sauvé sans la grâce ; qu'est-ce à dire, de manière implicite, sinon que la nature n'est pas possible sans la grâce ? D'où les affinités électives cultivées par notre auteur entre lui et Jean-Paul II ou François le Romain objectivement hérétiques en tant que personnalistes et modernistes notoires. Parce que la raison est débile naturellement, c'est la plasticité ou l'indifférencié de la volonté qui habiliterait cette dernière à l'emporter sur la raison, en tant qu'elle serait plus apte, en vertu de cette indétermination même (qui l'habilite à s'autodéterminer), à se faire transfigurer par la grâce : ainsi s'agit-il pour l'homme, dans une perspective typiquement surnaturaliste (l'intromission de la surnature aurait pour condition une déconstruction de la nature, une frustration obligée de cette dernière), de renoncer à sa nature pour que Dieu lui en donne une autre, surnaturelle ; et la « grâce » du péché consisterait en ce que ce dernier est doté de la vertu de faire dégénérer la nature, de la faire renoncer à elle-même malgré elle... Qu'on relise les citations évoquées ici plus haut, c'est bien ce qu'elles invitent à penser quand on les rapproche les unes des autres. Et bien entendu, puisque la raison nous rive à notre finitude, c'est qu'elle ne comprend vraiment rien ; elle ne peut au fond qu'errer, telle une « *Teufelsbraut* », aussitôt qu'elle s'occupe d'autre chose que des questions alimentaires ; la volonté éclairée par la charité, ou le « cœur », sait mieux que la raison ce que c'est que de connaître ; ce sont la tendance vers le Bien et le Vrai (en tant qu'il est un certain bien), et le consentement de la volonté à cette tendance, qui les font connaître, et non la raison qui doit se limiter à ce qu'elle sait faire (s'attacher à la quiddité du sensible, comme si l'objet propre de l'intelligence humaine était son objet adéquat, lequel est en vérité l'être en tant qu'être). Et tout n'est jamais qu'affaire de liberté qui sait parier par-delà toute raison. Par un goût du paradoxe qui confine à la dilection pour le scandale, notre abbé, emporté par sa haine des prétentions de la raison, en vient à nier que le mal soit du mal pourvu qu'il serve aux intérêts de Dieu ; « *malum est faciendum* » pourvu que Dieu le veuille, et surtout si cela offense la raison contre laquelle aucune violence n'est assez dure ; le mal est surnaturel. L'orthodoxie catholique se contentait d'enseigner que Dieu permet le mal, en tant qu'Il peut en tirer un bien plus grand ; mais cela ne justifie jamais le mal qui reste du mal « *vitandum* ». Tant il est vrai que les contraires s'appellent dialectiquement : l'abbé de Tanoüarn, champion de la liberté contre l'orgueilleuse raison, ainsi propugnateur supposé du gnosticisme sous toutes ses formes, en vient à insinuer que le mal serait nécessaire au bien (thèse relevant du dualisme gnostique) ; autant aller jusqu'au bout et soutenir explicitement la thèse origénienne de l'apocatastase, afin de dissiper tout reliquat de différend entre lui et Jean-Paul II ; notre abbé, il est vrai, ne va pas jusque-là, refusant sans équivoque la position hérétique de Hans Urs von

ANNEXE I

Balthasar. Le mal, en vérité, n'a de raison d'être que par accident, et c'est pourquoi il nous paraît bien téméraire de rejeter avec autant de dédain le Motif scotiste de l'Incarnation (p. 26) ; faisant de Notre Seigneur Jésus-Christ la fin de l'univers créé (ce qui plaide en faveur du théocentrisme et non en faveur de l'anthropocentrisme personnaliste), « Duns Scot ôte au péché toute nécessité, il en fait une réalité purement contingente, seconde et finalement secondaire, qui aurait pu ne pas avoir lieu, sans que, pour autant, le plan de Dieu ne s'en trouvât changé ». Notons au passage que, dans le *Compendium* (mais non certes dans la *Somme théologique*), l'Aquinate fait place à la thèse théocentriste de l'Incarnation : « *Perficitur etiam per hoc quodammodo totius operis divini universitas, dum homo, qui est ultimo creatus, circulo quodam in suum redit principium, ipsi rerum principio per opus incarnationis unitus* »[4] (chapitre 201).

Nous n'insisterons pas sur la judéophilie bien conventionnelle et peut-être non désintéressée de notre cher Guillaume, révélée dans le couplet désormais obligé (cf. l'évocation des tsimsoumim kabbalistiques et du « silence de Dieu à Auschwitz », p. 27), pour qui aspire à se faire publier, de la Shoah et de Hitler le monstre (nous ne savions pourtant pas que ce dernier eût jamais été un néo-thomiste rationaliste, encore que nous reconnaissons qu'il eût été dans sa vocation de l'être). Nous passerons aussi sans commentaire sur cette idée curieuse et bien peu orthodoxe selon laquelle Adam avant la Chute aurait en quelque sorte déjà péché (p. 54) : recevant l'ordre de manger de tous les arbres du Jardin, Adam aurait négligé de goûter à l'arbre de Vie placé au milieu de l'enclos, par une espèce de négligence coupable, ce qui revient à suggérer que l'homme de l'état supra-lapsaire n'était pas parfaitement homme précisément parce qu'il n'avait pas encore péché, et que ce mal à caractère surnaturel était la condition obligée de la

---

[4] Par là aussi s'achève, d'une certaine façon, l'universalité de l'œuvre divine, puisque l'homme, qui avait été créé le dernier, revient comme par un mouvement circulaire vers son principe, en tant qu'uni par l'Incarnation au Principe même des choses.

révélation à elle-même de la profondeur insondable de la liberté humaine... Nous reviendrons plus bas sur l'inspiratrice (Mère Myriam) de cette singulière lecture de la Genèse.

Les mérites de Monsieur l'abbé de Tanoüarn sont analogues (hé oui...), toutes proportions gardées, à ceux de Jean-Jacques Rousseau : outre une érudition passionnante et une élégance stylistique certaine, une aptitude à aller jusqu'au bout de la logique induite par ses postulats plus ou moins avoués, de ses préférences subjectives ; en en dévoilant les conséquences, il nous en révèle par là la vraie valeur. Nous ne doutons pas de ce qu'il peut y avoir d'éclairant, sur le plan psychologique, dans certaines des analyses de notre auteur. Mais il en vient à faire d'expériences ou de « vécus » psychologiques la matière de son raisonnement, ainsi de son argumentation à prétention et à portée théologique et philosophique. Et c'est là au fond que le bât blesse. Autre chose est de décrire la manière dont sont vécus par une âme, subjectivement, les moments de sa conversion, les sentiments qu'elle éprouve, autre chose sont les principes ontologiques qui président aux opérations qu'elle accomplit objectivement.

Si vraiment il n'existe que des rationalistes et des parieurs, nous sommes quant à nous indubitablement du côté des rationalistes. Et un catholique, selon nous, ne pariera certainement pas sur le cheval théologique de Guillaume de Tanoüarn. Mais il lui sera reconnaissant d'avoir été invité, par ce dernier, à prendre part à une aussi provocante, ainsi aussi stimulante réflexion. Il illustre avec brio, mais bien malgré lui, que toute complaisance passionnelle dans l'acte d'humilier la raison est la caution sournoise d'une exaltation orgueilleuse de la liberté.

Le principe de raison suffisante

Nous étions parti du principe de raison suffisante. Ce dernier n'est pas, nous en convenons, strictement thomiste. Mais il est requis, comme l'ont établi les cheminements cahoteux de la spéculation thomiste pendant plusieurs siècles, par la logique même de la doctrine thomasienne de la causalité. « Le camus est nez » est un jugement analytique, réductible au principe de contradiction ; il en est de même pour le principe « l'être causé est contingent ». Mais « le nez est camus » (jugement « *per se secundo modo* », comme disent les philosophes) n'est nullement analytique : il n'est pas contradictoire d'être nez non camus ; et il en est de même pour le jugement « l'être contingent est causé » : il n'est pas contradictoire d'être contingent sans être causé. Et parce que toutes les preuves *a posteriori* de Dieu (la preuve ontologique étant écartée par l'École, encore qu'il y aurait beaucoup à dire sur les similitudes entre la preuve ontologique et la « *quarta via* ») sont fondées sur le principe de causalité, on peut se demander si ces dernières sont, en l'état, encore vraiment démonstratives au regard de la simple raison. Saint Thomas, il est vrai, tente d'écarter la difficulté (*S. Théol.* I^a q. 44 a. 1) : le rapport de l'effet à la cause n'entre pas dans la définition de l'être causé, mais ce rapport est une conséquence nécessaire de sa nature car, dès qu'un être est dit par participation (et il peut être dit tel en tant que l'on se place du point de vue de l'origine de l'être causé), il s'ensuit qu'il est causé par un autre. Un tel être ne peut exister qu'il ne soit causé, comme l'homme ne peut exister sans avoir la faculté de rire : ce n'est pas le prédicat qui est inclus dans le sujet, c'est le sujet qui est inclus dans le prédicat, à titre même de sujet, à la manière dont la notion de nez est incluse dans la notion de camus ; de même que le rire est le propre de l'homme, de même le fait d'être causé est le propre de l'être contingent. Raisonnement fautif selon nous, qui ne voit pas que le fait de se placer du point de vue de l'origine de l'être contingent revient à présupposer qu'il est causé, de sorte qu'on ne saurait sans pétition de principe, pour prouver que le fait d'être contingent est causé, se placer du point de vue de son origine. C'est seulement s'il est établi que tout a une raison d'être, que rien n'est sans raison d'être, qu'il est définitionnel de l'être en tant qu'être d'avoir une raison d'être, que par là la raison d'être et l'être sont convertibles (tout être, en tant qu'être, est cause, et tout ce qui n'est pas pour soi-même sa raison suffisante en requiert une qui est sa cause), qu'il est permis de conclure de l'existence du fini (le contingent) à celle du nécessaire (l'infini de perfection). Mais déclarer que tout a une raison d'être, c'est reconnaître que le fait de ce qui est, même saisi dans la clarté de l'évidence, ne saurait satisfaire naturellement la raison dont le propre, dans cette perspective, est de rendre raison. Il appert alors que si l'*esse* est bien l'acte de l'essence, en retour l'essence est raison d'être de l'*esse* qui, en tant qu'acte de l'essence, est en demeure de se faire positionnel de cette essence en laquelle il s'anticipe pour se faire provenir d'elle comme de sa raison : l'être a toujours la forme, en tant qu'être, d'une identité à soi réflexive qui est identiquement celle d'une rationalité absolue (poser ce que l'on présuppose) et d'un cogito (paradigme de l'intuition). Ce qui revient à dire, dans cette perspective, qu'il est vain d'opposer la discursivité à l'intuition, parce que, absolutisées, elles disent la même chose ; de plus, si le souci de rendre raison, inviscéré dans l'intellect, est bien en lui le reflet d'une loi de l'être en tant qu'être, alors il devient problématique de dénoncer une prétention orgueilleuse, peccamineuse et non naturelle, dans ce souci de rendre raison de ce que donne l'intuition. **Le péché d'Adam ne peut pas avoir été celui du désir, en tant que tel, de connaître la différence du bien et du mal.**

On dira que ce « principe de raison », avec les thèses qui en sont solidaires, n'est pas dans l'œuvre de l'Aquinate. Il n'y est pas de manière explicite, soit. Mais il y est quand même en puissance, en tant qu'appelé par elle : sans le principe de raison, le principe de causalité est inopérant, comme on l'a vu ; et sans le principe de causalité, la doctrine de la participation l'est aussi (ce qui est par participation n'est pas par soi, certes, mais déclarer qu'il est nécessairement par un autre du fait qu'il n'est pas par soi et que cet autre ne peut pas ne pas être du simple fait qu'il existe du contingent, c'est encore présupposer le principe de causalité, loin de le fonder) ; de plus, sans la doctrine de la participation, l'analogie est inopérante : selon *l'analogie d'attribution*, « sage » se dit de Dieu et de l'homme en tant que Dieu est cause de la sagesse de l'homme, mais l'analogie d'attribution est extrinsèque (il n'est pas établi par là que l'effet serait un participant et que la cause serait un participé ; encore faut-il établir, pour cela, que la cause contient superlativement son effet, et qu'elle rend raison de la différence de la cause et de l'effet, ce qui suppose que soit dévoilée la condition à raison de laquelle la cause peut contenir ce dont elle se différencie, et cela exige en dernier ressort que la cause ne soit identique à soi, comme cause différente de son effet, qu'en tant qu'elle est préalablement cet acte de s'identifier réflexivement à soi à partir de sa différence intestine qu'elle assume ; c'est en tant que victoire intemporelle sur ses effets qu'elle assume idéellement en elle-même, qu'elle peut se communiquer à ses effets qu'elle fait être réellement sans rien perdre de ce qu'elle donne) ; selon *l'analogie de proportionnalité propre*, la sagesse de Dieu est à Dieu ce que la sagesse de l'homme est à l'homme, l'être de Dieu est à Dieu ce que l'être de l'homme est à l'homme, la « *ratio entis* » est limitée à l'identité de rapports que des étants essentiellement divers entretiennent chacun à l'égard de son *esse*, sans donc que l'*ens*, comme transcendantal, puisse jamais coiffer univoquement le créé et l'Incréé ; mais comment est-il possible de distinguer adéquatement entre analogie de proportionnalité propre et analogie de proportionnalité métaphorique (la « vie » se dit des eaux vives et des vivants analogiquement, tout comme le « pied » qui se dit de la montagne et du corps humain), sinon parce que l'on possède la raison de l'analogie (l'essence de la vie et du pied) dans un concept univoque ? Par où il apparaît que l'analogie n'est opératoire que si place est faite à une dimension d'univocité, comme l'a bien vu Duns Scot, et comme en ont convenu maints disciples, influencés par les critiques de Duns Scot, du Docteur angélique :

Le thomisme ne développe qu'une ontologie de l'étant *fini* :
La substance, et plus généralement les catégories, ne sont pour l'Aquinate (cf. *S. Théol.* I^a q. 3 a. 5) des sens de l'être que si l'être est créé ; l'Incréé transcende toute catégorie, ainsi toute possibilité d'intelligibilité humaine. Mais les catégories, à moins d'être kantien, se disent du connaître *et* de l'être ; si l'être qu'elles disent est seulement l'être fini,

alors l'ordre du connaître accessible à la raison humaine se limite à l'étant fini, mais dans ce cas **comment la raison pourrait-elle revendiquer, par le moyen de ces mêmes catégories, le droit de prouver l'existence de l'être absolu, ainsi de se faire raison théologique** ? La causalité dit bien une *relation* de dépendance (de l'effet par rapport à sa cause) et une responsabilité (de la cause à l'égard de son effet), laquelle est une *qualité* ; or qualité et relation sont des catégories (prédicaments). C'est au reste à partir de l'idée d'infini que se comprend l'idée de fini, et c'est pourquoi le singulier doit être universalisé (par l'intellect agent) pour être intelligible (dégager l'essentiel de l'accidentel ou le nécessaire du contingent, c'est formuler ce qui vaut toujours et partout, pour tous, et en particulier pour celui qui est cause de tous et qui réalise la perfection à l'état pur ; l'universel connote l'infini ou le parfait : ce qui vaut pour tous, proportionnellement, est d'abord ce qui est réalisé dans un premier qui l'épuise ; ce qui est dégagé de tous par abstraction fait mémoire de ce dont tous procèdent). La théologie naturelle n'est possible que si elle est ontologie, les preuves de Dieu n'ont de valeur que si les lois et catégories de la raison philosophante sont les lois et catégories de l'être en tant qu'être, de sorte que l'être, sans cesser d'être en soi analogue, doit aussi être univoque « *secundum quid* », afin d'embrasser l'étant en tant qu'étant, aussi bien Dieu que les créatures.

Dès *Le Sophiste* de Platon, il s'agissait (au rebours des discours des Physiologues) non de « raconter une histoire » (*muthon tina diegeisthai*) sur la génération de l'étant dans son ensemble, mais bien de savoir « ce que vous signifiez lorsque vous prononcez le mot "être" ». Chez Aristote, la « science première » est à la fois théologie (naturelle) et ontologie ; elle est ontologie : science de l'être en tant qu'être, science de l'étant « par où il est » (*to on hê on*) (*Métaphysique* Γ1) ; elle est théologie : science de la Cause première, universelle parce que première (*Métaphysique* E1). C'est Suarez qui, à la fin du XVIe siècle, définira la métaphysique comme connaissance de l'« *abstractissima ratio entis* » : « Dieu ne peut être compris sans la connaissance préalable des raisons communes de l'être » (*Disputationes metaphysicae*, I, 5, 15) ; et Capreolus déclarait déjà : « **Deus includitur sub ente** » (*Defensiones theologiae*, t. 1, 143a). Dieu est ainsi l'objet principal de la métaphysique, mais son objet adéquat est l'être pris comme transcendantal[5], d'où la division

---

[5] Transcendantal, pris ici dans son acception scolastique : concept qui s'attribue à ses inférieurs non seulement quant à ce qu'ils ont de commun (tels les genres) mais encore quant à ce qu'ils ont de propre.

suarézienne de la métaphysique en « *metaphysica generalis* » et en « *metaphysica specialis* » elle-même divisée en cosmologie rationnelle, psychologie rationnelle et théologie rationnelle (partition que l'on retrouvera aussi bien chez Hegel que chez Kant). Un tel devenir à l'intérieur de l'école thomiste fut en bonne partie suscité par le développement du scotisme, qui a déteint sur le thomisme. Pourquoi était-il inévitable que certains aspects du scotisme en vinssent à influencer le thomisme, en tant même que le perfectionnement de ce dernier appelait une telle influence ? Voici :

Duns Scot n'a qu'un argument pour critiquer la doctrine thomiste de l'analogie de l'être, mais il est déterminant (*Ordinatio* I, d. 3) : « On peut bien douter de savoir si Dieu est infini ou non, on peut bien douter de savoir s'il y a un Dieu ou plusieurs dieux, on peut bien douter de savoir quelle est la nature exacte du fini. Mais avant de douter de tout cela, on doit, ne serait-ce que pour en douter, les comparer à partir d'un seul et même concept d'être. Le concept d'*ens* intervient avant même qu'on ait fait la distinction entre l'infini (Dieu) et le fini (la créature) » (Jean-Luc Marion, *Jean Duns Scot ou la révolution subtile*, FAC éditions France Culture, 1982, p. 90) ; le concept d'être est « *communissimum* » et indistinct. Et il est difficile de nier la pertinence de cette démarche, prise dans ses prémisses (et, certes, seulement en elles). Faire l'unité du thomisme et du scotisme, ce serait faire l'unité de la philosophie comme théologie naturelle et de la philosophie comme ontologie ; développer en contexte chrétien une philosophie prise comme ontologie générale, c'est une tâche qui fut menée à son terme (si l'on peut ainsi parler : l'ontologie est achevée dès que son objet est circonscrit, puisqu'il n'est presque rien), mais de manière erronée, par l'école scotiste, et qui ne fut pas résolue — dont même l'opportunité fut contestée — par l'école thomiste. Sur ce point, une digression est encore nécessaire à l'intelligence de notre propos :

Les échecs du suarézisme ont dissuadé les thomistes d'achever le thomisme en direction de l'élaboration d'une ontologie générale corrélative d'une autonomisation de la philosophie, ce qui a disposé les thomistes suscités par Léon XIII à toujours tenter de « faire retour » à saint Thomas, selon une illusion d'optique trouvant son origine dans les résultats insatisfaisants des efforts du Doctor Eximius.

Suarez distingue entre concept formel et concept objectif de l'être (*Disputationes*, I, Sect. I, n. 9), affirme que le concept objectif est l'objet adéquat de la métaphysique, et déclare que l'unité du concept formel dépend de celle du concept objectif ; puisque le concept formel est un, le concept objectif l'est aussi ; la diversité des êtres s'expliquera non par le recours thomiste à l'analogie de proportionnalité propre, mais par l'idée selon laquelle l'unité est le propre de l'esprit seul : l'être, objet de la métaphysique, est ce qui a quelque réalitê et qui fait abstraction de toute existence, réelle ou possible, sans l'affirmer ni la nier, il a le seul sens négatif de ce qui exclut le néant, la notion d'être n'est que négativement une ; le processus auquel on aura recours pour rejoindre la diversité réelle sera l'expérience seule. La difficulté de cette démarche, qui substitue l'*abstractio totius* à l'*abstractio formae*, tient dans le refus (selon un postulat conceptualiste, ainsi nominaliste, dût-il ne s'agir que de nominalisme modéré) d'identifier le concept objectif (l'universel métaphysique) et la réalité pensée (la nature ou essence de la chose), ce qui chez Scot conduit à un réalisme excessif (substantification des prédicables et affirmation d'une illusoire haeccéité), et, avec Suarez, conduit à une déconnexion implicite des catégories de la pensée et des catégories du réel, ce qui prépare le scepticisme kantien. Duns Scot, univociste, reconnaît néanmoins, contre tout panthéisme, que, si l'être est univoque, les êtres sont analogues (*Opus oxoniense*, I, 8-3, n. 26-27) en tant qu'ils se différencient par leur haeccéité postulée et inaccessible au concept ; Suarez refuse semble-t-il l'univocité, mais son conceptualisme l'habilite à opposer le réel et l'idée, au point de considérer que la notion simplement une d'*ens commune* peut représenter des réalités en soi diverses. Scot congédie la métaphysique en la fondant ; Suarez congédie, en croyant la prolonger, la métaphysique en la faisant dégénérer en critique de la raison pure.

Puis donc que les doctrines de l'analogie, de la participation et de la causalité sont solidaires entre elles et incapables de se fonder, il est requis d'en appeler au principe de raison suffisante, non par orgueil de la raison raisonnante, mais parce que la nature des choses et de l'être en tant qu'être l'exige.

L'essence, disions-nous, est, sans être le fondement suffisant de son statut de raison d'être, raison d'être de l'*esse* qui, en tant qu'acte et fondement suffisant de l'essence, est en demeure de se faire positionnel de cette essence en laquelle il s'anticipe pour se faire provenir d'elle comme de sa raison, de sorte que l'être en tant qu'être est identité à soi réflexive ; il faut être pour être essence, de sorte que c'est bien à l'*esse* que l'essence puise sa vertu fondatrice, cependant que rien n'existe pour exister ; on existe pour réaliser la perfection d'une essence, et c'est dans l'essence que l'exister trouve la mesure et la raison de son exercice. Ce vocabulaire (« identité à soi réflexive ») semble bien peu thomiste, mais là encore il se contente de traduire une exigence implicitement contenue dans le corpus thomiste : « *Quanto forma magis **vincit** materiam, tanto ex ea et materia magis efficitur unum* »[6] (*CG* II 68). Il est définitionnel de la forme de vaincre la matière par laquelle elle se fait conditionner, et plus généralement il est définitionnel de l'acte de *vaincre* la puissance en laquelle il doit consentir à *s'aliéner*, de sorte que l'identité à soi positive ou concrète de l'acte est toujours, comme négation de négation, une réflexion sur soi achevée : l'être en tant qu'être est victoire sur le néant qu'il assume, et c'est à ce titre qu'il est sa propre raison d'être. Mais ce néant dont l'être absolument être, ou être absolu ou divin, est éternellement victorieux, n'est autre que ce néant entendu tel le « *terminus a quo* » de la créature et intrinsèque à elle, de sorte qu'il y a bien quelque chose de commun à l'être absolu et à l'être contingent, à savoir le néant, ce qui revient à dire qu'ils n'ont rien de commun, fors ce néant qui est. Toutefois, assumé par l'être absolu dans l'intemporel processus de son autoposition, le néant se révèle tel l'être comme néant (limite inférieure de l'assomption par l'être de tous ses degrés de perfection), et c'est sous ce rapport que l'être peut être tenu pour univoque, sans que cette univocité ne soit ablative du statut positivement analogique de l'être en tant qu'être ; et c'est par cette intromission, dans l'être en tant qu'être, d'un néant et d'un négatif non peccamineux, que peut être tenu sans contradiction que la grâce est gratuite et qu'il existe un désir naturel de Dieu : en état de pure nature, l'homme eût naturellement désiré Dieu en désirant se rendre adéquat à sa propre nature — définie par la raison, son essence ayant la raison pour différence spécifique —, à cet universel de causalité dont il est l'individuation et auquel il fait retour par ses opérations (tout appétit procède de l'essence et ramène à elle), lequel universel, s'identifiant

---

[6] Plus la forme vainc la matière, plus parfaite est l'unité du composé.

réflexivement à soi-même en tant que substance singulière, renvoie le désir reposé en son « *terminus ad quem* » positif qu'est son essence pour lui, à lui-même en tant que néant s'atteignant « *ad tergum* »[7] ; le néant intrinsèque à la créature est bien ce point de suture tant recherché entre nature et grâce, limite commune au naturel et au surnaturel, capable de les rendre incommensurables l'un à l'autre par l'acte même, paradoxalement, de les disposer en continuité l'un de l'autre.[8] Cela dit, déclarer l'être univoque « *secundum quid* », c'est reconnaître l'existence d'un « *conceptus entis* », c'est affirmer que l'être n'est pas « *extra genus notitiae* », c'est affirmer qu'il existe une « *ratio entis* » révélant que l'être en tant qu'être ou que l'exister en général peut être pensé sur le mode d'une essence, c'est ainsi plaider en faveur du principe de raison.

« *Veritas est in intellectu et in sensu, licet non eodem modo. In intellectu enim est sicut consequens actum intellectus, et sicut cognita per intellectum ; consequitur namque intellectus operationem, secundum quod judicium intellectus est de re secundum quod est ; cognoscitur autem ab intellectu secundum quod intellectus reflectitur supra actum suum, non solum secundum quod cognoscit actum suum, sed secundum quod cognoscit proportionem ejus ad rem* :

---

[7] Et c'est là peut-être la vraie et ultime raison de ce que l'amour est réflexif, s'aime lui-même (comment en effet ce qui, de soi, est manque et souffrance, peut-il être objet pour lui-même, aspirer à se maintenir en son être de manque ?), au point, dans un accès de romantisme ou de subjectivisme, d'en venir à préférer son retour sur soi à l'objet aimable. En se saisissant *ad tergum* et à partir de son essence (qu'il n'atteint jamais aussi longtemps que l'âme est unie au corps, ce dernier étant principe d'inconscience), le désir, en tant que manque (ainsi comme néant), s'empare de ce qu'il peut connaître naturellement de Dieu : l'absolu dans le moment obligé de son absence à lui-même. *Materialiter spectata*, la possibilité de cette saisie équivaut à celle de l'inconnaissance ; *formaliter spectata*, elle atteste que la raison finie est dans le sillage de la Raison absolue, et que le concept d'*ens* est véritablement un.
[8] Et c'est dans ce néant que, de surcroît, Dieu insuffle Sa grâce recréatrice.

quod quidem cognosci non potest nisi cognita natura ipsius actus ; quae cognosci non potest, nisi cognoscatur natura principii activi, quod est ipse intellectus, in cujus natura est ut rebus conformetur ; unde secundum hoc cognoscit veritatem intellectus quod supra seipsum reflectitur » : « La vérité est dans l'intellect et dans le sens, mais pas de la même façon. Elle est dans l'intellect comme procédant de l'acte de l'intellect, et en tant que connue par lui ; car elle suit l'opération de l'intellect en tant que le jugement de l'intellect se comporte à l'égard de la chose selon qu'elle est ; mais la vérité est connue par l'intellect selon qu'il réfléchit son acte, non seulement en tant qu'il connaît son acte, mais en tant qu'il connaît la proportion de ce dernier à la chose ; ce qui ne peut être connu à moins que ne soit connue la nature du principe actif qu'est l'intellect lui-même, à la nature duquel il revient d'être conforme aux choses ; de là, l'intellect connaît la vérité parce qu'il est réflexif » (saint Thomas d'Aquin, *de Veritate* q. 1 a. 9).

L'intellect connaît la vérité parce qu'il se connaît et se sait par nature avoir vocation à être conforme au réel. Mais cela même est possible si et seulement si, en se connaissant, l'intellect sait *et* ce qu'il est *et* ce que sont les choses auxquelles il est conforme, afin de pouvoir attester cette conformité par une comparaison. Aussi n'est-il pas excessif de déclarer que, pour saint Thomas et de manière au moins implicite, l'intellect s'exerçant dans sa vocation à rendre raison, ainsi l'intellect comme raison, doit *être* le réel « *secundum quid* », ou encore que la pensée du réel doit être, à sa manière, pensée de pensée. La pensée doit être la réalité tout en sachant qu'elle ne l'engendre pas, ainsi s'en distingue et se révèle incapable de se la rendre consubstantielle telle une objectivation immanente d'elle-même, si et seulement si elle sait prendre acte du fait qu'elle n'est pas la raison suffisante de la rationalité qu'elle exerce, tout en se sachant toute-puissante et comme coextensive à l'être en tant qu'être. Elle doit ainsi avoir quelque chose d'absolu pour se savoir n'être pas l'absolu, et cela est possible si et seulement si l'absolu lui-même, comme réalisation hypostatique du degré suprême de perfection, est encore capable de rendre raison de soi en se faisant victoire éternelle sur tous les degrés finis de perfection qu'il assume. Selon ces exigences, en rendant raison de soi comme mouvement rationnel procédant de son essence et se restituant à elle, à ce degré fini de perfection qu'elle est, la raison humaine, s'identifiant réflexivement à ce que l'absolu n'est pas, s'identifie encore à l'absolu « *secundum quid* », sans se confondre avec lui et sans le réduire à elle. Et que la raison puisse rendre raison du fait qu'elle n'est pas la raison suffisante d'elle-même, cela peut s'établir comme suit :

Le plus haut degré d'être est le plus haut degré de vie (*vivere enim est esse viventis* : *CG* II 57, l'acte de vivre est l'acte d'exister du vivant) ; le plus haut degré de vie est un acte de connaître (le mouvement du vivre s'y achève dans son point de départ) ; mais l'acte de connaître s'accomplit dans et comme la prolation d'un concept (il est de la raison de tout acte d'intellection de s'accomplir dans un verbe : *de Potentia*, q. 9 a. 5) ; donc le plus haut degré d'être est la prolation du concept, ce qui revient à dire que l'être se maximise dans le concept de lui-même ; donc il y a en droit plus d'être dans le concept du réel que dans le réel lui-même dont il est le concept, de sorte que la raison productrice de concepts est souveraine sur la réalité ; il y a coextensivité entre les catégories et lois de la raison et celles de la réalité, et c'est pourquoi il est permis à la simple raison de rendre raison, à partir de l'être fini, de la nécessité de poser l'existence de l'Être infini ; mais le concept est l'universel ; donc le réel, qui est singulier, est réalisation de l'Idée ; or la raison productrice de concepts fait l'épreuve, dans la conscience de sa souveraineté sur le réel, ainsi de sa toute-puissance, de ce qu'elle est incapable de rendre raison de la singularisation — ou réalisation — de l'Idée ; par là elle sait, en fait, qu'elle n'est pas la raison suffisante de la rationalité qu'elle exerce ; elle est donc conduite, *au nom de sa souveraineté*, à reconnaître l'existence d'une Raison dont elle est dérivée et dans le sillage de laquelle elle s'exerce. Et cela la conduit tant à l'affirmation de Dieu qu'à la reconnaissance d'un ordre de certitudes qui dépassent la raison humaine et dont le contenu est celui de la foi. La foi est au-dessus de la raison, mais il est irrationnel de refuser la foi ; la grâce (absolument gratuite) est au-dessus de la nature, mais il est contre nature de refuser la grâce (*S. Théol.* II^a II^{ae} q. 10 a. 1). Ainsi saint Thomas peut-il enseigner calmement, sans crainte de verser dans le délire rationaliste :

Tout ce que nous connaissons avec invincible certitude procède « *ex lumine rationis divinitus interius indito quo in nobis loquitur Deus* » (*de Veritate*, II, 1, 13 : cela procède de la lumière rationnelle introduite en nous et par laquelle Dieu parle en nous).

Le principe de raison suffisante présupposé par toute métaphysique

L'un des arguments des Sceptiques, de Sextus Empiricus à Hume et à Kant, en passant par Montaigne et Pascal, est celui-ci : la Relativité de l'objet et du sujet ; il serait, dit-on, impossible de connaître la réalité telle qu'elle est en elle-même, c'est-à-dire indépendamment de notre relation à elle, puisque c'est cette relation qui constitue notre connaissance. Tout objet serait relatif à un sujet : « je sais ce qu'une chose est pour moi, je ne sais ce qu'elle est en soi ». Cet argument est, comme on sait, systématisé par Kant dans la *Critique de la Raison pure* (Traduction Tremesaygues et Pacaut, 1re et 2e éditions) : toute connaissance est « transcendantale », au sens kantien[9].

Cet argument (relativité de l'objet et du sujet), souvent nommé « principe d'immanence », équivaut aux formules suivantes :

Léon Brunschvicg : « La connaissance constitue un monde qui est pour nous le monde. Au-delà il n'y a rien. Une chose qui

---

[9] *Introduction à la Critique de la Raison pure*, TP 56 A : « J'appelle transcendantale toute connaissance qui, en général, ne s'occupe pas tant (*nicht sowohl*) de l'objet à connaître que de nos concepts *a priori* des objets » ; TP 56 B : « J'appelle transcendantale toute connaissance qui, en général, ne s'occupe pas tant des objets que de notre manière de connaître les objets en tant que celle-ci doit être possible *a priori*. »

serait au-delà de la connaissance serait par définition l'inaccessible, l'inconnaissable, c'est-à-dire qu'elle équivaudrait pour nous au néant. »

John Locke, *Essay* IV 1 : « Puisque l'esprit n'a pas d'autres objets de ses pensées que ses propres idées, il est évident que ce n'est que sur nos idées que roule toute notre connaissance. »

David Hume : « La plus élémentaire philosophie nous apprend que rien ne peut être jamais présent à l'esprit qu'une image ou une perception. »

Brunschvicg (*La Modalité du jugement*) : « la nature de l'être est suspendue à la nature de notre affirmation de l'être » ; « Aristote érige inconsciemment les particularités de son langage en conditions nécessaires et universelles de la pensée. L'univers du discours revêt l'illusion d'une réalité métaphysique. »

Émile Benveniste : « Nous pensons un univers que notre langue a d'abord modelé. »

Édouard Le Roy : « Un au-delà de la pensée est impensable. »

Toutes les formules du principe d'immanence sont en quelque sorte systématisées par la doctrine kantienne, fondée sur la différence entre chose en soi et phénomène (ou chose « pour nous »). Mais la doctrine de Kant fait elle-même l'aveu de sa contradiction immanente :

« Le concept de la causalité, comme nécessité naturelle, à la différence (*zum Unterschiede*) de la causalité comme liberté, ne concerne l'existence des choses qu'en tant qu'elle ne peut être déterminée que dans le temps, partant comme phénomènes par opposition à **leur causalité comme choses en soi** » (*Critique de la Raison pratique*, livre I, chapitre 3, examen de l'analytique de la raison pure pratique).

« Qu'exige, en effet, comme condition, la nécessité de la nature ? Rien de plus que la déterminabilité de tout événement du monde sensible par des lois constantes, conséquemment un rapport causal dans le phénomène, **la chose en soi, qui en est**

le fondement, restant inconnue ainsi que la causalité » (*Prolégomènes à toute métaphysique future*, § 53).

« Le pouvoir sensible d'intuition n'est proprement qu'une réceptivité qui nous rend capables d'être affectés d'une certaine manière par des représentations dont la réalité réciproque est une intuition pure de l'espace et du temps (simples formes de la sensibilité) et qui s'appellent objets, en tant qu'elles sont liées et déterminables dans ce rapport (dans l'espace et le temps), suivant des lois de l'unité de l'expérience. **La cause non sensible de ces représentations** nous est tout à fait inconnue ; nous ne pouvons donc pas l'intuitionner comme objet (*Objekt*), car un pareil objet ne devrait être représenté ni dans l'espace ni dans le temps (qui sont les simples conditions de la représentation sensible), conditions sans lesquelles nous ne saurions concevoir aucune intuition. **Nous pouvons cependant appeler objet (*Objekt*) transcendantal la cause simplement intelligible des phénomènes en général**, mais simplement afin d'avoir quelque chose qui corresponde à la sensibilité considérée comme une réceptivité » (*Critique de la Raison pure*, Dialectique transcendantale, livre II, chapitre 2, 6ᵉ section, 6ᵉ alinéa).

Kant fait un usage **transcendant**, illégitime dans le contexte de sa doctrine, de la catégorie de cause : pour lui, la causalité est une catégorie de l'entendement, une manière de lier les phénomènes pour construire une expérience d'objet ; pour Kant, inspirateur de toute la philosophie contemporaine et fossoyeur de la métaphysique, ainsi philosophe officiel de la République, il n'y a pas d'intuition intellectuelle, il y a seulement intuition sensible. Par nos catégories, qui sont innées, nous « subsumons » le divers de l'intuition sensible ; sans les catégories (concepts), les intuitions sont aveugles ; sans les intuitions (sensibles), les catégories sont vides ; faire de la métaphysique revient selon Kant à faire tourner à vide les catégories de l'entendement. Pour Aristote, les (dix) catégories sont des catégories de l'être *et* du connaître ; pour Kant, les (douze) catégories sont des catégories de l'entendement (ou du connaître) *mais non* de l'être (qui est en soi). C'est pourquoi, selon Kant, l'usage des catégories est légitime seulement si cet usage est accompagné et régulé par le schème qui lui correspond. Un schème est un procédé de l'imagination transcendantale (faculté de forger des images) pour fournir une image à un concept, ainsi pour appliquer la catégorie à un contenu sensible ; par exemple, le schème de la substance est la permanence, le schème de la causalité est la succession : A peut être dit cause de B si et seulement B succède à A. Or on peut objecter à Kant (Schultze, Jacobi, Hegel, Schopenhauer), en lui appliquant le critère immanent de ses propres prémisses, que le phénomène ne succède pas à la chose en soi, que donc il est illégitime de faire de la chose en soi la cause du phénomène (ce que pourtant enseigne Kant, lequel est bien obligé de le faire, à peine de réduire l'univers à une détermination de notre pensée, ce qui serait l'idéalisme subjectif).

Évoquons pour mémoire la réfutation de Kant par Hegel ; § 60 *Encyclopédie* : « C'est pour cette raison la plus grande inconséquence que, d'une part, d'accorder que l'entendement ne connaît que des phénomènes, et, d'autre part, d'affirmer cette connaissance comme *quelque chose d'absolu* en disant que la connaissance ne *peut* pas davantage, que c'est là la borne (*die Schranke*) naturelle, absolue, du savoir humain. Les choses naturelles sont bornées, et elles ne sont des choses naturelles que dans la mesure où elles ne *savent rien* de leur *borne* universelle, dans la mesure où leur déterminité est seulement une borne *pour nous*, non *pour elles*. Quelque chose n'est su — et même ressenti — comme *borne*, manque, que pour autant que l'on est en même temps *au-delà* de lui. Les choses vivantes ont le privilège de la douleur par rapport à celles qui sont sans vie ; même pour celles-là une déterminité *singulière* devient la sensation de quelque chose de *négatif*, parce qu'elles ont en elles, en tant que vivantes, l'*universalité* de la vitalité, qui est *au-delà* du singulier, parce que dans le négatif d'elles-mêmes elles se conservent encore et ressentent cette *contradiction* comme existant en elles. Cette contradiction n'est en elles que pour autant que ces deux éléments-ci sont dans le sujet un : l'universalité de son sentiment vital et la singularité négative à l'égard de celui-ci. Une borne, un manque de la connaissance sont de même déterminés comme borne, manque, que par la *comparaison* avec l'Idée présente de l'Universel, d'un être total et achevé. Ce n'est, par suite, que de l'inconscience que de ne pas discerner que précisément la désignation de quelque chose comme quelque chose de fini ou de borné contient la preuve de la *présence effective* de l'infini, du non-borné, que le savoir d'une limite (*Grenze*) ne peut être que dans la mesure où l'illimité est *de ce côté-ci* dans la conscience. »

Hegel entend faire comprendre ceci :

Pour se savoir finie, la pensée doit s'objectiver sa finitude, mais en se l'objectivant elle doit l'avoir dépassée. Si la pensée était finie sous tous les rapports, alors, telles des lunettes déformantes organiquement vissées sur les yeux qui de ce fait seraient incapables de prendre conscience de leur pouvoir déformant, la pensée serait incapable de prendre acte de sa finitude. Si l'objet était plus que le savoir qu'on en a, on ne pourrait, précisément, pas le savoir, puisqu'il faudrait *savoir* l'excès de l'objet par rapport au savoir, pour savoir qu'il excède effectivement le savoir. De n'importe quel objet, on sait au fond tout ce qu'il est, au moins confusément, en tant qu'on sait de lui qu'il est de l'être, et que tout ce qui est en lui est de l'être, et en ce sens toute connaissance est reconnaissance (au sens platonicien). Ainsi, l'essence du réel est l'essence de la pensée, et la vérité est cela (en termes hégéliens) : identité à soi-même (non contradiction) de la conscience dans les différences de son contenu.

Cela dit, il faut distinguer entre deux choses : les catégories de la pensée (qui sont aussi, pour tout aristotélicien, celles des choses) d'une part, et les lois de la raison d'autre part.

Pour saint Thomas, les catégories de la pensée sont celles des choses, mais il ne se prononce nulle part sur le problème suivant : les lois logiques de la raison (les formes du jugement et du syllogisme) sont-elles les lois du réel, ainsi de l'être en tant qu'il est être ?

Pour Hegel, non seulement les catégories, mais encore les lois de la raison, sont des déterminations qui relèvent de l'ordre du connaître mais aussi de l'ordre de l'être. Cela est seulement présupposé par saint Thomas qui n'a pas de scrupule à déduire, au nom des lois de la logique, des résultats théologiques à partir de prémisses révélées. Mais le thomisme et le réalisme en général ne se soucient pas d'en rendre raison, et c'est pourquoi on peut bien parler ici d'un acte de foi en la valeur de la raison, c'est-à-dire en la portée ontologique des lois de la logique, ainsi de la raison. Les thomistes ont tendance à dire que la raison est seulement l'intellect en tant qu'il se meut, passe de la puissance à l'acte, ce qui est le signe d'une imperfection ; que donc la pensée divine est acte pur et intellection simple, que Dieu n'est pas raison. Puisque Dieu est l'acte même d'être (le réel créé étant ce qui *a* son être sans *être* son être), ainsi la réalisation hypostatique absolue de la perfection des perfections, à savoir l'acte d'être considéré en sa plénitude, dans le moment où Dieu n'est pas raison, alors on est invité à penser que les lois de la raison n'ont de portée que relativement à la pensée discursive, propre à notre finitude. C'est ce à quoi nous contraint l'apophatisme thomiste de l'*esse*.

Le problème est évidemment ceci : si l'on use des lois de la raison pour prouver l'existence de Dieu à partir des réalités finies, en vertu du principe de causalité (tout ce qui est contingent est causé, or le monde est contingent, donc il est causé, donc il a une Cause), on fait de la raison un usage qui porte non seulement sur l'être fini, mais encore sur l'être en tant qu'être ; on exige en effet, au nom des lois de la raison finie, que ce qui est fini ait une cause infinie, et on conclut à l'existence nécessaire de cette Cause première, de telle sorte que l'on exige une existence réelle pour ce qui s'est présenté comme la conclusion d'un raisonnement, ainsi d'une démarche qui n'engageait peut-être — aussi longtemps que n'est pas établie la thèse universelle de la rationalité du réel en tant que réel et non seulement en tant que réel *fini* — que le mode de fonctionnement, le « mode d'emploi » de notre esprit fini : ma pensée m'enjoint de considérer que je ne peux pas penser une horloge sans affirmer en même temps l'existence d'un horloger ; mais cela même, est-ce l'expression des seules lois de ma pensée, ou bien cette exigence logique est-elle inviscérée dans la réalité que je pense ? Ne pas pouvoir penser le monde autrement que comme ayant une cause, est-ce l'expression des besoins de la raison en quelque façon « programmée » pour se comporter telle une instance qui en appelle à une cause du monde, ou bien ce besoin est-il le reflet, dans la raison, d'une exigence ontologique inscrite dans le monde même qui, indépendamment du savoir qu'on en a, ne pourrait pas être s'il n'avait pas de cause ? Au fond, même dans les démonstrations *a posteriori* de l'existence de Dieu, on tient pour acquis que l'idée de ce qui est nécessaire (en tant que résultat d'un raisonnement formellement valable) enveloppe l'affirmation de la réalité ou existence de ce dont on a l'idée, et cela même n'est pas autre chose que ce qui est engagé dans la preuve ontologique de saint Anselme : penser Dieu comme n'existant pas est contradictoire, ainsi irrationnel, or les lois de la raison sont celles de l'être en tant qu'être, donc Dieu existe nécessairement ; mais alors pourquoi repousser cette dernière preuve, comme le fait saint Thomas, à moins d'admettre que la « *quarta via* », qui est en son fond une formulation de la preuve ontologique, est présupposée implicitement par toutes les autres ? Et l'on voudra bien observer que rendre raison de la portée ontologique des lois de la logique, ainsi établir que ce qui est rationnel est réel, revient, dès lors que la raison est elle-même de l'être, à faire le constat de ce que l'être est le rendre raison de lui-même en et comme la raison qui le pense. Or tout rendre raison de soi est un acte réflexif ; donc l'être en tant qu'être est réflexion. Le plus haut degré d'être est le plus haut degré de vie, le plus haut degré de vie est un connaître, tout acte de connaître est acte de *se* connaître (puisque tout savoir est savoir qu'on sait), donc l'être en tant qu'être est réflexion : **la réflexion noétique est l'apparaître à soi d'une réflexion ontologique que la première présuppose**. Si l'on s'y refuse, on doit admettre que le fondement de toute connaissance est un acte de foi ; si cet acte de foi est d'ordre naturel, alors la connaissance se réduit à l'opinion ; s'il est surnaturel, alors il faut avoir la foi pour établir les « *preambula fidei* », ce qui est contradictoire ; et il n'est pas catholique de refuser les « *preambula fidei* », parce qu'un tel refus induit une conception purement volontariste de la foi, laquelle, soustrayant la volonté au magistère de la raison, la rend aveugle et confère à ses actes un arbitraire indépassable qui lui fera légitimer n'importe quelle adhésion religieuse, au point qu'on en sera sommé de considérer que tout credo religieux, par là qu'il se veut tel, serait inspiré par l'Esprit-Saint ; et c'est là la définition du modernisme. En dernier lieu, on ne saurait se satisfaire d'une démonstration par l'absurde pour établir que le réel est rationnel : déclarer qu'il est impossible, du fait que cela est impensable, que l'impensable (l'irrationnel) soit possible (réalisable et/ou réel), c'est tenir pour acquis ce qui est en question.

Le principe de causalité (« tout être contingent est causé »), comme jugement « *per se secundo modo* », est irréductible au principe de contradiction, ainsi n'est pas un jugement analytique, comme on l'a vu. Il requiert, pour être opératoire sans pétition de principe qui le réduirait à une exigence transcendantale (au sens *kantien*), d'être fondé sur le principe de raison suffisante : rien n'arrive, rien n'est sans raison suffisante, qui permette d'expliquer, en droit *a priori*, pourquoi telle chose est ainsi et non pas autrement ; ce qui revient à dire : l'être absolument être, réalisation hypostatique ou modèle et raison de tout être en tant qu'il est être, est pour lui-même sa raison suffisante, en ce qu'il est cause et raison de lui-même, réflexion ontologique positionnelle de soi ; or ceci, sur quoi nous portons notre regard, qui est de l'être fini, qui donc n'est pas infiniment ou absolument être, n'est pas sa propre raison d'être ; donc ceci a une cause. C'est seulement si la catégorie de cause, ou de raison (d'être), est élevée à la dignité d'un transcendantal (au sens *scolastique*), que le principe de causalité, et avec lui toute la métaphysique, sont rendus possibles. Le principe de raison suffisante ne compromet nullement la gratuité et la contingence de l'acte créateur, car si rien n'est sans raison, c'est parce que l'être en tant que raison de soi ou réflexion sur soi, c'est-à-dire comme négation de négation, est assomptif, à ce titre même, de son contraire : il est rationnel qu'il y ait de l'irrationnel ; la raison suffisante de l'acte créateur est qu'il fallait *nécessairement* que Dieu décidât *sans nécessité* d'être créateur ou de ne l'être point. Et la notion de cause de soi n'est contradictoire que pour une pensée incapable de comprendre que l'acte à raison duquel l'absolu se pose contradictoirement est l'acte à raison duquel il se soustrait à sa contradiction : dans la réflexion, le résultat est contradictoirement acte de la puissance à se réfléchir *et* position de cette puissance, mais, comme objectivation de soi qu'il est, il est tout autant objectivation de soi de son *être*, et de ce fait il se révèle objectivation de l'objectivation de soi — il *a* l'objectivation qu'il est —, par là réflexion dans son processus, réduction du terme du processus à un moment de ce dernier ; il *a* ainsi la contradiction dont il *s'émancipe* en tant qu'il l'a. Parce que notre raison créée n'est pas la raison suffisante de la rationalité qu'elle exerce, elle se représente entre termes de devenir ce qui est réflexion simple et immobile, et selon une dualité de moments (processus réflexif *et* réflexion dans son processus) ce qu'elle sait n'en être qu'un. Le concept de « *causa sui* » n'est pas en soi contradictoire, il l'est pour la raison créée en tant qu'elle oublie qu'elle n'est pas le critère et l'index de toute rationalité.

Introduire le principe de raison dans la philosophie réaliste n'est pas prétendre se dispenser du recours à l'évidence comme fondement inductif des démarches déductives, mais en retour adopter un tel principe n'est pas commettre une pétition de principe (être contraint d'user de sa raison pour rendre raison de la valeur de la raison) :

On ne peut douter de sa pensée puisqu'il faut penser pour douter ; de plus, douter est juger, juger est comparer, faire référence à un principe de comparaison, reconnaître implicitement qu'on est habité par une certitude. On ne pourrait douter de quoi que ce fût si l'on n'était habité par de l'indubitable. L'évidence est donc le dernier critère de la certitude ; il y a des vérités connues par soi, dont l'évidence apparaît dès qu'on en connaît les termes. Connaître avant de connaître, c'est, comme le rappelle Hegel, vouloir apprendre à nager avant de se jeter à l'eau. Toute vraie évidence est une évidence vraie.

Le problème est qu'il y a de fausses évidences, et qu'il n'existe pas, semble-t-il, de critère de la vraie évidence, car il devrait être reconnu comme évident pour être reconnu comme vrai critère d'évidence : si l'évidence admet un critère d'évidence, ce critère exige un autre critère de son évidence, et l'on est renvoyé à l'infini. Que faire alors ?

Il faut chercher un critère *de* l'évidence qui soit un critère *dans* l'évidence, un critère tel que l'évidence du critère soit l'évidence dont il se veut le critère, car dans cette perspective on n'est pas renvoyé à l'infini. Et cela se vérifie dans l'exercice du doute : l'évidence de douter d'être en train de penser est l'évidence du fait de penser, on ne peut pas douter qu'on pense puisqu'il faut penser pour douter. Mais dire cela, c'est reconnaître que le fait de penser est une évidence qui se vérifie dans le fait d'en douter, puisque le doute ramène à la certitude qu'il conteste. Or ce qui s'écarte d'un point de départ (on doute d'une évidence) pour se voir reconduit à un terme qui est le point de départ lui-même, c'est une réflexion, c'est le cogito lui-même, car le cogito est l'acte d'un sujet qui se prend pour objet, qui ainsi pense quelque chose en pensant qu'il le pense : ce quelque chose qu'il pense, c'est lui-même en tant qu'il est pensant en acte, et ainsi, dans le cogito, on pense ce qu'on pense par l'acte de penser qu'on le pense, puisque, ici, penser et se penser sont un même acte. Dès lors, toute pensée est vraie, si elle est intégrée à l'identité à soi réflexive du cogito : si l'on pense par exemple que la vérité n'existe pas, on se contredit, ou encore la pensée s'éclipse, puisque l'on tient pour vrai que le vrai n'est pas. Cela dit, même les thomistes reconnaissent que penser est *se* penser : penser quelque chose, c'est produire un « *verbum* » (« *species expressa* ») de ce qui est pensé ; mais cette production s'opère comme suit : l'intellect possible s'objective, ainsi se pense, en tant qu'il est devenu la chose à connaître en recevant la forme de cette chose, forme abstraite du phantasme par l'intellect agent, et ainsi c'est dans un même acte qu'il se connaît et qu'il connaît la chose. Mais c'est bien là confesser que l'on pense en accédant à la certitude seulement si l'on pense ce que l'on pense par l'acte de penser qu'on le pense. **Il ne s'agit pas de démontrer l'évidence, il s'agit de constater qu'elle se démontre elle-même dans et par le cogito : elle se démontre en ce sens qu'elle se vérifie.** « *Cognoscit intellectus veritatem quod supra seipsum reflectitur* » (saint Thomas, *de Veritate*). L'évidence rend raison d'elle-même en se faisant provenir de l'obscurité dubitative en laquelle elle s'anticipe ; elle se confère la forme d'un cogito et en retour, tout ce qui est intégré au cogito contracte la valeur d'une évidence.

Cela dit, il ne suffit pas de s'éprouver comme cogito ou comme être pensant en acte pour être assuré que l'être en tant qu'être a la forme du cogito. Il faut remarquer que le plus haut degré d'être est l'acte de vivre, et que le plus haut degré de l'acte de vivre est l'acte de penser, et que tout acte de penser est un acte de se penser, et il faut établir encore que ce qui est premier dans un genre est cause de tout ce qui appartient à ce genre (ce qui est absolument être est cause de l'être de tout ce qui n'est pas absolument être). Ce n'est pas pour rien qu'Aristote nomme l'Acte pur la « Pensée de Pensée ». Si l'on établit tout cela, on peut conclure que l'être en tant qu'être a la forme d'une identité à soi réflexive. La pensée *produit* ce qu'elle pense, puisqu'elle pense ce qu'elle pense dans un « *verbum* » qu'elle engendre, mais elle sait qu'elle n'est pas créatrice de ce qu'elle pense parce qu'elle constate que la conscience d'exister n'est pas productrice de l'existence de la conscience. Elle sait qu'elle n'est pas « *causa sui* ». Or l'être en tant qu'être est en droit « *causa sui* » :

L'exister n'est pas l'essence, car l'essence dit le possible, ce qui peut être ; si l'exister était l'essence, il suffirait d'être possible pour être réel ; mais en retour il faut être, pour être essence ; l'essence n'est essence que si elle existe, et en plus elle reçoit l'exister ; elle doit exister pour recevoir l'exister (il faut être, pour recevoir), et tout autant ne pas exister pour le recevoir (on doit, pour recevoir quelque chose, être privé de ce qu'on va recevoir), elle doit posséder ce qu'elle reçoit pour le recevoir, elle doit être identique à ce dont elle se distingue, ce qui revient à dire qu'elle est, prise en elle-même, contradictoire. Par ailleurs, l'essence exerce l'exister comme le coureur court (*de Hebdom.*), ce qui revient à dire qu'elle est puissance de l'exister. Mais l'acte de courir n'est pas ce qui pose la puissance de courir, laquelle lui préexiste, alors que l'acte d'être est ce qui pose la puissance à être (l'essence). On obtient que l'essence se pose par réflexion, le terme de la réflexion (l'essence en acte, ou essence existante) est l'actuation du départ (l'essence comme puissance à exister), mais cette actuation pose la puissance elle-même (il faut être, pour être essence, car ce qui n'a aucune forme d'existence n'est pas, ainsi n'est pas essence). Mais dire que l'essence se pose par réflexion, c'est dire qu'elle se fait exister dans un acte qui a la forme du cogito (réflexion). Elle est bien « *causa sui* ». Puis donc que la pensée créée se sait n'être pas « *causa sui* », elle sait qu'elle ne crée pas ce qu'elle pense, que le monde ne se réduit pas à une objectivation immanente d'elle-même, que le monde existe en soi indépendamment d'elle.

L'essence est réflexion, mais seule l'essence divine est la raison suffisante de la réflexion qu'elle exerce. Les créatures sont des essences auxquelles la pensée divine confère la forme d'une réflexion.

Enfin :

La logique est l'ensemble des lois de la raison, c'est-à-dire des lois qui régissent le mouvement de l'intellect passant de la puissance à l'acte ; mais puisque tout savoir est savoir qu'on sait, tout savoir est réflexion, « mouvement » circulaire : dans le cogito, nous savons tout, mais de manière implicite, et c'est pourquoi l'idée d'être est l'idée du « Je pense » (car le « je pense », c'est l'acte du « je pense l'être en général », tout être en tant qu'il est être, sans détermination différenciante). Donc toute démonstration (aller d'une vérité connue à une vérité inconnue) est en droit (ce qu'établit en fait le parcours du système hégélien) un segment du mouvement circulaire de l'intellect en mouvement, c'est-à-dire du cogito. Or l'être en tant qu'être est réflexion. Donc les lois de la raison sont les lois de l'être en tant qu'être ; et c'est cela qui habilite la raison humaine à exiger que ses conclusions excédant le plan de l'expérience ou de l'intuition immédiate aient une portée ontologique, c'est donc cela qui habilite la raison à faire de la métaphysique.

Revenons un instant sur la notion — qui donne des frayeurs à tout disciple de la philosophie réaliste — de « *causa sui* ».

La notion de « *causa sui* » semble contradictoire (et l'Aquinate la tient pour telle). Mais le non-contradictoire n'est pas ce qui répugne à la contradiction, il est ce qui contredit sa contradiction assumée, et assumée comme être en puissance : l'être en puissance a la propriété de faire s'identifier les contradictoires, mais ce n'est pas à proprement parler une propriété, c'est son essence, car il n'appartient d'avoir des propriétés, ou qualités, ou accidents, qu'à ce à quoi il revient d'exister en soi, or l'être en puissance n'existe pas en soi mais dans un être en acte ; le mode d'être du contradictoire, le mode d'être du non-être, c'est l'être en puissance, ou puissance à être, laquelle « est ». L'essence comme réflexion est contradictoire en tant qu'elle est réflexion, identité de l'origine et du résultat : elle *est* son objectivation ; mais, comme il l'a été dit, elle s'objective son *être*, donc elle s'objective l'objectivation de soi qu'elle est, ce qui revient à dire qu'elle se réfléchit dans son processus : elle ravale au rang de moment du processus circulaire dont elle est l'origine le résultat du processus qu'elle exerce, et ainsi elle s'émancipe de sa contradiction ; l'être « *causa sui* » n'est pas contradictoire parce qu'il se soustrait à sa contradiction par l'acte même à raison duquel il se pose comme contradictoire.

Dieu serait « *secundum quid* » contradictoire, Dieu serait puissance et acte, essence et existence... Horreur ! Mais il est tout aussi « horrible » de dire que Dieu est pur exister subsistant sans essence, puisque « *non possumus dicere quod ipsum esse sit* » (*de Hebdom.*). C'est tout aussi « horrible » puisque déclarer que Dieu est simple, c'est dire que Dieu est son opération ; si Dieu est son opération de créer, alors la création est nécessaire... En fait, il n'y a rien d'horrible à dire que Dieu est réflexion (« pensée de pensée »), qu'Il est Essence et Existence, parce que cela signifie : Dieu est cette Essence se faisant exister par réflexion, dans un acte non contradictoire entendu telle une victoire éternelle sur la contradiction. Et ce geste absolument simple de la réflexion est pensé par nous de manière complexe en vertu de notre finitude. C'est une même chose en Dieu que de créer et de ne pas créer, puisque la création n'ajoute strictement rien à Dieu ; pourtant, créer se distingue de ne pas créer, puisque ces deux comportements induisent des effets différents *ad extra*. On a là un cas typique d'identité qui est identité à raison du fait qu'elle est aussi différence. L'identité est identité de l'identité et de la différence, autrement, exclusive de la différence, elle serait *différente* de la différence. L'identité est ce qui se différencie pour se faire victoire sur sa différence, se posant à ce titre telle l'identité contradictoire de l'identité et de la différence ; **mais ce qui est contradictoire, c'est ce qui est différent de soi**, ce qui donc est encore *différence* ; en tant qu'identité de l'identité et de la différence, l'identité est son objectivation (réflexion : retour à l'origine par négation de négation), et en s'objectivant l'objectivation de soi qu'elle est, elle s'objective la *différence* qu'elle est, elle s'en libère et la libère ; ce qui revient concrètement à dire que dans le moment où elle se pose comme identité de l'identité et de la différence, l'identité repose ou confirme le moment de sa différence intestine, elle la confirme dans l'acte où elle la vainc et, ce faisant, elle se libère de sa contradiction assumée. Dieu est absolument simple, et évidemment non contradictoire, parce que Sa richesse intestine est infiniment diverse, tous les mondes possibles préexistent en Dieu sur le mode de puissance active ; or une puissance active, c'est une puissance qui maîtrise son actuation, qui ainsi possède l'acte qu'elle pose ; c'est toujours un acte qui actualise une puissance, laquelle ne se fait passer de la puissance à l'acte que si elle est aussi acte : la puissance active est contradictoirement puissance et acte. Et expliquer une puissance active infinie, c'est expliquer que ce qui est identité est identité de l'identité et de la différence se libérant de sa contradiction en se réfléchissant dans son processus. Si l'on s'y refuse, ou bien on refuse de poser les questions gênantes, ou bien on admet avec Occam que les Noms divins ne sont que des noms qui n'engagent que l'entendement fini et qui ne disent rien de Dieu, et qui disent quelque chose de Dieu moyennant la foi seule, ce qui revient à résorber la métaphysique dans la Révélation.

Retour sur le constitutif formel du péché originel

S'il est permis de tenir désormais pour acquis que le principe de raison suffisante, appelé par l'intellectualisme thomiste, ne saurait être qualifié d'orgueilleuse prétention, mais bien plutôt s'exerce dans l'« *intentio naturae rationis* », il reste à montrer en quel sens — qui n'est pas celui en lequel l'adopte l'abbé de Tanoüarn — le péché originel a bien consisté en la violation de l'ordre de ne pas manger du fruit de l'arbre de la connaissance du bien et du mal.

Doté d'une nature parfaite dans son ordre, qui plus est surélevée par la grâce et ornée de dons préternaturels, Adam savait mieux que nous mesurer le degré de notre dépendance à l'égard de Dieu, il savait mieux que nous que la grâce excède la nature mais qu'il est contre nature de refuser la grâce, que la foi excède la raison mais qu'il est irrationnel de refuser la foi. Il restait à Adam à ratifier, à plébisciter, par sa volonté, la conscience de cette dépendance à l'égard de Dieu, dépendance que son excellence native lui faisait discerner avec plus d'acuité que nous : obéir à l'injonction de Dieu alors qu'il n'y avait pas de raison humaine (même éclairée par la foi) de ne pas manger de l'arbre de la connaissance du bien et du mal ; Adam avait en lui la loi morale, non obscurcie par le péché, il possédait mieux que nous les raisons de croire et les « *preambula fidei* », l'injonction divine n'avait nullement pour propos de crucifier sa raison au profit d'une épreuve de la foi. S'il s'était agi de cela, il faudrait dire que la foi croît sur le sacrifice de la raison, que « perdre la raison pour gagner Dieu est l'acte même de croire » (Kierkegaard), et on ne voit pas qu'il puisse, en l'occurrence, être tenu pour contre nature de refuser la foi, puisque l'acceptation de la foi serait ici pensée tel un acte « bienheureusement » contre raison, ainsi contre nature. Dieu voulait être aimé dans un acte de confiance sans autre raison suffisante que la décision d'aimer et de se donner à Lui, et le seul acte de confiance excédant la raison, dont l'homme parfait était capable, lui qui avait toutes les raisons de consentir à la foi, était précisément d'obéir à un ordre absolument *arbitraire*. Il n'était pas intrinsèquement peccamineux de chercher à savoir pourquoi le bien est bien, d'aspirer à connaître la « *ratio boni* ». Il était peccamineux de chercher à le savoir dans ce moment même où Dieu attendait un acte de confiance. Pour autant, ce n'est pas à dire que tout amour devrait, pour être purement de l'amour, excéder la raison. Au vrai, il ne saurait en être ainsi pour un thomiste, puisque la puissance de la volonté est proportionnée à celle de l'intellect (*de Malo*, q. 16 a. 1, ce qui, au passage, invalide la théorie de l'« amour-velléité » à propos du désir naturel de Dieu). Bien au contraire, l'amour procède de la connaissance, tout comme la volonté procède de la raison (« la volonté est dans la raison » : Aristote, *de Anima* III)[10]. Ainsi, notre intellect n'étant pas la raison suffisante de la rationalité qu'il exerce, il n'est pas non plus la raison suffisante de la faculté qui en procède, et c'est sous ce rapport qu'il est rationnel que la raison consente à faire s'excéder la volonté surélevée par la grâce en direction d'un Bien qui transcende les pouvoirs de notre raison, et qui est Raison ; de sorte qu'il était *irrationnel* de ne pas obéir à l'ordre divin ; l'injonction divine invitait Adam à plébisciter la conscience de ce que sa raison n'était pas la Raison, dans un acte qui eût été non un abandon de la raison mais la consommation de sa puissance. Pour autant, le rapport hiérarchique naturel de subordination de la volonté à la raison n'est nullement inversé par l'intromission de la grâce : c'est en tant que l'intellect surélevé par la foi meut la volonté surélevée par

---

[10] « *Totius libertatis radix est in ratione constituta* » (la racine de toute la liberté est constituée dans la raison) : *de Veritate*, 24, 2.

la charité, que la volonté est habilitée à tendre vers un bien qui dépasse les pouvoirs naturels de la raison :

L'acte de foi est « *actus intellectus assentientis veritati divinae ex imperio voluntatis a Deo motae per gratiam* » (*S. Théol.* II[a] II[ae] q. 2 a. 9), acte de l'intellect donnant son assentiment à la vérité divine sous l'impulsion de la volonté mue par la grâce. Mais il existe des raisons de croire puisque, pour croire, il faut savoir que l'on croit, et savoir ce que l'on croit, de sorte que la croyance convoque le savoir, la foi convoque la raison, et elle ne saurait la convoquer dans le but de la révoquer ; de même que savoir est savoir que l'on sait (sans quoi, ne sachant même pas que quelque chose lui est donné à savoir, la raison ne saurait s'exercer), de même croire est savoir que l'on croit (sans quoi la raison ne saurait même pas que quelque chose lui est proposé à croire). Comme le fait observer Jean-Jacques Rousseau pour une fois bien inspiré : « Ils ont beau me crier : soumets ta raison ; autant m'en peut dire celui qui me trompe : il me faut des raisons pour soumettre ma raison » (*Émile ou de l'éducation*, 1762, livre IV, Seuil, t. 3, p. 206). La volonté ne saurait décider (c'est en effet la volonté qui décide ou élit) de faire taire les prétentions de la raison (en sa quête de rendre raison de tout), et en vue de l'acte de foi (par lequel on adhère sans comprendre, sans rendre raison), qu'en recevant de la raison les raisons d'un tel choix enjoignant à la raison de s'effacer, puisqu'il est dans la nature de la volonté d'être mue par la raison, et que la grâce ne détruit pas la nature mais la perfectionne, du fait qu'elle est « *sanans* » en tant même qu'elle est « *elevans* ». C'est donc sur elle-même que la raison est invitée à s'appuyer pour produire les raisons actualisant la volonté qui en retour enjoint à la raison de se soumettre à la foi, de se disposer à recevoir la vertu infuse et surnaturelle de foi. Et c'est pourquoi, au reste, de manière générale, qu'elle porte sur le devoir de croire ou sur toute autre chose d'ordre naturel, l'obéissance n'est jamais sans convoquer la réflexion critique de la raison. On pourrait cependant, à la lecture de la définition de la foi ci-dessus proposée par saint Thomas, comprendre que, en ce qui concerne la foi divine, le rapport de subordination naturel entre intelligence et volonté se trouve inversé du fait que, surnaturellement élevée au-dessus d'elle-même par la vertu infuse de charité, la volonté se trouverait concomitamment élevée au-dessus de l'intelligence et en viendrait à se faire le principe d'actualisation de cette dernière, au point que l'on pourrait dire qu'ici l'amour n'est véritablement amour qu'en excédant les raisons « rationnelles » (produites par la raison) d'aimer : le « cœur » aurait ses raisons que la raison ne connaît pas. Mais il n'en est rien. La foi présuppose certes préalablement l'acte de la volonté, mais non l'acte de la volonté informée par la charité (*S. Théol.* II^a II^{ae} q. 4 a. 7 ad 5). Ce dernier acte présuppose bien au contraire la foi, parce que la volonté ne peut se porter vers Dieu d'un amour parfait que si l'intellect a en Dieu une foi sincère. C'est donc par le « coup de pouce » d'une grâce seulement ponctuelle que la volonté incline l'intellect à s'ouvrir à la réception de la vertu infuse de foi, et c'est seulement après que l'intellect informé par la foi rend possible la réception par la volonté de la vertu théologale de charité. De surcroît, même s'il n'a pas en lui-même les raisons suffisantes de consentir à recevoir la vertu de foi, au point de requérir l'intervention de la volonté mue par une grâce ponctuelle, l'intellect a déjà en lui-même non certes des raisons de croire au sens strict (ce qui reviendrait à dissoudre la foi dans la raison), mais il a des motifs naturels de crédibilité, et ce sont ces motifs, qu'il possède par lui-même, qui inclinent la volonté à recevoir une grâce ponctuelle. Commentant (et traduisant) l'article 1 de la question 2, et les articles 4 et 5 de la question 1 de la II^a II^{ae}, consacrés aux raisons de croire, le Père R. Bernard (*Revue des Jeunes*, 1940) n'hésite pas à enseigner que ces raisons de croire, exercées par la simple raison, font incliner et déterminer la volonté même touchée par une grâce ponctuelle. Il y a certes dans la croyance une part de confiance et de soumission, qui procède de la volonté, même si la cogitation est vive ; l'homme doit avoir pleine confiance en Celui qui affirme, mais on peut cogiter avec une telle efficacité naturelle qu'on peut en venir à n'avoir plus aucune « bonne raison » de ne pas croire. C'est toujours à cause de raisons issues de la raison que la volonté est invitée à donner son assentiment. Dans l'acte de foi, on n'a évidemment pas l'évidence des choses dans leur réalité, mais on peut avoir l'évidence de leur crédibilité. C'est l'objet (de l'intellect) qui, par sa force majeure de vérité, provoque et décide notre volonté à faire pression sur notre esprit pour qu'il ait la docilité de se rendre à Dieu. Et les raisons de crédibilité peuvent aller jusqu'à l'évidence. On est loin, ici, du « pari »...

Le « négatif non peccamineux »

Pour achever cette recension critique de l'ouvrage de l'abbé de Tanoüarn, nous reviendrons un instant sur cette notion baroque de « négatif non peccamineux » que nous avons introduite ici plus haut, puis nous nous pencherons, pour n'en dire que quelques mots, sur un problème qui excède les propos de cet auteur à son sujet.

Cajetan, après le Pseudo-Denys, déclare (voir *Une histoire du Mal*, pages 268 et 269) : « Toute réalité créée possède un mélange de mal (*admixtionem mali*) de nature ou de culture (*malum naturale, malum moris*). » Cajetan (dans le sillage duquel pense l'abbé de Tanoüarn) ne met pas en cause seulement le péché originel, il reconnaît que la nature elle-même telle qu'elle est sortie des mains de Dieu comporte une certaine dose de mal (cf. son IIIe discours d'apparat en 1502, devant Alexandre VI Borgia). Le mal vient, selon Denys et saint Thomas, de ce que tout être créé provient du néant, en lequel tend à se résoudre toute créature. Mais l'idée que le monde ne peut subsister sans connaître le mal est propre à Cajetan, et, nous déclare l'abbé de Tanoüarn, elle est absolument moderne. « En substance, Cajetan nous explique que, d'une certaine façon, nos natures sont essentiellement mauvaises. Mais de quoi pouvons-nous nous plaindre ? Elles ne seraient pas nos natures si elles n'étaient essentiellement mauvaises » (p. 269). À ces observations fait écho la fameuse formule de Pascal : « La nature a des perfections pour montrer qu'elle est l'image de Dieu, et des imperfections pour montrer qu'elle n'en est que l'image » (*Pensées*, § 580). En dépit de la valeur poétique de ces observations, force est de refuser le sens métaphysique des formules qui, prises en rigueur, signifieraient que Dieu doit composer avec le mal pour créer, que Dieu est un créateur de bien congénitalement affecté par du mal, ainsi un créateur de mal, un mauvais dieu qui se fait pardonner son impéritie en tirant le bien du mal, en tirant l'Incarnation de la Chute, et la surabondance de grâces du péché, et au fond en tirant la grâce de la nature supposée essentiellement mauvaise. Si l'on a daigné prendre en considération nos propos précédents relatifs au négatif non peccamineux, on voudra bien observer que le mal n'est nullement le négatif, la lutte et l'effort, la souffrance même, puisque le Bien, assumant en lui-même de toute éternité, avant la création du monde et d'un esprit fini, tous les degrés de sa participabilité, est essentiellement victoire sur le degré nul de participation à la perfection qu'il est, tout comme l'être est intemporellement victoire sur le néant ; et c'est, au reste, parce qu'il en est ainsi que la création n'ajoute rien à Dieu ; si la diffusibilité du bien est définitionnelle de sa perfection, alors le Bien doit envelopper dans son essence l'acte de la diffusion de lui-même dans et à lui-même, s'il entend conserver le caractère contingent de sa décision de créer ; or être ce qui se communique à soi-même, c'est être cet Être qui a ce qu'il est, qui n'est pas ce qu'il est pour l'avoir, et qui est ce qu'il a (ainsi n'est pas) pour l'être ; or ce qui est capable sans contradiction d'être ce qu'il est en se faisant le non-être de soi-même, c'est ce qui s'affirme dans sa négation, se renie dans ce dont le propre est de se renier en lui, ce qui réduit au statut de moment (du processus circulaire dont il est le résultat) le résultat du processus dont il est l'initiateur, bref, c'est ce qui est identité à soi réflexive et de ce fait négation de négation, maximisation du négatif. Ce qui définit le vrai mal, le mal moral, est, bien au contraire, la privation librement consentie, dans un être, d'une perfection qu'il devrait avoir par nature. Or ce mal moral, loin de relever du négatif, consiste bien plutôt en un refus d'assomption du négatif. Le mal, ce n'est pas la nécessité en laquelle se trouve l'arbre de s'épuiser à produire des graines et des fruits, ce n'est pas la nécessité en laquelle se trouve le bourgeon de se dilacérer pour faire advenir la fleur du sein de sa blessure, c'est cet arbre qui refuserait de s'aliéner dans le service de la génération de ses rejetons, c'est la graine crispée sur elle-même qui ne voudrait pas mourir à soi, c'est le Juif qui se refuse à sa conversion qui le supprime en tant que Juif, c'est le refus de l'« *Aufhebung* », non l'« *Aufhebung* » elle-même. La vérité captive contenue dans la nouveauté cajétanienne (idée « absolument moderne », dixit l'abbé de Tanoüarn), c'est la notion hégélienne de **réflexion ontologique** (« *das Wesen als Reflexion in ihm selbst* », Logique de 1812). Mais cette dernière, loin de nous faire haïr le rationalisme, nous invite bien plutôt à radicaliser l'intellectualisme de l'École thomiste.

En dernier lieu, le féminisme de l'abbé de Tanoüarn, corollaire de son philosémitisme et plus généralement de son surnaturalisme, nous paraît devoir être corrigé, mais plus généralement sa manière de référer l'homme d'aujourd'hui à l'état édénique pré-lapsaire comme à son idéal pour notre temps infralapsaire de créatures rachetées : nous n'avons plus du tout, selon nous, vocation à revivre dans un paradis terrestre. La soumission de la femme à l'homme ne serait pas, selon notre auteur, normative de la condition essentielle de la femme, mais une simple conséquence du péché que la grâce aurait vocation à atténuer. À en juger par l'invasion féministe contemporaine, il faut croire, si notre cher Guillaume est dans le vrai, que véritablement la grâce surabonde aujourd'hui... L'abbé Guillaume de Tanoüarn raisonne ainsi (il n'est pas le seul il est vrai, tous les surnaturalistes le font, de quelque bord qu'ils soient) : la Bible semble présenter la soumission de la femme à l'homme comme l'effet du péché[11] ; elle semble présenter la division de la communauté humaine en races et en cultures différentes lors de

---

[11] « Ton désir te poussera vers ton homme, et il te dominera » (Gen. II, 16).

l'épisode de Babel où l'orgueil est châtié, donc encore comme effet du péché ; elle semble présenter comme un châtiment l'obligation en laquelle l'homme fut placé de travailler, tout comme sa vocation à mourir, tout comme encore la naissance de l'autorité de l'homme sur l'homme et la genèse du pouvoir politique (ce qui fit croire à saint Augustin, dans *La Cité de Dieu* au livre XIX chapitre 15, que l'unique vocation du politique serait castigatrice, comme châtiment[12]) ; et la Bible semble présenter comme péché, précisément, la vocation naturelle de l'homme à connaître rationnellement la différence du bien et du mal. Puis donc que ces déterminations de la condition humaine ne seraient pas intrinsèques à la nature humaine mais résulteraient du péché, soit comme blessures soit comme remèdes amers, alors, pense-t-on, la vie chrétienne qui est surnaturelle doit progressivement effacer ces caractères. Et pourtant on a bien au contraire de bonnes raisons de penser que l'homme est par nature mortel, que sa nature intègre est celle qui se fût révélée en sa pureté dans un état de pure nature qui n'eut pas d'existence historique mais qui doit rester le vrai paradigme de la nature pour le philosophe : l'homme auquel nous devons apprendre à ressembler, ce n'est ni l'homme de l'état supralapsaire orné de dons préternaturels, ni l'homme habité par une nature déchue (le païen), mais l'homme naturel de l'état de pure nature blessé par une tache (dont même les baptisés subissent les effets) et de surcroît surélevé par la grâce. Or de ce point de

---

[12] Citant saint Luc (XXII, 27) et saint Paul (Rom. XIII, 1) (« Que celui qui veut être le premier parmi vous soit celui qui sert », « *Non est potestas nisi a Deo* »), l'abbé de Tanoüarn (p. 148), dans une ligne bien augustinienne, déclare que, par l'Incarnation, l'autorité a pu enfin se concevoir comme sacrée, que l'huile dont Samuel a oint Saül et David, en tant que désormais spirituelle, peut oindre aujourd'hui le roi qui a un cœur chrétien. C'est là insinuer que l'autorité de l'homme sur l'homme ne serait pas de droit naturel mais aurait besoin de la surnature pour être fondée ; dans cette perspective, c'est la grâce qui révélerait positivement la nature à elle-même, et c'est le péché qui, négativement, en tant qu'il est lui aussi à sa manière « surnaturel », révélerait la véritable vocation et la profondeur de la nature.

vue, l'homme était par nature mortel, il était dans l'« *intentio naturae* » qu'il mourût, cela relève du négatif non peccamineux et non du péché ; et il en est de même pour la domination naturelle de l'homme sur la femme, de la vocation laborieuse de l'homme, de sa vocation à penser selon le principe de raison, de la vocation du genre humain à se différencier en races et en cultures hiérarchisées expressives de tous les aspects de la nature et du génie humains, et de tous les degrés de réalisation de sa perfection spécifique. Mais alors pourquoi, dira-t-on, la Bible présente-t-elle ce qui relève de l'« *intentio naturae* » comme effet du péché ? Voici :

Les dons préternaturels, tout aussi gratuits que la grâce, n'étaient pas nécessaires pour « équilibrer » l'homme intègre, ils le dispensaient seulement d'avoir à lutter pour actualiser toutes les potentialités de sa nature ; l'homme intègre, même avec la grâce mais dépourvu de tels dons, aurait eu vocation à coopérer librement, par son irascible et sa volonté, à la maîtrise des forces inférieures de sa constitution, lesquelles, naturellement et sans qu'il y ait défaut ou péché, tendent à se soustraire au magistère des puissances opératives supérieures. Tel est l'effet de ce que nous avons nommé ici « négatif non peccamineux » : il est définitionnel de la forme et de l'acte en général de se faire victorieux de la puissance en laquelle ils s'anticipent, ainsi de faire se renier ce en quoi ils se renient ; mais cette victoire se fût accomplie sans pénibilité, sans angoisse et sans heurts, avec la joie liée à l'exercice de la force sûre d'elle-même, telle une souffrance consentie parce qu'immédiatement convertie en jubilation, et même voulue et rendue désirable en tant que gravide de cette promesse de jubilation. Le mal moral, ainsi le mal tout court, ablatif de la grâce et des dons préternaturels, mais aussi générateur d'une déviation, est — tout en un — une privation d'un bien et l'édulcoration de cette négativité œuvrant en toute chose pour la faire être. Le mal porte en lui-même son propre châtiment, puisqu'il consiste dans la privation d'une perfection, laquelle frustre les appétits naturels et les appétits élicites qui les spécifient. Et cette frustration se traduit par la nécessité d'exercer le négatif ontologiquement inscrit en tout homme par sa nature, mais sur le mode désormais d'une langueur, d'une absence d'enthousiasme, de combativité, de pugnacité, et qui se solde par l'acédie, la négligence, l'impuissance, l'exténuation du désir. Il était dans la vocation du genre humain de se plurifier en races et en peuples dotés de cultures et de langues diverses, et il est convenable de penser — parce que la nature des choses est bien faite et que la grâce ne s'oppose pas à la nature — que cette diversification se fût produite même si l'homme n'avait pas péché. Dans cette perspective, le Bon Dieu semble nous dire, dans la Bible : Puisque vous avez usé de vos désirs de manière désordonnée, absolutisant ce qui, selon la logique de la dialectique de l'Amour dans le *Banquet* de Platon[13], avait vocation à être aimé pour être crucifié, c'est désormais dans la souffrance, en étant sommés d'agir contre vous-mêmes, en faisant s'exercer contre elles-mêmes — non pas dans ce qu'elles ont de naturel, mais en ce qu'elles portent d'antinaturel par suite de la blessure et de la déviation qu'elles se sont infligées — vos facultés, que vous tendrez vers le bien. Ce n'était pas la plurification du genre humain en peuples divers qui était mauvaise ou effet du péché ou châtiment du péché, c'est le fait que désormais vous vivrez cette plurification sans être capables d'éviter tous les déboires qui sont par accident liés à une telle opération diversifiante quand elle est pratiquée par des peuples soumis à leurs passions : guerres, rapines, exploitations, esclavage, etc. Et ce qui est dit ici de l'épisode de Babel vaut pour les autres événements qui ont été évoqués plus haut.

Le négatif inscrit en tout être, la réflexion ontologique, est si peu peccamineux, pris en lui-même, que même Adam et Ève avant le péché furent invités à connaître une épreuve. Préservés par les dons préternaturels de l'épreuve de cette lutte naturelle

---

[13] Tendre vers un bien fini afin d'actualiser le désir qui, actuel, devient désirable à lui-même et fait retour sur soi pour, en contrepartie, prendre acte de la disproportion foncière entre lui et son objet, et ainsi se lancer en direction d'un bien supérieur en sacrifiant l'inférieur.

consistant pour la créature à coopérer librement — ratifiant opérativement cette victoire ontologique intestine à la créature et dont elle est l'effet — à cette victoire, ils furent néanmoins invités à assumer une épreuve (celle de la tentation, solidaire de l'interdiction divine) ; pour eux aussi vaut la formule : « Parce que tu étais agréable au Seigneur, il est nécessaire que la tentation t'éprouve » (Tobie, XII, 13). Selon nous, une telle épreuve ne doit pas du tout s'entendre comme nécessité de court-circuiter la nature (le magistère de la raison sur la volonté, le désir naturel de connaître les raisons du bien et du mal) pour habiliter la volonté à aimer Dieu d'un amour d'amitié (surnaturel) ; elle doit s'entendre comme nécessité de faire participer consciemment par la créature, afin de sonder les entrailles de sa nature et de pressentir spéculativement le mystère de l'être, le conflit intérieur à tout être en tant qu'être convertissant le négatif en être. Dans le cas de nos premiers parents, les dons préternaturels les en empêchaient plutôt qu'ils ne le favorisaient. S'il est dans la vocation naturelle de l'homme de crucifier, même en ce qui concerne l'ordre purement naturel, les biens inférieurs pour s'habiliter à tendre vers les biens supérieurs, alors il est dans la vocation naturelle de l'homme surnaturalisé par la grâce de consentir à renoncer ponctuellement aux biens naturels accessibles par des moyens naturels au profit de biens surnaturels accessibles par la grâce seule. L'intromission de la grâce ne renverse nullement, dans le jeu naturel d'action réciproque entre intellect et volonté, le primat de l'intellect sur la volonté ; elle produit seulement ceci, à savoir que, aussi longtemps qu'on ne peut connaître Dieu face à face (à ce stade, c'est la Vision, où le Verbe se fait l'espèce par laquelle l'intellect béatifié Le pense, de sorte que la génération de la charité est encore ici consécutive à la connaissance), il faut accepter ponctuellement de laisser la volonté informée par la charité l'emporter sur l'intellect habité par la seule foi (et *a fortiori* sur l'intellect tout court), afin de préparer le rétablissement du primat de l'intellect à un niveau supérieur ; et l'injonction divine de renoncer à l'arbre de la connaissance du bien et du mal n'avait pas d'autre but que de faire poser par nos parents cet acte d'acceptation. **Il est définitionnel du supérieur de se rendre victorieux de ce à quoi, s'aliénant momentanément en lui, il se subordonne ; en se subordonnant momentanément à l'inférieur (agir sans comprendre en faisant seulement confiance, laisser ponctuellement la volonté l'emporter sur la raison), le supérieur *entre dans la compréhension* de la dialectique intestine à raison de laquelle il est effectivement supérieur. En termes hégéliens, il est définitionnel de l'*entendement* d'éprouver la douleur du *négativement rationnel* (le dialectique) pour se faire *raison* ou positivement rationnel.** Il n'est pas difficile de comprendre qu'un imbécile est incapable de savoir qu'il l'est, et qu'il faut être intelligent pour savoir qu'on est bête. Une raison humaine qui se prend pour la raison divine est évidemment une raison imbécile. Mais de ce fait même, une raison finie qui prend acte de sa finitude est une raison qui se considère du point de vue de l'Infini, qui participe au mieux à l'Infini dont elle est l'image, en tant qu'elle s'objective sa finitude et par là, sous un certain rapport, s'en émancipe. Elle en vient, sans cesser d'être finie, à tendre à coïncider avec ce moment de finitude obligée que, intemporellement, avant la création du monde et d'un esprit fini, la Raison infinie assume pour se faire concrètement infinie : un infini exclusif du fini, l'ayant par là hors de soi, est comme finitisé par lui, de sorte qu'il n'est infini qu'en se faisant victorieux de la finitude, et il ne s'en fait victorieux qu'en l'assumant, en l'ayant en soi comme conservée et niée ; et c'est parce qu'elle s'atteint comme finie mais en sachant que cette finitude est assumée par l'infini que la raison finie, coïncidant avec l'Infini dans le moment de sa finitude, s'exhausse sans cesser d'être finie à une certaine compréhension de l'infini. L'acte de confiance imposé par Dieu à Adam n'avait pas d'autre sens que celui-là : faire ratifier par la raison finie la conscience de sa propre finitude, et par là faire accéder la raison, selon le mode qui convient à une créature, à l'Infini. Ce renoncement dialectique à la possibilité de prétentions désordonnées avait vocation à faire s'affirmer la raison dans sa puissance, en tant que raison. À toute distance d'un sacrifice de la raison supposée orgueilleuse par essence, la confiance en Dieu fait se radicaliser les pouvoirs totalitaires de la raison.

La suggestion que nous avons formulée plus haut et que nous avons qualifiée de « baroque »[14] (« négatif non peccamineux », « réflexion ontologique ») permet peut-être d'éviter une difficulté dans le corpus thomasien, relative à la question qui vient d'être évoquée. L'état de pure nature ne fut pas envisagé, sinon de manière toute verbale, par saint Thomas. En effet, lorsqu'il évoque[15] les réquisits de la béatitude par lui définie telle une actualisation du désir naturel de vision de Dieu, il remarque que la nature ne fait pas défaut dans les choses nécessaires, que rien n'est plus nécessaire à l'homme que ce par quoi il atteint sa fin ultime, et que Dieu a donné à l'homme le libre arbitre, qui est naturel, et par lequel l'homme peut se tourner vers Dieu qui le béatifie en lui donnant sa grâce ; et saint Thomas d'ajouter, en citant Aristote : ce que nous pouvons obtenir par nos amis, nous le pouvons d'une certaine façon par nous-mêmes (*S. Théol.* I^a II^{ae} q. 5 a. 5, 1)... On conviendra que, par cette solution, qu'il faut bien qualifier de verbale, le Docteur angélique ne plaide guère, objectivement parlant, en faveur de la thèse de la gratuité de la grâce. Dans la même perspective, il se demande[16] si, la mort physique et l'infirmité de notre raison constituant les plus lourdes peines (*poenae*), ces dernières sont *stricto sensu* des peines résultant du péché ; il répond évidemment, à bon droit, qu'elles sont d'abord des déficiences de notre nature en tant que nature même intègre, puisque l'homme est par nature mortel en même temps que, par nature, il est impuissant à connaître Dieu tel qu'en lui-même, c'est-à-dire, pour notre Docteur, tel qu'il se connaît lui-même. Mais il sait que

---

[14] Par « baroque », nous entendons ici : du classique riche de ce dont l'autonomisation — qui ne doit pas avoir lieu — produirait du romantisme ; ainsi le baroque est-il du classique victorieux du romantisme qu'il assume.
[15] *S. Théol.* I^a II^{ae} q. 5 a. 5, 1.
[16] *C.G.* IV, 52.

« *impossibile est autem naturale desiderium esse vanum* »[17]. Aussi ajoute-t-il : « *satis probabiliter poterit aestimare...* », on peut estimer que Dieu a uni une nature supérieure à une nature inférieure pour que la première dominât la seconde ; s'il arrivait que quelque déficience naturelle gênât cette souveraineté, on devrait supposer qu'une grâce spéciale, surnaturelle, viendrait lever cet empêchement. Derechef, force est de remarquer : que reste-t-il de la gratuité de la grâce ?[18]

C'est l'intégration à l'hylémorphisme thomiste de la doctrine du « négatif non peccamineux » qui permet de comprendre que l'état de pure nature eût été viable sans violence et sans injustice, par là que la grâce est véritablement gratuite, ainsi que les dons préternaturels.

Volontarisme, judaïsme et féminisme

La connaissance, pour l'abbé de Tanoüarn, est au fond ce qui enferme l'homme en lui-même et lui donne l'illusion de se suffire à lui-même, alors que l'amour le fait sortir de soi, lui enjoint d'attester sa dépendance ; on doit renoncer au fond à savoir par la raison, et se consacrer à croire dans un acte de confiance inspiré par l'amour (ainsi existe-t-il pour notre auteur, en plus d'une foi théologale, une « foi naturelle ») : c'est dans la confiance que s'exprimerait le meilleur de l'homme, dans l'abandon féminin au sentiment intelligent. Et parce que la raison est cette forme de connaissance qui prétend rendre raison de son objet, le dissoudre en elle (le faire renoncer à son altérité chosiste en le réduisant à son intelligibilité confondue avec celle de l'intellect qui le pense), le faire par là accéder en elle au statut de savoir de lui-même, alors la raison prétendant arraisonner l'amour serait en l'homme la puissance la plus malfaisante qui

---

[17] *Comp. Theol.* q. 104.
[18] *S. Théol.* I^a q. 95 a. 1 : la grâce est la racine et le principe des autres dons surnaturels, de laquelle font partie : grâce sanctifiante, vertus théologales, dons d'intégrité = exemption de la concupiscence, de la mort corporelle, don d'impassibilité, don de science.

soit, elle serait comme la forme *a priori* de l'orgueil et la pulsation même du péché. Par de telles prémisses, notre abbé se rapproche spectaculairement de la pensée d'un Emmanuel Lévinas (voir *Éthique et Infini*, Fayard, 1982) ou d'un Franz Rosenzweig (pathologiquement anti-hégélien), selon lesquels la relation à l'Infini n'est pas Savoir mais Désir (Tanoüarn dirait : « cœur »), lequel est comme une pensée qui pense plus qu'elle ne pense, ou plus que ce qu'elle pense. « L'humanité dans son être historique et objectif, la percée même du subjectif, du psychisme humain, dans son originelle vigilance ou dégrisement, c'est l'être qui se défait de sa condition d'être : le dé-inter-essement. C'est ce que veut dire le titre du livre : *Autrement qu'être*[19] (…) En ce qui concerne la connaissance : elle est par essence une relation avec ce qu'on égale et englobe, avec ce dont on suspend l'altérité, avec ce qui devient immanent, parce que c'est à ma mesure et à mon échelle. Je pense à Descartes, qui disait que le cogito peut se donner le soleil et le ciel ; la seule chose qu'il ne puisse se donner, c'est l'Idée d'Infini. La connaissance est toujours une adéquation entre la pensée et ce qu'elle pense. Il y a dans la connaissance, en fin de compte, une impossibilité de sortir de soi ; dès lors, la socialité ne peut avoir la même structure que la connaissance » (*op. cit.* p. 96-97). Par voie de conséquence, la relation à l'autre consistant non à le connaître mais à « être en face », dans la réciprocité des visages, il est logique au fond que cette pensée profondément juive (Lévinas discerne dans Auschwitz la Passion de son peuple christique qui dans la chambre à gaz « fait mourir la mort ») en vienne à interdire aux anges d'exister : « l'incarnation de la subjectivité humaine garantit sa spiritualité (je ne vois pas ce que les anges pourraient se donner ou comment ils pourraient s'entraider) » (*id.* p. 93). Et le dieu de Lévinas, le dieu de la doctrine secrète des Juifs cabalistes, c'est cette force gnostique inconsciente accédant à la conscience d'elle-même en l'homme juif, le seul possédant la « *Neschama* » (l'âme humaine, au rebours des Goïm qui n'ont que la

---

[19] *Autrement qu'être ou au-delà de l'essence.*

« *Nephesch* », âme animale). Telle est l'issue de la pente glissante sur laquelle se risque notre abbé, lequel n'a manifestement pas compris, ou n'a pas voulu comprendre, que si connaître (et singulièrement connaître en rendant raison, puisque la rationalité culmine dans le système posant ce qu'il présuppose, qui en retour déploie discursivement l'acte réflexif du cogito intuitif) consiste bien à *se* connaître, ce n'est pas pour autant que la connaissance serait un enfermement : la racine intelligible du moi n'est pas moi mais ma nature, racine et principe des différences entre moi et autrui, et cette nature, qui dans son fond est ma raison même, n'est pas ce que je possède et par quoi je possède, mais ce qui me possède et m'ouvre à ce qui est plus que moi, en me sommant, par sa nécessité, de révoquer l'arbitraire de ma subjectivité, le terrorisme de mes amours déchaînées, et l'érotisme inavoué de la liberté infinie. S'aimer soi-même, c'est aimer sa nature, aimer la manière dont notre nature condescend à s'individuer en nous, c'est épouser l'acte à raison duquel notre nature s'aime en nous. Ce qui revient à aimer sa nature *comme lui étant rapporté* et non en la rapportant à soi, et cela n'empêche pas notre amour d'être intéressé, captatif et viril dans l'exercice même de sa reddition abnégative à sa raison d'être (on n'a pas une nature ou essence pour être une personne, on est une personne pour faire se réaliser les perfections d'une nature, ainsi pour faire rayonner quelque aspect de la connaissance éternelle, *ad extra*, que Dieu a de soi-même en tant que participable) ; et parce que cet *amour* de notre nature est amour *de soi* de notre nature en nous, un tel amour est enté sur l'acte circulaire à raison duquel notre nature s'atteint, lequel acte, en tant que circulaire, est celui-là même d'un cogito, ainsi encore d'une pensée rationnelle. L'amour est force d'union et de concrétion (*S. Théol.* I^a q. 20 a. 1), il est principe d'engendrement ; l'acte vital est au fond un acte d'amour (le vivant est bien ce qui engendre et coopère à son engendrement, ce qui se diversifie et qui s'unifie), et, comme l'enseigne admirablement Aristote (*Éthique à Eudème*, VII 12), « le fait de vivre doit être posé comme une sorte de connaissance », tout acte de vivre — même

ANNEXE I

le plus inconscient — a la forme inchoative d'un acte de connaître ; le Monde d'Aristote, disait Ravaisson, « est une pensée qui ne se pense pas suspendue à une Pensée qui se pense ». La plus haute forme d'amour est donc la connaissance, et tout amour aspire à se faire connaissance, au point que (Jn XVII) : « *haec est autem vita aeterna : ut cognoscant Te, solum Deum verum, et quem misisti Jesum Christum* »[20]. *Connaître* les choses, c'est les *aimer* et leur vouloir du bien, puisque c'est là les faire accéder à un mode d'existence supérieur au leur propre : « *Item, formae rerum sensibilium perfectius esse habent in intellectu quam in rebus sensibilibus ; sunt enim simpliciores et ad plura se extendentes ; per unam formam hominis intelligibilem, omnes homines intellectus congnoscit* » (*CG* II 50)[21]. Et *connaître* Dieu, c'est encore *aimer* Dieu puisque c'est consentir à se faire l'instrument par lequel Dieu jubile en exerçant Sa participabilité en nous, et en vient à Se penser en nous, de sorte que notre convoitise (connaître Dieu) n'est que l'envers de l'acceptation de notre condition : nous faire les instruments de la gloire de Dieu, nous réduire autant que possible, sur un mode participatif, à l'acte par lequel Dieu se connaît et s'aime : « *Impossibile est autem naturale desiderium esse vanum. Consequimur igitur ultimum finem in hoc quod intellectus noster fiat in actu, aliquo sublimiori agente quam sit agens nobis connaturale, quod quiescere faciat desiderium quod nobis inest naturaliter ad sciendum. Tale est autem in nobis sciendi desiderium, ut cognoscentes effectum, desideremus cognoscere causam, et in quacumque re cognitis quibuscumque ejus circumstantiis, non quiescit nostrum desiderium, quousque eius essentiam cognoscamus. Non igitur naturale desiderium sciendi postest quietari in nobis, quousque primam causam cognoscamus, non quocumque*

---

[20] Telle est la vie éternelle : qu'ils Te connaissent, Toi le seul vrai Dieu, et Celui que Tu as envoyé, Notre Seigneur Jésus-Christ.
[21] Les formes des réalités sensibles ont un acte d'exister plus parfait dans l'intellect que dans les choses, en tant qu'elles y sont plus simples et s'étendent à plus de réalités ; par une seule forme intelligible de l'homme, l'intellect connaît tous les hommes.

modo, sed per ejus essentiam. Prima autem causa Deus est (...) Est igitur finis ultimus intellectualis creaturae Deum per essentiam videre » (*Compendium* ch. 104). « *Ad hoc igitur quod ipse Deus fiat forma intellectus ipsum cognoscentis, et coniungatur ei non ad unam naturam constituendam, sed sicut species intelligibilis intelligenti. Ipse enim sicut est suum esse, ita sua veritas, quae est forma intellectus* » (*Comp.* ch. 105)[22]. Et l'amour volontaire qui se repose en l'objet connu, c'est le désir même de connaître, mais en tant que donné à lui-même par l'intellect à l'acte duquel la volonté est ordonnée, laquelle procède de l'intellect puisqu'il est son moteur et sa fin : même dans la Vie trinitaire, l'Amour spirituel procédant du Père et du Fils est mesuré par le Logos filial et s'ordonne au Père qui connaît, et dont l'Amour, en tant que procédant du Père, loin d'avoir raison de fin pour la connaissance paternelle, médiatise l'acte de cette connaissance et son Fruit. Absolument parlant, l'intellect est supérieur à la volonté (*S. Théol.* I^a q. 82 a. 3), car l'objet de l'intellect est supérieur à celui de la volonté ; il est « *simplicius et magis absolutum* », car il est « *ipsa ratio boni appetibilis* ».[23] Or « *quanto autem aliquid est*

---

[22] Le désir naturel ne saurait être vain. Ainsi atteignons-nous notre fin dernière en cela que notre intellect devient en acte par un agent supérieur à cet agent qui nous est connaturel, et qui fait se reposer le désir qui est naturellement en nous. Le désir naturel de savoir se comporte en nous de manière telle que, connaissant l'effet, nous désirons connaître la cause ; quelle que soit la chose connue, et tout ce qui se rapporte à elle, notre désir ne se repose pas aussi longtemps que n'est pas connue l'essence de cette chose ; notre désir naturel de connaître ne peut donc se reposer aussi longtemps que nous ne connaissons pas la cause première, et ce non pas n'importe comment mais par son essence ; mais cette dernière est Dieu (...), aussi la fin ultime de la créature intellectuelle est-elle de voir Dieu par son essence. (...) Et il faut pour cela que Dieu lui-même devienne la forme de l'intellect connaissant, et lui soit uni non pour constituer une seule nature, mais à la manière dont l'espèce est unie à l'intellect. Dieu est en effet son acte d'exister, par là sa vérité, laquelle est la forme de l'intellect.
[23] Plus simple et plus absolu, car il est la raison elle-même du bien appétible.

ANNEXE I

simplicius et abstractius, tanto secundum se est nobilius et altius (...) *verum dicitur magis absolute, et ipsius boni rationem significat ; unde et bonum quoddam verum est* ».[24] Aimer est certes supérieur à connaître quand l'objet est supérieur à l'intellect (II^a II^{ae} q. 23 a. 6), mais en dernier ressort (cf. Jn XVII) l'amour est ordonné à l'intellection, et la foi passera. Tout intellect est à la fois femme et homme ; il est femme en tant que, comme intellect possible, il reçoit l'espèce qui l'informe, ainsi l'engrosse, et il accouche du « *verbum* » ; mais il est homme en tant que, comme intellect agent, il produit l'actualité de l'intelligible : il s'engrosse lui-même par la médiation du connaissable extérieur. Ce qui revient à dire, comme on l'a vu, que la plus haute forme de l'amour est le connaître même (si la connaissance fait aimer, on aime pour connaître), et ce connaître qui remonte à la Raison de toute chose, y compris de lui-même. En tant qu'elle accomplit l'engendrement par la maternité, on peut dire sans mépris que la femme a vocation à penser, plus volontiers, dans et par sa chair ; son « *conceptus* », c'est son enfant de chair, et c'est en tant que dominée par l'homme, naturellement et non par effet du péché, que la femme a vocation à accéder à la spéculation. La femme est la personnification de l'intellect possible, l'homme la personnification de l'intellect agent, et tous deux sont comme les réalisations hypostatiques des moments constitutifs de l'acte de connaître qui forme leur nature commune. À prétendre subordonner la connaissance à l'amour, l'abbé de Tanoüarn aspire secrètement à subordonner l'homme à la femme, et, ce faisant, il fait régresser et la connaissance et l'amour ; de surcroît, il subordonne le Chrétien au Juif. Le Juif est un Mutant, il est cet être non païen qui se refuse à se sublimer en chrétien, cette *Femme* (toute âme est femme en tant que courtisée par la grâce) se refusant à consommer son élection, à recevoir la grâce qui fait les chrétiens (le rejeton de l'âme fécondée

---

[24] Plus une chose est simple et abstraite, plus elle est, prise en elle-même, élevée et noble (...) le vrai est dit plus absolu <que le bien>, il signifie la raison même de bien ; de là le vrai est un certain bien.

par la grâce, c'est cette même âme en tant que recréée, c'est l'Homme nouveau), à mourir à soi pour se convertir en l'*Homme* chrétien. La femme est matière, l'homme est forme, mais la matière est puissance des contraires, elle fait s'identifier en elle les contraires, et c'est pourquoi, contradictoire, elle est sur le mode de l'être en puissance, qui est puissance à être, et c'est en étant vaincue par la forme qu'elle se réconcilie avec elle-même, de sorte que la femme se réconcilie avec soi en étant dominée par l'homme ; sans son magistère, elle est en conflit avec elle-même, insupportable à elle-même et, de ce fait, insupportable à tout le monde. Le Juif, comme l'avait bien vu Otto Weininger, par là qu'il se refuse à ce qui l'*achève*, est cette instance féminine insurgée contre elle-même qui, à défaut de se transformer en homme, rêve de transformer les hommes en femmes, à son image. La féminisation des sociétés occidentales est le corollaire obligé de leur judaïsation, non seulement parce que la volonté de puissance judaïque a besoin de corrompre les sociétés d'ordre, de les désarmer en les féminisant, mais encore et plus profondément parce qu'il existe une affinité principielle entre l'essence de la judéité et celle de la féminité.

Il n'est pas étonnant, tout cela étant dit, que l'abbé de Tanoüarn aille chercher ses leçons de théologie chez Mère Myriam, juive hongroise jamais vraiment convertie, associant ignoblement l'étoile de David à la Croix du Christ, et que même les autorités conciliaires en sont venues à sanctionner. Il est intéressant, à propos de l'enseignement de Mère Myriam ayant déteint sur la réflexion de l'abbé de Tanoüarn, de noter que c'est probablement dans *Israël et l'humanité* du rabbin Elie Benamozegh qu'elle est allée puiser ses leçons d'exégèse. Ce dernier y affirme que dans l'avenir le christianisme devra être modifié (Vatican II a inauguré ce processus de judaïsation de l'Église mené par la maçonnerie) pour se limiter à une religion noachide (qui ne parlera plus ni de la Trinité ni de l'Incarnation), religion pour les Goïm commençant en ce monde et finissant en lui, bonne au mieux pour ce monde, tandis qu'Israël, attaché au mosaïsme, devra recouvrer ses privilèges : le Juif seul est détenteur du sacerdoce ; tous les peuples doivent, pour unir le fini à l'Infini, ainsi se relier à Dieu, passer par la médiation du peuple juif. Le Traité *Sanhédrin* (57) du Talmud précise : « On obligera le Gentil à observer les lois de Noé. » Les sept Lois noachides y sont exposées (56 b) et déduites du verset : « Hachem-Eloquim donna ordre à l'homme, en disant (*lémor*) : *De tous les arbres du jardin, tu mangeras* » (Bereschit II, 16). On voudra bien convenir que la coïncidence est curieuse. « La constitution d'une religion universelle est le but final de l'humanité » (*Israël et l'humanité*, rééd. Albin Michel, 1980, p. 28). Quand on sait que l'abbé de Tanoüarn souhaite qu'au vocable de « Église catholique » soit substitué celui de « Église universelle », on en vient à se poser des questions.

Les dilections disparates de l'abbé de Tanoüarn (Maurras, Pascal, Cajetan, de Gaulle, Mère Myriam, Jean-Paul II, le « frère » Bruno Pinchard...) ont une logique secrète et inavouée, et notre avis est que cette dernière ne sent pas bon. L'abbé de Tanoüarn a-t-il encore la foi ? Probablement, à sa manière. Nous voulons penser que, victime d'une pathologie « apostolomaniaque » lui faisant placer — comme aux papes du Ralliement, comme aux occupants du Saint-Siège depuis Vatican II (nous ne saurions quant à nous les tenir indubitablement pour de vrais papes) — l'apostolat avant la vérité, il en est venu — comme peut-être toute l'Église moderniste — à soutenir la stratégie suivante : épouser le processus de mondialisation maçonnique en cours dans l'intention illusoire de le christianiser de l'intérieur, et ratifier les espérances judaïques antichrétiennes en édulcorant la vérité catholique, jusqu'à ce que, si cette christianisation du mal se révèle impossible, à tout le moins la victoire satanique du mondialisme politique et religieux, consommée, en vienne, par sa dynamique à vue d'homme invincible, à se retourner, *in extremis*, au profit du catholicisme intégral ; soit encore : faire se réaliser les conditions historiques d'instauration de l'universalisme catholique par l'universalisme satanique afin de faire se renier ce dernier, en dernier ressort, en réhabilitation ultime du catholicisme. Il nous semble que c'est là peut-être le projet providentiel du Bon Dieu qui seul peut tirer le bien du mal, qui par exemple laissa Adam et Ève se déifier par orgueil afin de racheter l'humanité par le Christ et la déiformer en Lui, réalisant ainsi en vérité et malgré elle le sens et les vœux erronés de la révolte humaine. De même que, dans les tragédies grecques, le héros réalise les plans des dieux en essayant de s'y soustraire, de même la Providence fait se réaliser ses desseins par le péché. Mais ce dont Dieu est capable, qui permet le mal pour en tirer un plus grand bien, n'est pas ce que doivent embrasser les hommes, parce que même pour Dieu — surtout pour Lui — le mal n'est jamais nécessaire. La vérité captive contenue dans cette idée fausse et perverse selon laquelle le mal serait nécessaire à l'avènement du bien (idée au reste thématisée par l'hégélianisme dans ce qu'il a de plus irrationnel et de plus impie), c'est que le Bien absolu, non content de réaliser le plus haut degré possible de bonté, est encore — précisément parce que la participabilité du bien est intrinsèque au bien même, définitionnelle de lui — maître de la participabilité de sa bonté, au point de se faire en lui-même, indépendamment de toute participation effective *ad extra* (créaturelle), assomptif de tous ces degrés finis de bonté, ainsi de s'affirmer dans une négation qu'il vainc en retour souverainement de toute éternité. Ce qui est premier dans un genre est cause de tout ce qui appartient à ce genre, en tant que la cause, qui contient superlativement ses effets, se les communique à elle-même et se fait le résultat — coïncidant avec l'origine — de la négation en elle de leur propre finitude : l'extrême du fini est le néant, et le néant, comme néant de toute chose, est immédiatement néant de lui-même. Pourquoi Dieu a-t-il permis le mal ? Pour en tirer du bien certes, mais non parce qu'il était nécessaire qu'il y eût du mal pour qu'il y ait du bien, précisément dans la mesure où toute privation de bien est déjà assumée par le Bien, de toute éternité, non au titre de privation mais comme finitude éternellement niée, reconduite à son Principe. C'est dans l'arbitraire souverain de la liberté divine, non déductible (sinon en tant qu'il est avéré qu'il est rationnel qu'il y ait de l'irrationnel), que gît le secret de la décision divine de permettre le mal. Ultimement, cette prétention consistant à justifier le mal afin de tenter par la raison d'innocenter Dieu du mal, cette théodicée fondée sur la recherche de « bonnes raisons » de composer avec le mal, relève de ce rationalisme dans ce qu'il a de plus irrecevable, et de plus irrationnel. Telle n'était certainement l'intention de l'abbé de Tanoüarn, mais tel est le résultat de son effort désordonné, qui, dans sa frénésie à condamner le rationalisme, repousse en lui ce qu'il y a de bon pour en recueillir ce qu'il y a de mauvais. Tant il est le vrai que l'enfer est pavé de bonnes intentions.

En guise de conclusion

L'abbé Guillaume de Tanoüarn a quitté la Fraternité sacerdotale Saint-Pie-X pour rejoindre les rangs de ceux contre lesquels s'était érigée cette institution à laquelle il doit sa formation et son sacerdoce. Les raisons de cette défection sont diverses et nous n'avons pas à les commenter ici. Il en est une cependant, d'ordre général, qui n'est pas de la responsabilité de notre abbé, et qui grève depuis longtemps la santé de la FSSPX et plus généralement de *tous* les courants du catholicisme traditionaliste, aussi bien les sédévacantistes que les Ralliés, en passant par les sédéplénistes antiralliéristes. Parce qu'une grave crise la secoue actuellement, il nous paraît opportun de l'évoquer. Dans la FSSPX et ailleurs dans les chapelles rivales, on n'a pas pour premier souci de penser, on se cantonne dans le devoir de transmettre une pensée supposée parfaite, comme s'il était possible de transmettre un dépôt fidèlement sans le repenser et le réinventer (réinventer, c'est redécouvrir et enrichir par le fait de cette nouvelle naissance en nous). L'abbé de Tanoüarn aimait penser, quelque contestables que soient les fruits de sa spéculation, laquelle est toujours brillante et stimulante. Cette obligation en laquelle un homme de sa valeur fut — si l'on s'en tient aux responsabilités de la FSSPX seule — de quitter le giron de la Tradition, révèle en cette dernière, comme dans tous les courants traditionalistes, une faille profonde, *surnaturaliste*, qu'il nous apparaît nécessaire de dénoncer.

La Révélation primitive (le kérygme) appelait le développement homogène du dogme, l'intelligence de la foi ; par les Pères apostoliques, ce développement de l'intelligence de la foi prit une forme apophatiste afin de purifier les représentations anthropomorphiques du divin, et il prit avec l'augustinisme une forme plus ou moins volontariste dans le sillage de l'apophatisme : quand la raison est taxée d'impuissance, on insiste sur les puissances de l'amour non seulement pour aimer mais encore pour connaître Dieu ainsi connu par la simple conscience de l'amour qui Lui est porté. On s'est progressivement aperçu qu'une révolution était nécessaire, dans l'intérêt même de l'amour, qui vit de la connaissance en tant qu'il procède d'elle et lui est ordonné (« la béatitude, c'est qu'ils Te connaissent ») : la charité suppose la foi qui suppose la raison (il faut, pour croire, savoir qu'on croit et savoir ce qu'on croit), la surnature suppose la nature, et ainsi l'intromission de la grâce — qui fait changer la finalité de l'homme en le faisant s'excéder au-delà de ce que lui prescrit sa nature — doit désormais être pensée (ce qui n'avait pas lieu dans l'augustinisme) dans sa différence réelle d'avec la nature et sans la frustrer, cependant que la nature d'une chose est sa fin, d'où le caractère problématique du rapport entre nature et grâce, immanence et transcendance. Ainsi en est-on venu à comprendre que, sans nier la transcendance et l'incompréhensibilité de Dieu (une créature par définition finie ne saurait embrasser du regard l'Infini de perfection), il fallait faire intégrer au message chrétien le meilleur de l'intellectualisme païen, d'où la réhabilitation d'Aristote dans et par l'œuvre thomasienne. D'où aussi le scotisme (aristotélisme avicennien) qui, comme nécessaire contre-épreuve du réalisme thomasien (en particulier dans la tendance de ce dernier à expliquer l'analogie par la causalité, la causalité par la participation, et la participation par l'analogie...), concentre la tension entre d'une part une tendance intellectualiste radicalisée dans le sens de la thèse de l'univocité de l'être en tant qu'être, et d'autre part une tendance volontariste qui réactive l'augustinisme dans ce que ce dernier avait de plus inachevé. Pendant toute la période scolastique, s'est ainsi manifesté le besoin de faire la synthèse du thomisme et du scotisme, synthèse avortée (de Capreolus à Suarez de l'École de Salamanque) dont l'échec produisit, sur son terreau, la montée de la philosophie moderne (Descartes, Leibniz, Wolff), laquelle se développa en s'écartant progressivement de plus en plus du catholicisme, et culmina dans le rationalisme hégélien (tout ce qui, en fait de philosophie moderne, succède à Hegel, n'est que reviviscence plus ou moins heureuse d'un moment dépassé de son système) qui prétend dissoudre la foi (mais Hegel adoptait une conception luthérienne de la foi) dans la raison, et dont l'aspiration à la systématicité échoue à raison même de cette prétention (le troisième « syllogisme de la philosophie », qui clôt l'Encyclopédie hégélienne, est proprement impensable). Ce qui suscita la réaction, avec Léon XIII, du renouveau thomiste. Mais ce dernier, se voulant thomasien et non thomiste, comme « retour aux sources » se dispensant de réassumer (pour le dépasser) l'effort séculaire de l'École pourtant induit par les inachèvements de la doctrine thomasienne, réenclencha sans vouloir le digérer, par là en subissant sa pression sans la diriger, le processus qui avait été rendu nécessaire par la coexistence du thomisme et du scotisme ; de ce fait, il aboutit malgré lui au modernisme de Vatican II, qui résout de manière erronée le problème du point de suture entre nature et grâce (car c'est bien ce problème qui radicalise le problème général de l'intelligence de la foi : conjuguer la transcendance et l'immanence de manière pensable et vraiment satisfaisante pour l'ordre naturel de la raison, ainsi conjuguer la foi et la raison). Le traditionalisme catholique contemporain est quant à lui une réaction, héroïque et légitime, contre le modernisme : toujours, cependant, le privilège donné à l'esprit réactionnaire au détriment de la dynamique des novateurs que la piété bien-pensante abandonne aux méchants... Mais, incapable de résoudre (et même seulement de thématiser) ce problème de point de suture, ainsi incapable de reprendre en le menant à bien le projet qui avait animé le développement thomiste du XIIIe au XVIe siècle (projet dont la réalisation eût dispensé la réflexion chrétienne de subir le développement erratique de la philosophie moderne), l'esprit étroitement conservateur et réactionnaire du catholicisme de Tradition se vit progressivement déchiré entre deux tendances, l'une inchoativement moderniste, l'autre honteusement augustinienne (en dépit de son psittacisme thomasien) et surnaturaliste ; *la crise de l'Église s'est réfléchie dans la Tradition, en ce sens que les causes de cette crise, non adéquatement traitées par les dépositaires de l'autorité dans l'Église, se sont retrouvées dans la Tradition supposée s'opposer aux responsables de cette crise, parce que cette même Tradition, méconnaissant la vraie nature de telles causes, les a laissées intactes* ; la solution moderniste est fausse et destructrice de la foi (Vatican II ne peut être lu à la lumière de la Tradition), mais elle a le mérite de reconnaître que l'intelligence de la foi est confrontée à un problème ; et l'on retrouve la même chose dans la FSSPX : les « ralliéristes » ont tort mais ils pressentent que le conservatisme ou retour à l'avant de Vatican II est gravide de problèmes non résolus, de ceux-là mêmes dont Vatican II est la solution inadéquate, de sorte qu'ils se résolvent à rejoindre, la mort dans l'âme, la forme de vie ecclésiale où il leur semble qu'il est encore permis de penser. Le temps est venu, sur les décombres de l'effort philosophique dispersé et aujourd'hui exténué du post-hégélianisme, et de l'effort de conservation du dogme aujourd'hui mis à mal par les dépositaires officiels de l'orthodoxie catholique, de régler enfin (ce qui suppose qu'on commence par admettre son existence) ce problème né au Moyen Âge, qui parcourt toute l'histoire de la pensée chrétienne jusqu'à nos jours ; le règlement de ce problème prend désormais la forme du projet suivant : faire maintenant une révolution intellectuelle analogue — toutes proportions gardées — à celle du thomisme au XIIIe siècle, à savoir : de même que le thomisme avait introduit Aristote dans l'augustinisme, de même il convient de faire intégrer par le thomisme les *vérités captives* dont la philosophie hégélienne est gravide, parce que l'hégélianisme est la synthèse et l'achèvement — mais dans une perspective gnostique et panthéisante irrecevable théologiquement et en dernier ressort philosophiquement irrationnelle — de la philosophie moderne elle-même issue des apories de la scolastique thomiste ; en d'autres termes : non pas se contenter de lutter contre les erreurs de Vatican II et issues de lui, mais oser poser les prémisses philosophiques rendant possible, par des théologiens intégralement catholiques, l'élaboration de ce qu'eût dû être ce Vatican II programmé par Vatican I s'il avait été mené non pour se réconcilier avec le monde moderne mais pour faire progresser l'intelligence de la foi. Oser formuler un tel projet, c'est évidemment prendre le risque d'être pris pour un moderniste gnostico-panthéiste par les catholiques de Tradition, et pour un réactionnaire schismatique par les catholiques conciliaires, voire par l'aile gauche (fellaysienne) de la FSSPX elle-même. Cela dit, si personne n'en parle, il est à craindre que la « réaction dans la réaction », qui se dessine aujourd'hui de manière émouvante et courageuse, mais de façon désordonnée et non immune de surnaturalisme, dans l'élément d'un lefebvrisme actuellement tenté par les sirènes d'un ralliement, ne reproduise les travers (dont l'actuelle crise est l'effet) — liés à ses ambiguïtés congénitales — de la FSSPX.

Par nature, la volonté est mue par la raison. Il y a causalité réciproque entre intellect et volonté, mais cela ne remet pas en cause le magistère de la raison sur la volonté. Comme il l'a été rappelé plus haut, la raison a des raisons de croire, elle les formule dans les motifs de crédibilité, lesquels peuvent se rapprocher de la certitude. Mais la foi est obscure, le contenu de la foi ne peut pas par lui-même constituer la raison suffisante du jugement de la raison qui, naturellement finie, est incapable par elle-même de comprendre le contenu de la foi en y discernant la vérité nécessitant le jugement. C'est pourquoi, disposée à croire par les motifs de crédibilité auxquels elle parvient par elle-même, la raison doit de plus, pour contracter la foi, être mue par la volonté, non en tant que cette dernière serait habitée par la charité, mais par une grâce ponctuelle ; et c'est en retour seulement après que l'intellect a été informé par la vertu de foi que peut naître la charité dans la volonté. Il en résulte que l'apostolat ne saurait faire précéder la défense de la foi par la charité. Le volontarisme et le fidéisme, fondés sur une fausse conception de l'espérance et de l'obéissance, ici dénoncés à propos des spéculations pascaliennes de l'abbé de Tanoüarn, transparaissent pourtant dans les rangs de la Tradition non ralliée à la Rome moderniste, en particulier dans le contenu de cette récollection donnée aux Frères de la FSSPX, à Flavigny, par l'abbé Pfluger en Noël 2013. Il faudrait faire confiance aux Supérieurs quelque ambiguës que soient leurs démarches, il faudrait accepter l'idée selon laquelle la foi serait pour l'apostolat, il faudrait cesser de critiquer et d'être intransigeant ; il faudrait tempérer le souci d'intégrité doctrinale par une plus grande charité et un esprit surnaturel pétri d'espérance ; il faudrait comprendre que le « pape » a besoin des Traditionalistes et que les choses ne sauraient aller aussi vite que ce que l'impatience des Traditionalistes à voir la Rome moderniste revenir à la Tradition leur dicte ; il faudrait faire précéder l'accord doctrinal par un accord pratique ; il faudrait se persuader que 95 % de Vatican II est bon (alors que même ce qui n'est pas clairement hérétique est pourri par l'esprit général qui l'anime) ; il faudrait ne discerner dans la doctrine conciliaire sur la liberté religieuse qu'une mesure destinée à permettre aux catholiques d'exister et de prêcher en pays musulman ; il faudrait prendre conscience (selon la logique de l'inversion accusatoire) du fait que les vocations baissent en terre traditionaliste à cause du manque d'espérance et de charité de ses habitants, alors que ce sont l'indécision à la tête de la FSSPX, et le sentiment qu'elle est en train de trahir, qui sont les vraies causes du tarissement des vocations ; etc. Il n'est pas douteux que ces enseignements sont dictés par un volontarisme latent dont la position de l'abbé de Tanoüarn n'est au fond que l'expression radicalisée. Si les critiques que nous avons formulées à l'égard de notre téméraire et brillant abbé ont quelque valeur, force est d'en conclure qu'elles atteignent aussi, au moins de manière indirecte, les dirigeants actuels de la FSSPX elle-même. La première des charités est de communiquer la foi, source de toute charité. Pour communiquer la foi, il faut l'avoir ; pour la posséder, il convient d'avoir souci de ne pas la perdre ; telle est la véritable humilité : éviter, quand tout est perdu à vue d'homme — et au nom même de l'espérance qui en tant que vraie est réaliste et non chimérique —, la présomption consistant à prétendre convertir Rome en prenant le risque inconsidéré de se faire happer par les modernistes qui, eux, savent être patients, enjôleurs, machiavéliens et implacables.

ANNEXE II

Des effets de la pathologie surnaturaliste dans le traitement actuel de la question du pape

Introduction

L'auteur de cette annexe, pour le moins, n'est pas théologien de formation. À quoi bon dans ce cas aborder des questions théologiques ? Voici :

Le monde des catholiques traditionalistes est divisé en deux grands groupes : les sédévacantistes, et ceux qui ne le sont pas. À l'intérieur de chacun de ces groupes, on trouve une assez grande quantité de groupuscules plus ou moins importants et plus ou moins sérieux, dotés chacun d'un chef souvent autoproclamé parlant haut et fort (au nom, par exemple, du Grand Pape et du Grand Monarque...), qui s'autorise à jeter l'anathème sur tous ses contradicteurs, en s'appuyant sur une érudition impressionnante aux yeux de l'ignorant à ce titre incapable de se prononcer de manière scientifique tant sur la valeur de cette débauche d'érudition que sur celle des titres que chaque « docteur » peut avoir à faire prévaloir son point de vue à l'exclusion de tous les autres. Comme tout fidèle non théologien, l'auteur se sait en devoir de faire confiance à ses pasteurs, et il se trouve, de surcroît, qu'un tel devoir présente pour lui l'avantage d'être confortable. Mais cette sinécure intellectuelle et morale est compromise à partir du moment où la confiance avec laquelle le fidèle se livrait à ses maîtres se trouve ébranlée par l'expérience faite par celui-là de ce que ceux-ci non seulement ont eu, en telle ou telle circonstance, recours aux pieux mensonges, ou aux mensonges par omission, mais encore du fait qu'ils se sont révélés incapables de chercher ensemble la vérité en faisant fi de leur susceptibilité : leurs controverses supposées loyales se réduisent à des dialogues de sourds au cours desquels chacun attribue à l'autre des thèses inexactes afin de le mieux réfuter, tout en feignant de ne pas avoir entendu les arguments qui peuvent l'ébranler ; cela vaut pour toutes les chapelles de la Tradition. Et pourtant, il faut bien que le fidèle se détermine ; quand il est question du salut, il n'est pas de morale provisoire qui tienne. Parce que les choix religieux concernant l'autorité dans l'Église peuvent se révéler essentiels au salut du chrétien, ce dernier est mis en demeure de se déterminer entre de tels groupes, selon des critères qui ne peuvent, en ce qui le concerne, se fonder que sur le bon sens. Ce qui suit se veut donc l'expression d'une réflexion n'ayant d'autre titre à se faire connaître que celui d'une tentative d'user de bon sens quand on est confronté à des argumentaires en conflit les uns avec les autres. C'est du point de vue des résultats auxquels l'a fait parvenir sa méditation sur le rapport entre nature et grâce que l'auteur, un peu frotté de philosophie, s'autorise à mener la présente réflexion — évidemment révisable — dont les conclusions, conditionnées par un tel point de vue, le mettront probablement en porte-à-faux avec tous les représentants officiels du combat catholique traditionaliste.

Le Magistère ordinaire universel

La position « sédépléniste » de la Fraternité sacerdotale Saint-Pie-X (FSSPX), de Mgr Williamson et de la « Résistance », et des Dominicains d'Avrillé, n'est pas, ainsi qu'il le sera établi, sans difficultés, de sorte que, jusqu'à un certain point, on comprend les réactions enflammées des milieux sédévacantistes, mais la position de ces derniers n'est pas, elle non plus, sans de sérieuses difficultés. Les partisans de la vacance du Saint-Siège parlent de l'infaillibilité du magistère ordinaire universel (le « MOU »), sur laquelle ils fondent tout leur argumentaire, à tout le moins, ces derniers temps, l'essentiel de ce dernier. Ils parlent tout simplement, ce faisant, de ce qui est enseigné dans *Dei Filius*, la première constitution dogmatique du concile Vatican I (1870), confirmé et explicité dans l'encyclique *Satis cognitum* (1896) ; le texte de *Dei Filius* est rappelé dans *Satis cognitum* ci-dessous cité ici en gras ; ce qui est exposé en italique est destiné à retenir tout particulièrement l'attention du lecteur, et constitue trois passages auxquels il sera renvoyé :

Rufin loue saint Grégoire de Nazianze et saint Basile de ce « *qu'ils s'adonnaient uniquement à l'étude des livres de l'Écriture sainte, et de ce qu'ils n'avaient point la présomption d'en demander l'intelligence à leurs propres pensées, mais de ce qu'ils la cherchaient dans les écrits et l'autorité des anciens, qui eux-mêmes, ainsi qu'il était constant, avaient reçu de la succession apostolique la règle de leur interprétation* » (*Hist. Eccl.*, lib. II, cap. 9).

Il est donc évident, d'après tout ce qui vient d'être dit, que Jésus-Christ a institué dans l'Église un magistère vivant, authentique et, de plus, perpétuel (Richardus de S. Victore, *De Trin.*, lib. I, cap. 2), qu'Il a investi de Sa propre autorité, revêtu de l'esprit de vérité, confirmé par des miracles, et Il a voulu et très sévèrement ordonné que les enseignements doctrinaux de ce magistère fussent reçus comme les Siens propres.

Toutes les fois donc que la parole de ce magistère déclare que telle ou telle vérité fait partie de l'ensemble de la doctrine divinement révélée, chacun doit croire avec certitude que cela est vrai ; car si cela pouvait en quelque manière être faux, il s'ensuivrait, ce qui est évidemment absurde, que Dieu Lui-même serait l'auteur de l'erreur des hommes.

« Seigneur, si nous sommes dans l'erreur, c'est Vous-même qui nous avez trompés » (Conc. Vat. sess. III. cap. 3). Tout motif de doute étant ainsi écarté, peut-il être permis à qui que ce soit de repousser quelqu'une de ces vérités, sans se précipiter ouvertement dans l'hérésie, sans se séparer de l'Église et sans répudier en bloc toute la doctrine chrétienne ? Car telle est la nature de la foi que rien n'est plus impossible que de croire ceci et de rejeter cela.

L'Église professe, en effet, que la foi est « une vertu surnaturelle par laquelle, sous l'inspiration et avec le secours de la grâce de Dieu, nous croyons que ce qui nous a été révélé par Lui est véritable : nous le croyons, non point à cause de la vérité intrinsèque des choses vue dans la lumière naturelle de notre raison, mais à cause de l'autorité de Dieu Lui-même qui nous révèle ces vérités, et qui ne peut ni Se tromper ni nous tromper ». Si donc il y a un point qui ait été évidemment révélé par Dieu et que nous refusions de le croire, nous ne croyons absolument rien de la foi divine. Car le jugement que porte saint Jacques au sujet des fautes dans l'ordre moral, il faut l'appliquer aux erreurs de pensée dans l'ordre de la foi. « Quiconque se rend coupable en un seul point, devient transgresseur de tous » (II, 10). Cela est même beaucoup plus vrai des erreurs de la pensée. Ce n'est pas, en effet, au sens le plus propre qu'on peut appeler transgresseur de toute la loi celui qui a commis une faute morale ; car s'il peut sembler avoir méprisé la majesté de Dieu, auteur de toute la loi, ce mépris n'apparaît que par une sorte d'interprétation de la volonté du pécheur. Au contraire, celui qui, même sur un seul point, refuse son assentiment aux vérités divinement révélées, très réellement abdique tout à fait la foi, puisqu'il refuse de se soumettre à Dieu en tant qu'il est la souveraine vérité et le motif propre de foi. « En beaucoup de points ils sont avec Moi, en quelques-uns seulement, ils ne sont pas avec Moi ; mais à cause de ces quelques points dans lesquels ils se séparent de Moi, il ne leur sert de rien d'être avec Moi en tout le reste » (S. Augustinus, *in Psal.* LIV, n. 19). Rien n'est plus juste : car ceux qui ne prennent de la doctrine chrétienne que ce qu'ils veulent, s'appuient sur leur propre jugement et non sur la foi ; et, refusant de « réduire en servitude toute intelligence sous l'obéissance du Christ » (II Corinth., X, 5), ils obéissent en réalité à eux-mêmes plutôt qu'à Dieu. « Vous qui dans l'Évangile croyez ce qui vous plaît et refusez de croire ce qui vous déplaît, vous croyez à vous-mêmes, beaucoup plus qu'à l'Évangile » (S. Augustinus, lib. XVII, *Contra Faustum Manichæum*, cap. 3). Les Pères du Concile du Vatican n'ont donc rien édicté de nouveau, mais ils n'ont fait que se conformer à l'institution divine, à l'antique et constante doctrine de l'Église et à la nature même de la foi, quand ils ont formulé ce décret :

« *On doit croire, de foi divine et catholique, toutes les vérités qui sont contenues dans la parole de Dieu écrite ou transmise par la tradition et que l'Église, soit par un jugement solennel, soit par son magistère ordinaire universel, propose comme divinement révélées* » (Sess. III, cap. 3). [Traduction proposée par l'auteur de l'article de *La Voix des Francs catholiques* : « *On doit croire de foi divine et catholique tout ce qui est contenu dans la parole de Dieu écrite ou transmise par tradition, et que l'Église, soit dans un jugement solennel, soit par son magistère ordinaire et universel, propose à croire comme vérité révélée.* »]

Or, dans cet enseignement, on comprend que le magistère ordinaire et universel est ce magistère exercé par l'Église enseignante, *i.e.* par les évêques *dispersés* (ou par accident rassemblés) unis au pape et formant la partie saine de l'épiscopat (en tant qu'ils sont unis au pape), qui est aussi la plus importante numériquement (comme il l'est précisé par Mgr d'Avanzo et Adolphe Tanquerey dans le n° 48 de la revue sédévacantiste *La Voix des Francs catholiques*, p. 10[1]), de sorte qu'il s'agit bien d'unanimité

---

[1] « Il est de foi que l'Église enseignante est infaillible. Or que désigne ce nom d'Église enseignante ? Tous conviennent que l'Église enseignante c'est le pontife romain avec les évêques, sinon avec tous, du moins avec la partie la plus saine. Or la partie la plus saine des évêques, dit Noël Alexandre, non suspect, est toujours censée être celle qui adhère au pape » (Mgr d'Avanzo, au nom de la Députation de la Foi, Concile du Vatican, 20 juin 1870, *in Mansi, Amplissima Collectio Conciliorum*, t. 52, colonne 765, partie C).

morale. Il ne suffit pas (comme s'y résout « Dominicus » dans son *Le Sédévacantisme*[2]) de faire observer que deux évêques étaient opposés à la promulgation de Vatican II, pour être assuré qu'il n'était pas question de « MOU » sous le prétexte que l'union des évêques dispersés (ou réunis en concile) n'était pas absolue. Cette première définition du « MOU » renvoie au premier passage indiqué en italique ci-dessus : on reçoit du magistère la règle d'interprétation des Écritures, ainsi on la reçoit de la succession apostolique, et le fait que des évêques *dispersés* disent la même chose sans s'être concertés est comme la preuve (à tout le moins — les siècles passant — l'indice) que cet enseignement vient effectivement de la succession apostolique, ainsi de Notre Seigneur Jésus-Christ ; il s'agit bien de vérités révélées reconnues comme telles, en tant qu'elles ont été dites par Notre Seigneur Jésus-Christ à ses Apôtres qui les ont enseignées aux premiers disciples qui eux-mêmes les ont transmises. Mais cet enseignement relève du magistère ordinaire universel en tant qu'il spécifie qu'il s'agit de doctrine divinement révélée (tel est le sens du deuxième et du troisième passage indiqués ci-dessus en italique, selon une deuxième acception de la notion de « MOU »). **La compatibilité ou même l'équivalence entre les deux définitions du magistère ordinaire universel est possible**

« Les évêques (…) jouissent eux aussi du privilège de l'infaillibilité quand, sous le Pontife Romain, dispersés ou réunis en concile, ils proposent à croire une vérité d'une voix moralement unanime » (Adolphe Tanqueray, *Synopsis Theologiae dogmaticae fundamentalis*, t. I, éd. Desclée, 1927, n. 953).

« Cette universalité (de l'accord des évêques dispersés) n'est pas contrariée par le désaccord d'un petit nombre, du moment qu'il y a l'accord du Souverain pontife avec la majorité des évêques. C'est pourquoi beaucoup pensent aujourd'hui que l'Assomption de la Bienheureuse Marie dans le ciel est "de foi", puisqu'elle est enseignée presque unanimement par les Évêques comme contenue dans la Tradition » (*id.* n. 969).

[2] Éditions du Sel, 2015.

si l'on comprend qu'enseigner, c'est enseigner la vérité révélée, et l'enseigner *comme ayant été révélée*. À cette condition seule, la définition du magistère ordinaire universel entendu comme enseignement des évêques unis au pape en matière de foi et de mœurs, coïncide avec la définition du magistère ordinaire universel entendu comme « *ce magistère (qui) déclare que telle ou telle vérité fait partie de l'ensemble de la doctrine divinement révélée* » (*Satis cognitum*) ; et c'est pourquoi un Génicot (*Institutiones theologiae moralis*, vol. I, ed. 17ª, p. 153 n° 203) enseigne : « Il n'est nullement hérétique, celui qui nie une vérité que l'Église propose par un magistère, *mais non comme révélée*, par exemple que cet homme canonisé est au ciel » (cité par Bernard Lucien, *La Situation actuelle de l'autorité dans l'Église*, Documents de catholicité, 1985, p. 77). Quand les évêques unis au pape et formant une unanimité morale enseignent quelque chose qui n'est pas expressément présenté comme fondé sur la Révélation, on n'est pas tenu d'y reconnaître un vrai magistère ordinaire universel : une majorité d'évêques même unis au pape peut être abusée par une idée fausse par suite d'une déviation dans la transmission du message originel, de sorte que l'authenticité de cette transmission requiert qu'il soit précisé que ce qui est proposé à croire est fondé sur la Révélation. Et dans ce cas l'argument principal visant à établir avec certitude la vacance, tombe de lui-même : « Vatican II devait, nous dit celui qui soutient cet argument, être couvert par l'infaillibilité en tant qu'il s'agissait de l'enseignement de l'unanimité morale des évêques unis au pape, ainsi du magistère ordinaire universel qui est par soi infaillible ; or Vatican II contient des erreurs, donc le pape qui a présidé à l'élaboration de cet enseignement n'était pas pape » ; cela serait indubitable si le magistère ordinaire universel était seulement le fait d'une unanimité morale des évêques unis au pape en matière de foi et de mœurs ; mais il est plus que cela, ou plutôt il est cela *pour autant qu'un tel enseignement enseigne la vérité révélée comme révélée*, ce qui n'est pas le cas avec Vatican II : même *Dignitatis humanae* ne rentre pas dans cette définition, puisque, après avoir soutenu cette hérésie selon laquelle la liberté de conscience ferait partie de la Révélation, les auteurs de ce texte font machine arrière et confessent que, à proprement parler, cette idée — qu'ils nomment alors, afin d'édulcorer l'effet fâcheux d'une telle palinodie, « droit à l'immunité en matière de pratique religieuse » — ne fait pas partie du dépôt révélé. Étendre, de surcroît, comme le fait Cartechini page 7 de *La Voix des Francs catholiques* n° 47[3], l'infaillibilité du magistère ordinaire universel à tout enseignement excédant ce qui est expressément présenté comme révélé, c'est abusif ; c'est vrai en période normale, mais nous ne sommes pas, depuis 1962, en période normale.

Bellarmin et Cajetan

La Voix des Francs catholiques n° 48 (p. 25) rappelle certes que la règle de l'Église, devant l'expression externe d'une négation ou d'un doute d'un dogme de foi, est de présumer l'hérésie formelle au for externe ; elle est ainsi de présumer la pertinacité, à moins qu'il existe des raisons sérieuses de penser qu'elle n'existe pas. On verra plus bas qu'on peut invoquer des raisons allant dans ce sens. Remarquons, dans l'immédiat, ceci :

1) Pour ce qui est du pape qui ne peut être hérétique pour conserver sa juridiction, ainsi pour continuer à être pape (c'est la juridiction qui fait le pape), il semble que, selon certains, Bellarmin soit probablement plus près de la vérité que Cajetan et Jean de Saint-Thomas, bien que ce ne soit pas de dogme : il

---

[3] « Le magistère ordinaire infaillible s'exerce de trois manières : 1) par une doctrine expresse communiquée en dehors d'une définition formelle par le Pontife ou par les évêques du monde entier ; 2) par une doctrine implicite contenue dans la pratique ou la vie de l'Église : a) l'Église (...) ne peut permettre que soient dites en son nom dans la liturgie des choses contraires à son sentiment ou à sa croyance ; b) dans le Code de droit canonique il ne peut rien y avoir qui soit de quelque façon que ce soit opposé aux règles de la foi ou à la sainteté évangélique ; 3) par l'approbation tacite qu'accorde l'Église à une doctrine des Pères, des docteurs et des théologiens » (R.P. Cartechini, s.j. , *De Valore Notarum Theologicarum*, Université pontificale Grégorienne, 1951).

faut appartenir à l'Église pour être pape, et il faut être catholique pour appartenir à l'Église : « Car il serait absurde de prétendre qu'un homme exclu de l'Église ait quelque autorité dans l'Église » (Léon XIII, *Satis cognitum*, 1896, cité par *La Voix des Francs catholiques* n° 47 page 30) ; si le pape venait à tomber publiquement dans l'hérésie, il cesserait *ipso facto*, selon le cardinal Bellarmin, d'être pape, alors que pour Cajetan il demeurerait pape en tant qu'il resterait membre de l'Église, et à ce titre conserverait sa juridiction aussi longtemps qu'il ne serait pas déposé par le moyen d'une sentence judiciaire portée contre lui. Cela dit, selon A. X. Da Silveira (*La Nouvelle Messe de Paul VI : Qu'en penser ?*, DPF, 1975, cité par l'abbé Bernard Lucien[4], *La Situation actuelle de l'autorité dans l'Église*, Documents de catholicité, 1985, p. 64), l'opinion du Cardinal Bellarmin serait tombée en désuétude : « Durant ces derniers siècles, aucun des auteurs dont nous avons entendu parler n'a défendu cette opinion. » Par ailleurs, même Bellarmin reconnaît la nécessité d'un jugement des hommes pour attester l'hérésie du pape, affirmer sa pertinacité et conclure à la vacance : « (...) la juridiction est bien donnée au pontife par Dieu, mais non sans le concours des hommes, comme il est évident, puisque c'est par les hommes que cet homme, qui n'était pas pape, commence de l'être ; et donc elle n'est pas enlevée par Dieu si ce n'est à travers l'intervention de l'homme » (*De Romano Pontifice*, lib. II cap. XXX, cité par Lucien *op. cit.* p. 68). Et l'abbé Lucien de faire observer (*op. cit.* p. 67), non sans pertinence, que même Bellarmin reconnaît, se fondant sur l'enseignement de l'Apôtre (Tite, III, 10), que deux avertissements sont requis pour manifester la pertinacité de l'occupant hérétique du Siège de Pierre, mais que par là il est bien délicat de définir les autorités qui seront habilitées à formuler de tels avertissements : « N'est-il pas nécessaire, pour une affaire concernant toute l'Église, que l'avertissement possède une valeur manifeste pour toute l'Église, et donc provienne d'un organe capable de représenter l'Église (autant que cela est

---

[4] Il était lui-même sédévacantiste quand il rédigea cet ouvrage.

possible dans la situation envisagée) : le concile général imparfait [*i.e.* sans le pape] ? » ; même si le pape est *ipso facto* déchu du fait même de son hérésie manifeste, sans avoir à être juridiquement déposé, encore faut-il qu'il fasse l'objet de deux avertissements qui doivent être formulés par un concile général imparfait, ainsi par l'unanimité morale des évêques. Et les sédévacantistes ne constituent pas cette unanimité morale. Au reste, si le Siège de Pierre ne peut être jugé par personne (canon 1556 du CDC de 1917), aucun concile ne peut à proprement parler *juger* le pape, si « juger » signifie se prononcer de manière certaine sur la possession effective de l'autorité par l'occupant du Saint-Siège, et destituer le pape en vertu d'une autorité dont un tel concile se dirait investi ; *a fortiori* aucun particulier ne le peut non plus. Le sédévacantiste déclarera qu'il ne juge pas le pape, puisque précisément, selon lui, il n'est pas pape. Il reste que le pape — tel Jean XXIII (s'il doit être tenu pour effectivement pape) : tout le monde le prenait sans conteste pour le pape avant qu'il ne se mît à enseigner — occupe le Siège de Pierre et qu'il faut juger ce qu'il enseigne (constater l'écart entre ce qu'il dit et ce qui fut dit avant lui) pour déclarer qu'il n'est pas pape, or il faut être assuré qu'il n'est pas pape pour s'autoriser à juger ce qu'il enseigne, pour critiquer cet enseignement, autrement on fait de sa raison (éclairée par la foi) la mesure de ce qui (le magistère) est supposé être norme de la raison éclairée par la foi. Et ce serait là une pétition de principe. Qui, parmi les sédévacantistes, a autorité pour juger l'occupant du Saint-Siège et déclarer qu'il a perdu la foi, que de ce fait il a perdu l'autorité ? On peut penser que, comme lors du concile de Constance, l'Église jouit de moyens surnaturels, et providentiels — au vrai déconcertants pour la simple raison —, de résoudre ses crises, et que ce sont là autant de moyens qui ne sont pas prévus par la jurisprudence du droit de l'Église ; il y a nécessairement une solution (ou alors il faut dire que la fin du monde est pour demain), mais ce qui est sûr — si ce qui précède est exact — c'est qu'on ne peut pas aller au-delà de l'hypothèse de la vacance : en tenant pour possible que l'occupant du premier

Siège ne soit pas pape, l'intellect du catholique perplexe s'habilite à juger son enseignement ; il se soustrait au devoir de déclarer en soi compatibles des choses qui pour lui ne le sont pas (devoir que l'on est en demeure pourtant de prendre en compte aussi longtemps qu'on ne doute pas de l'autorité, **car l'autorité de la règle prochaine de la foi est plus grande que l'autorité de la raison éclairée par la foi**, comme le rappelle Pie XII dans *Humani generis* ; or Vatican II prétend — certes à tort — que son enseignement est en continuité avec celui des encycliques antimodernistes), mais, en ne se prononçant pas de manière certaine sur la question de la vacance, un tel intellect se dispense de céder à la pétition de principe en laquelle on tombe en prétendant juger le Premier Siège. **En s'en tenant à l'évocation hypothétique de la vacance, l'intellect se met en situation d'être autorisé à prononcer un *jugement lui-même hypothétique*** : ou bien l'occupant du Premier Siège est très mauvais pape mais pape, et de ce fait il n'enseigne pas véritablement en tant que pape chaque fois qu'il profère une parole fausse ou malsonnante, de sorte que non seulement on n'est pas tenu de lui obéir, mais on doit lui désobéir, en ce sens que l'on désobéit à quelque chose que l'on sait n'être pas en soi un véritable enseignement ; ou bien il n'est plus pape, mais on doit attendre qu'il meure pour rétablir une situation saine, puisque, comme on va le voir, personne n'a le pouvoir de le destituer contre son gré :

2) *La Voix des Francs catholiques* excipe, on l'a vu, de cette règle de l'Église selon laquelle on doit présumer la pertinacité formelle en cas d'hérésie publique. Les auteurs en appellent à ce sujet à l'autorité d'un certain A. Bride. Mais ce même Bride (article « censures » <peines> dans son *Dictionnaire de Droit canonique*, col. 187), fait observer que le Pontife romain n'est pas soumis au Droit canon, qui rassemble les lois ecclésiastiques. Ce qui avait été déjà enseigné par Benoît XIV (*Constitution Magnae Nobis*, 27 juin 1748) : « Le Pontife romain est supérieur au droit canon, et par cela n'importe quel évêque lui est inférieur » (voir Bernard Lucien, *op. cit.* p. 86). Aussi, on ne

saurait mettre en avant le canon 188, 4° (perte de l'office ecclésiastique par défection publique de la foi catholique) et le canon 2314 § 1 (peines contre les hérétiques) du Code de droit canonique pour s'autoriser à déclarer le pape déchu de sa fonction en tant qu'hérétique formel.

Foi et intelligence de la foi

Cela dit, supposé même que, dans son principe, l'opinion du cardinal Bellarmin — bien comprise, ainsi en tenant compte du problème de la désignation des hommes chargés de formuler les avertissements prescrits par saint Paul — soit la plus exacte, il faut néanmoins, puisque la question de la pertinacité de l'hérésie du détenteur de l'autorité est éminemment délicate à trancher, **distinguer entre ce qui relève de la foi et ce qui relève de l'intelligence de la foi, même pour le pape**. Quand il ne se prononce pas dans les conditions formelles (ordinaires ou extraordinaires) de l'infaillibilité, on peut imputer son erreur à une fausse intelligence de la foi, mais non nécessairement à une perte de la foi ; on peut avoir la foi (vertu théologale infuse, strictement surnaturelle, qui fait adhérer l'intellect à des vérités qu'il ne comprend pas, mais à propos desquelles il jouit en droit de motifs de crédibilité), et se mettre à déblatérer quand on s'essaie à expliquer le contenu de ce que l'on croit, et au vrai cela se produit chez presque tout le monde à un moment ou à un autre, au point que les prêtres se plaisent à répéter entre eux, et pour eux, la boutade suivante : on a « droit » à sept hérésies par sermon... Et il n'est nullement exclu, depuis la mort de Pie XII, que nous ayons affaire à de mauvais papes mais papes, bien que l'on soit en devoir d'admettre tout autant que la vacance est une hypothèse tout aussi probable. On doit même admettre — au rebours des enseignements de la FSSPX et de Mgr Williamson et de ceux qui les suivent — qu'une telle hypothèse doit être *publiquement* avancée, ne serait-ce que pour s'autoriser à critiquer l'enseignement moderniste de celui qui prétend avoir l'autorité, puisque le magistère est règle prochaine de la foi.[5] En constatant une discontinuité dans le contenu de l'enseignement du magistère, et en affirmant que cette discontinuité est indépassable (ce que pense l'auteur de cette Annexe, en accord sur ce point avec la FSSPX et toutes les chapelles catholiques traditionalistes), la raison (éclairée par la foi) se soustrait déjà à l'autorité du magistère supposé être norme de la raison, **puisque le magistère actuel fait de la négation de cette discontinuité un élément de son propre contenu (Vatican II prétend être en continuité avec Vatican I), lequel contenu est censé être norme de la foi (on devrait donc croire qu'il n'y a pas de discontinuité)** ; par conséquent l'acte de constater cette discontinuité ne saurait être un préalable à la critique ; **c'est déjà une critique**, et c'est déjà, par là, refuser pratiquement que ce magistère soit norme prochaine de la foi. Il ne s'agit pas, selon nous, de faire, de l'hypothèse de la vacance, un préalable **chronologique** à la critique ; la raison du croyant perplexe lui fait indubitablement constater une discontinuité dans le contenu du magistère, mais ce même croyant ajoute que, dans le moment où il est en train de formuler son jugement et de juger son jugement, ainsi de le maintenir, il s'aperçoit qu'il ne peut maintenir qu'il y a discontinuité que s'il pose la question de l'autorité. Il en est ainsi pour la raison suivante : maintenir qu'il y a discontinuité revient déjà à critiquer, mais la raison ne peut critiquer ce qui est supposé la mesurer qu'en remettant en cause son droit à la mesurer ; or remettre en cause le droit du magistère à mesurer la raison n'est recevable, si l'on est vraiment catholique, que selon deux conditions :

Soit déclarer que ce magistère n'enseigne rien (le pape est un libéral qui n'impose rien, qui s'exprime non « *in persona*

---

[5] Certains évoquent l'incident d'Antioche pour soutenir que l'on peut juger le pape et dénoncer une erreur formulée par lui en tant que docteur, ainsi relativement à la foi et aux mœurs, sans nécessairement poser la question de l'autorité ; mais en appeler à cet incident est encore abusif, parce que saint Pierre ne fut pas repris sur son enseignement par l'Apôtre, mais seulement sur son comportement privé.

Christi » mais « *in persona populi* » : c'est un faux magistère, avant que d'être un magistère faux), ce qui revient à déclarer que ce n'est pas un vrai magistère en tant que le pape (mauvais pape mais pape) se soustrait au devoir de sa charge.

Soit déclarer que ce magistère n'en est pas un parce que celui qui l'exerce n'a pas l'autorité.

Plus simplement : on doit nier que le magistère soit un vrai magistère (vérité ontologique) pour seulement se prévaloir du droit à faire le constat qu'il est un magistère faux (vérité logique), et c'est en ce sens qu'il convient de parler de préalable, méthodologique et non chronologique ; or il est un faux magistère seulement si l'on tient pour possible que son auteur ou bien n'ait pas l'autorité, ou bien se refuse à l'exercer. Et, n'étant pas en mesure de trancher, on doit soutenir les deux hypothèses en même temps aussitôt que l'on ose faire reposer sa raison dans le constat de la discontinuité du contenu du magistère. Il est donc permis de reprocher à la position officielle de la FSSPX d'obliger les fidèles à croire que le pape est indubitablement pape, tout en professant que le fait de contester son magistère ne poserait pas de problème.

Il était plus haut rappelé que *La Voix des Francs catholiques* (n° 48 page 25) fait mémoire du fait que la règle de l'Église, devant l'expression externe d'une négation ou d'un doute d'un dogme de foi, est de présumer l'hérésie formelle au for externe, ainsi de présumer la pertinacité, *à moins qu'il existe des raisons sérieuses de penser qu'elle n'existe pas*. Or, outre le fait que cette présomption, qui relève du droit canon (ecclésiastique), ne s'applique pas au pape, de telles raisons existent, qui doivent être prises en compte même si l'on décide d'oublier que le Code de droit canonique ne s'applique pas au Pape, ainsi même si l'on néglige le fait qu'il est pratiquement impossible de se prononcer sur la pertinacité formelle d'un pape :

Il n'est pas exclu qu'un pape de l'Église conciliaire ait une fausse intelligence de sa foi pourtant objectivement maintenue et ainsi réelle, parce que Vatican II a été rendu possible du fait que le problème du rapport entre nature et grâce, thématisé au XVIe siècle, n'a pas été résolu de manière satisfaisante. Vatican II (par l'influence du Père de Lubac) a posé de bonnes questions en imposant des réponses fausses (celles de Lubac). Les méchants (Juifs, protestants, maçons, marxistes) ont évidemment profité de cette brèche pour s'engouffrer dans l'Église et la pourrir de l'intérieur, en sachant — eux — ce qu'ils faisaient. Mais cela n'eût pas été possible si d'authentiques catholiques n'avaient été confrontés au problème du point de suture entre nature et grâce, c'est-à-dire au problème de l'existence d'un désir naturel de Dieu. Il faut maintenir que la grâce est gratuite, et que la vision béatifique telle que décrite par saint Paul par exemple (I Cor. II 9), ainsi la vision de Dieu positivement saisi tel qu'en Lui-même, suppose la grâce ; et il est bien difficile de rendre les deux choses (la grâce est gratuite, *et* absolument nécessaire à la béatitude) conciliables si l'on accepte que le désir de voir Dieu est un désir naturel. C'est pourquoi les réactionnaires antimodernistes ont nié l'existence de ce désir naturel (en introduisant les concepts de double fin, de puissance obédientielle à la grâce et de velléité), contre l'enseignement même de saint Thomas (« *omnis intellectus naturaliter desiderat divinae essentiae visionem* » : *C. G.* III 57 4) ; et cette négation leur fit développer un surnaturalisme qui en son fond n'est pas catholique, mais janséniste ; et les modernistes ont accepté l'existence de ce désir naturel, mais en ne répugnant pas à compromettre la thèse de la gratuité de la grâce. Et les occupants du siège de Pierre, s'ils sont papes, croient trouver la solution au problème de la compatibilité entre désir naturel de Dieu et gratuité de la grâce, en s'efforçant à penser Vatican II selon une herméneutique de la continuité, ainsi selon une impossible « synthèse » entre Tradition et modernisme. Cela ne prouve pas de manière nécessaire qu'ils n'auraient pas la foi et que, n'ayant pas la foi, ils n'auraient pas l'autorité ; cela prouve qu'ils ont l'esprit tordu par la pression, en eux, d'une exigence logique qu'ils ne savent pas résoudre, de telle sorte que cet esprit tordu induit en eux une mésintelligence de la foi ; c'est ce qui explique qu'ils enseignent sans enseigner, parce qu'ils cherchent à rendre conciliables des choses qui ne le sont pas (catholicisme et modernisme) en croyant, ce faisant, rendre conciliables deux choses qui en droit le sont mais qui en fait n'ont pas encore été déclarées et montrées telles par les docteurs autorisés (désir naturel de Dieu et gratuité de la grâce) ; les actes magistériels des papes conciliaires se caractérisent par leur indécision, leur répugnance à enseigner dogmatiquement, ainsi leur répugnance à enseigner tout court, et cette répugnance fait qu'on peut douter que leur magistère soit un vrai magistère : enseigner, c'est enseigner la vérité, et enseigner la vérité, c'est condamner l'erreur qui nie cette vérité ; leur hésitation à enseigner et leur complaisance dans l'équivoque, ne viennent pas seulement des méchants (qui entendent subvertir l'Église), elles viennent de leur velléité, du caractère inachevé de leur réflexion, de l'impuissance de cette dernière : ils poursuivent une fin légitime (conserver la foi catholique en préservant la gratuité de la grâce), mais ils croient la poursuivre en s'attachant à une chimère (concilier l'enseignement traditionnel avec les thèses d'inspiration blondélienne du Père de Lubac), et c'est la part de pertinence contenue dans leur projet qui, paradoxalement, les fait s'obstiner — contre toute vraie raison — dans leur voie objectivement moderniste. Cela dit, c'est parce que cette part de pertinence est non aperçue des Traditionalistes de toutes obédiences que tous ces derniers, légitimement attachés à se préserver du venin moderniste de Vatican II, en sont réduits, pour justifier leurs positions respectives, à convoquer des argumentaires bancals : ils ignorent les raisons de la pathologie intellectuelle qui s'est emparée des Conciliaires, méconnaissent la logique délirante à laquelle leur raison est soumise, sont ainsi frappés de cécité à propos de cette différence toute simple qu'il convient d'établir entre foi et intelligence de la foi ; par voie de conséquence, les uns — sédévacantistes — en déduisent que les promulgateurs de Vatican II ont perdu la foi et, avec elle, l'autorité et, pour l'établir de manière apodictique, ils s'ingénient à étendre indéfiniment la zone d'infaillibilité des productions de l'Église enseignante ; les autres (la FSSPX, les

Dominicains d'Avrillé, les membres de ce qui fut stupidement nommé la « Résistance »), *a contrario*, s'efforcent à minimiser excessivement cette zone, afin de se dispenser de faire seulement l'hypothèse pourtant nécessaire de la vacance ; en particulier, ils pensent et agissent comme si le magistère ordinaire n'était pas la norme prochaine de la foi.

Ainsi donc, il se peut que les occupants du Saint-Siège depuis la mort de Pie XII soient de vrais papes ayant une fausse intelligence de leur foi, laquelle les invite à développer un enseignement bâtard qui violente le principe de contradiction, et qui à ce titre, en tant qu'inintelligible, n'est même pas un vrai enseignement, de sorte qu'ils n'engagent nullement l'infaillibilité de l'Église en professant leur enseignement erroné, ce qui revient à dire que sous couvert d'enseigner, ils procèdent en vérité à une rétention de leur autorité ; mais il se peut aussi qu'ils aient effectivement perdu la foi et que, à ce titre, ils aient perdu toute autorité. Cela dit, il faut maintenir qu'on ne peut pas, en l'état actuel des choses, trancher de manière certaine.

Retour sur le Magistère ordinaire universel

Les sédévacantistes, profitant de ce que le magistère ordinaire universel ne fit l'objet d'aucune définition irréformable lors du concile Vatican I (interrompu, comme on sait, pour des raisons historiques contingentes), adoptent une conception large et — semble-t-il — abusive du magistère ordinaire universel, qui leur permet d'étendre à toute déclaration ecclésiale relative à la foi et aux mœurs le sceau de l'infaillibilité. Cela dit, si un théorème est valable pour l'ensemble des Réels, est-il nécessaire de préciser qu'il est valable pour un domaine de définition borné ? Pourquoi préciser les conditions de l'infaillibilité (Vatican I, *Satis cognitum*) si l'on est toujours infaillible ? Et leur acception du magistère ordinaire universel est en effet abusive, pour la raison suivante :

Pendant longtemps, le seul fait qu'un même enseignement ait été dispensé au même moment par des évêques dispersés

— ainsi des évêques ne s'étant pas concertés — prouvait l'origine révélée de cet enseignement, à savoir l'unicité de sa source divine ; et en fait l'unicité d'une telle source prouvait qu'elle était divine : l'erreur est un mal, le mal est privation du bien, le Bien et l'Un sont convertibles, donc le mal est du côté du multiple, en ce sens que le mal est divisé contre lui-même, incapable de se communiquer sans se déformer lui-même et proliférer dans des variations indéfinies sans unité. En retour, au bout d'un certain temps — et singulièrement depuis les temps modernes, la fin du Moyen Âge —, les contacts entre évêques se faisant de plus en plus fréquents, les influences des uns sur les autres se révélant de plus en plus prégnantes, les intrigues et luttes de pouvoir autour des papes prenant une ampleur de plus en plus grande, le caractère dispersé de ce témoignage épiscopal se révélant de moins en moins évident, il fallait bien que fût attestée de manière plus coercitive l'origine révélée de cet enseignement ; c'est alors qu'il devint nécessaire, pour que l'on fût certain qu'il s'agissait d'un vrai magistère ordinaire universel, que fût précisé dans et par ce magistère même qu'il était garanti par la Révélation et faisait œuvre de Tradition. Et c'est là ce que précise Léon XIII dans *Satis cognitum*.

Le « MOU » est-il par soi infaillible ? Oui, mais seul mérite d'être tenu pour un « MOU » authentique celui qui précise qu'il l'est, et qui le précise en annonçant que ce qu'il enseigne est fondé sur la Révélation.

Les sédévacantistes, tout affairés à appliquer le rasoir de leur définition très large de l'infaillibilité à tout ce qui est douteux, se placent dans la position de méconnaître le sens de l'indécision des promoteurs du magistère moderniste, lequel sens passe par-dessus la tête de leurs vertueux contempteurs, leur fait ignorer les vrais enjeux : les sédévacantistes sont incapables, plus encore que les lefebvristes et les « Ralliés », de comprendre qu'il y a un problème à propos de la doctrine catholique du principe d'harmonie entre nature et grâce, et c'est pourquoi ils ont une conception erronée, la plupart du temps, du bien commun politique ; ils sont platement et caricaturalement théocrates, ils s'accrochent à leurs raisonnements juridiques et en viennent à méconnaître la valeur de la métaphysique, à négliger le souci d'intelligence de la foi, de sorte que cette négligence du souci métaphysique les empêche de s'ouvrir à la manière dont — précisément — il conviendrait de comprendre les formes juridiques et judiciaires du langage canonique de l'Église ; et, par incapacité à discerner dans le camp catholique lui-même certains inachèvements philosophiques, ils en sont réduits soit à imputer à la seule subversion extérieure la responsabilité de Vatican II et des progrès du mal : ils sont caricaturalement conspirationnistes ; soit à attribuer à un défaut d'« esprit surnaturel » la responsabilité de leurs échecs face à la subversion, et alors ils renchérissent dans le surnaturalisme, ce qui produit des chrétiens déséquilibrés, constipés et névrosés, confondant modestie et laideur, humilité et lâcheté, résignation et abandon de toute pugnacité, austérité et tristesse, fermeté contre les séductions et la décadence de la société moderne et ghettoïsation, mais confondant tout autant courage et témérité, etc. C'est ainsi qu'ils laissent se développer en eux une fascination toute judaïque de la lettre de la loi au détriment de son esprit, corrélative d'une dilection rageuse pour les condamnations à l'emporte-pièce, les exigences caporalistes, et l'esprit de division ; à les entendre anathématiser leur prochain, il faudrait fusiller tout ce qui bouge et qui n'adhère pas inconditionnellement à leurs thèses, et cela vaut non seulement pour ces damnés de non-sédévacantistes en acte, mais encore pour ceux qui, à l'intérieur du Landerneau sédévacantiste, ne sont pas de leur micro-chapelle. D'aucuns ont parfois fait observer que c'est du côté des « Ralliés » qu'on trouvait, humainement parlant, le plus d'intelligence, de modération, d'esprit d'ouverture, de sens dépassionné de la réflexion, de talents naturels et de charité ; supposé que cela soit vrai, cela ne donnerait nullement raison aux « Ralliés » qui ont cédé sur l'essentiel, adoptant le projet suicidaire — mais aussi abrutissant — d'herméneutique de la continuité : à force de se focaliser sur l'absurde en s'interdisant d'y voir de l'inintelligible, l'esprit finit par démissionner ; mais cela signifie que c'est peut-être chez les « Ralliés » qu'a été pressentie le moins mal la vraie raison de la pathologie intellectuelle des modernistes : tout n'était pas parfait avant Vatican II, il y avait des questions philosophiques qui attendaient leur traitement et qui l'attendent toujours, que les modernistes ont résolues de manière inadéquate mais dont ils ont eu le mérite de reconnaître l'existence.

Que la FSSPX ou les Dominicains d'Avrillé, ou encore plus évidemment les disciples de Mgr Williamson, ne soient pas capables d'élaborer une argumentation cohérente pour étayer leur position ; que de plus cette position ait été dictée en eux par des considérations relevant de la triviale praxis (comme si l'apostolat devait l'emporter sur le souci d'intégrité doctrinale) — toutes choses dont il faut bien convenir à divers égards —, n'implique pas que cette position serait en soi incohérente. Quand ces catholiques traditionalistes non sédévacantistes parlent de prudence — de cette prudence qui agace tant les sédévacantistes prompts à discerner en un tel langage la marque de la mauvaise foi —, ils veulent, au moins implicitement, signifier ceci :

« Nous n'avons pas compris exactement ce qui s'est passé avec Vatican II ; un événement aussi effarant n'a pas encore livré non seulement les secrets et conditions de possibilité de sa réalisation historique, mais encore ceux de sa possibilité théorique elle-même ; les choses sont pour le moins obscures et compliquées ; mais nous pressentons intellectuellement, même si nous sommes incapables aujourd'hui d'en rendre raison, que les choses sont plus complexes que ce qu'en disent les sédévacantistes, en ce sens que les catégories classiques de la science juridique ne suffisent pas à régler le problème ; l'esprit fuyant des modernistes, incapables de se définir eux-mêmes de manière rationnelle et positive (leur discours est au fond inintelligible puisqu'il se soustrait au principe de contradiction) relève peut-être plus de la pathologie de l'intellect apparentée à la prostration aporétique, que de l'intention délibérée de nier la vérité. » Et, exposée en ces termes, une telle prudence ne mériterait pas d'être jugée honteuse.

ANNEXE II

Quand les « magistres » n'enseignent pas, embourbés dans l'herméneutique de la continuité

Les Conciliaires qui ne sont pas des maçons infiltrés (il y en a tout de même, ils sont même la majorité) pressentent à juste titre qu'il est ruineux d'abandonner l'idée de désir naturel de Dieu : en s'y refusant, on déchire l'homme entre deux fins, on développe ainsi le surnaturalisme — l'intromission de la grâce se ferait au détriment des appétits même droits de la nature — qui, par réaction, produit le naturalisme et le modernisme ; et en même temps ils aspirent à ne pas être en rupture avec la Tradition ; mais ils sont jusqu'à présent incapables de résoudre ce problème d'affirmation du désir naturel de Dieu (thèse controversée et occultée par les théologiens de métier jusqu'à Vatican II) *et* de la gratuité de la grâce (thèse traditionnelle et évidemment en soi intangible). *Ils croient (à tort) qu'il faudrait, pour rendre recevable l'idée de désir naturel de Dieu sans contester la justice du Créateur, revenir sur l'idée de gratuité de la grâce, tout en maintenant cette idée de gratuité (pour être en accord avec la Tradition), ce qui est contradictoire ; parce que le contradictoire n'est possible qu'à propos de l'être en puissance (les contraires et contradictoires s'excluent dans l'être en acte, mais s'identifient dans l'être en puissance), leur enseignement désireux de faire coexister les contradictoires prend nécessairement la forme d'un enseignement en puissance, d'un enseignement qui n'en est pas un, d'un enseignement qui n'enseigne pas* ; que leur discipline soit autoritaire (dogmatisme de la tolérance) ne l'empêche pas d'être une discipline au service d'un non-enseignement et d'un refus d'user de son autorité : **ils se refusent à imposer la vérité, leur subjectivisme objectif en vient à ne même plus s'habiliter à distinguer entre la vérité et l'erreur.** Mais le sédévacantisme actuel, en tant que fondé sur des prémisses abusives, fait se développer une action réciproque entre surnaturalisme moral et surnaturalisme intellectuel : entre surnaturalisme jansénisant, sulpicien et doloriste, et surnaturalisme fidéiste et volontariste ; dans les deux cas, la nature est frustrée, même dans ce qu'elle a de non blessé ; tout appétit naturel en général est frappé de suspicion, tout désir naturel de connaître est interprété comme un acte de vaine curiosité ; et dans cette perspective le souci rationnel de faire s'harmoniser nature et surnature, qui pourrait prévenir le surgissement du surnaturalisme, et avec lui du modernisme, est lui-même frappé d'anathème (il relèverait de la curiosité, de la « *libido sciendi* »), à telle enseigne que la pathologie surnaturaliste non seulement en vient à se donner des raisons de ne pas avoir recours à ce qui pourrait la soigner (la solution du problème de l'harmonie entre nature et grâce), mais encore en arrive à discerner une preuve du bien-fondé de sa position dans l'adhésion à ce qui aggrave la maladie du surnaturaliste (il n'y aurait pas de solution rationnelle au problème de l'harmonie entre nature et grâce, il faudrait accepter ce conflit intellectuel entre les deux ; qui n'y consent pas refuserait la croix).

Et l'observateur honnête est contraint, en dernier ressort, de conclure provisoirement que **le sédévacantisme, aussi longtemps — dans l'état actuel des choses — qu'il prétend dépasser le plan de la simple hypothèse, est en son fond une modalité du surnaturalisme**.

Cela dit, être incapable de comprendre que désir naturel de Dieu et gratuité de la grâce sont compatibles, **c'est** tout autant être incapable de comprendre que nos concepts humains puissent dire quelque chose de vrai à propos de Dieu sans compromettre la transcendance et l'incompréhensibilité de Dieu (que ces concepts soient utilisés pour parler de ce qui relève de la raison naturelle ou de ce qui relève du donné révélé). D'où, chez les modernistes, un travers subjectiviste doublé de l'adhésion à un apophatisme réduisant Dieu à une « chose en soi (au sens kantien) ». Les deux explications sont liées. Le Père de Lubac, inspirateur de Vatican II, prône un désir naturel de Dieu (il a raison) mais il nie la gratuité de la grâce (il a tort, Pie XII le condamne à ce sujet), et, niant la gratuité de la grâce, il laisse entendre que toute naturelle aspiration religieuse serait immédiatement inspirée par l'Esprit-Saint ; si toutes les religions sont supposées inspirées par le Saint-Esprit, c'est parce qu'on suppose que tout désir de Dieu, manifesté par l'existence de ces religions, appelle de lui-même la grâce ; cela dit, si l'Esprit-Saint souffle dans des religions **qui sont contradictoires entre elles**, c'est que, au fond, l'essence divine échappe au principe de contradiction, c'est qu'elle est pour nous **et en soi** incompréhensible, échappant à tout concept, de sorte que tout discours théologique, tout magistère, est frappé d'historicisme et de relativisme : tel magistère ne vaudrait que dans telle circonstance, pour tel groupe d'hommes et pour telle époque, et se contenterait de mettre en forme exprimable des aspirations subjectives dont la droiture de l'intention morale qui les anime suffirait à garantir le salut à ceux qu'elle habite. Les réactionnaires ne veulent pas du désir naturel de Dieu parce que cela risquerait, selon eux, soit de compromettre la transcendance et l'incompréhensibilité de Dieu (ils redoutent le panthéisme), soit de compromettre la gratuité de la grâce ; les modernistes veulent du désir naturel de Dieu en remettant en cause la gratuité de la grâce. Notre effort a consisté, ici, à montrer qu'il est en droit (si la nature humaine n'avait pas été blessée) possible de satisfaire, « *secundum quid* », un désir naturel de Dieu sans la grâce (connaître Dieu en tant que réduit à son acte créateur, ainsi s'emparer de Dieu dans le moment de sa vie divine où Il assume la limite de toute finitude, à savoir le néant dont Il est éternellement victorieux, indépendamment de la création du monde). **Ce qui nous permet de suggérer que le désir du bien commun (immanent) est une anticipation de soi du désir naturel de Dieu (transcendant), et de montrer par là que le bien commun immanent est un bien auquel on est rapporté (puisque Dieu est le Bien que toute créature aime en Lui étant rapportée) ; si l'on refuse toute continuité (laquelle n'exclut pas, sous un autre rapport, discontinuité) entre bien commun et souverain bien, on est conduit, quoi qu'on en ait, à faire du bien commun un moyen du salut individuel (philosophie politique**

catholique des « bien-pensants »), on subordonne l'État à la famille et la famille à la personne pieuse, et on subordonne le chef d'État et la politique en général à l'apostolat (démocratie chrétienne).

Il n'est au fond aucune manière canoniquement valide de déclarer qu'un occupant du Siège de Pierre se prétendant légitime en tant que pleinement catholique, n'est pas pape : même si l'on établit (ce qui n'est pas acquis, en l'occurrence) que son élection fut entachée d'irrégularités, il doit être reconnu comme pape — Pie XII l'a rappelé — aussitôt qu'il est tacitement reconnu comme tel par l'unanimité morale des évêques (ainsi que le fait observer l'abbé Gleize[6], théologien de la FSSPX, « de l'avis unanime des théologiens, l'adhésion de toute l'Église à l'élection du souverain pontife est le signe infaillible de la légitimité de cette élection »[7]) ; mais s'il n'enseigne pas des hérésies dans les formes (ordinaire ou extraordinaire) de l'infaillibilité

---

[6] Dans le *Courrier de Rome*, février 2016.
[7] Louis Billot, *Traité de l'Église du Christ*, question 14, thèse 29, 3ᵉ partie, p. 612-613, n° 950 de la traduction du *Courrier de Rome*. Billot applique d'ailleurs ce principe pour éclaircir la difficulté suscitée par l'affaire Savonarole. « Ce principe vaut notamment pour réfuter ceux qui voudraient justifier les agissements schismatiques qui eurent lieu à l'époque d'Alexandre VI. Le principal protagoniste de l'histoire, disent-ils, ne cessait de répéter qu'il avait des preuves absolument certaines de l'hérésie d'Alexandre VI et qu'il les produirait lors d'un concile général. Mais pour omettre d'autres arguments grâce auxquels on pourrait facilement réduire cette explication à néant, il nous suffira ici d'un seul : il est certain qu'au moment où Jérôme Savonarole adressait ses lettres aux chefs d'État, toute la chrétienté reconnaissait Alexandre VI et lui obéissait comme au véritable pape. Donc, par le fait même, Alexandre VI n'était pas un pseudo pape, mais il était le pape légitime. Et donc, il n'était pas hérétique, du moins pas coupable de l'hérésie qui fait que l'on n'est plus membre de l'Église et qui en conséquence fait perdre nécessairement le pouvoir de la papauté, ou toute autre juridiction ordinaire ». (L'auteur du contenu de cette note est l'abbé Gleize.)

(telle est la situation de Vatican II), un concile général imparfait a autorité pour le juger, « juger » au sens de prononcer un jugement sur son hérésie matérielle, cependant que ce même concile n'a pas autorité pour le destituer. En dehors d'une déclaration dans laquelle il signifierait explicitement, proclamant lui-même sa pertinacité, qu'il conteste un article de la foi catholique, ainsi en dehors d'une situation où il se destituerait lui-même, il n'est possible de se débarrasser d'un occupant du Siège de Pierre ayant été unanimement reconnu comme pape qu'en attendant que Dieu le rappelle à Lui.

Nous disions plus haut qu'en s'en tenant à l'évocation hypothétique de la vacance, l'intellect se met en situation d'être autorisé à prononcer un **jugement lui-même hypothétique**, en forme de jugement disjonctif : ou bien l'occupant du Premier Siège est très mauvais pape mais pape, et de ce fait il **n'enseigne pas véritablement en tant que pape chaque fois qu'il profère une parole fausse ou malsonnante, de sorte que non seulement on n'est pas tenu de lui obéir**, mais on doit lui désobéir, en ce sens que l'on transgresse quelque chose que l'on sait n'être pas en soi un véritable enseignement ; ou bien il n'est plus pape, mais on doit attendre qu'il meure pour rétablir une situation saine.

Ce qui change entre la situation actuelle et celle qui se produirait si un occupant conciliaire du Siège de Pierre se mettait à enseigner des hérésies dans les formes de l'infaillibilité, c'est que, dans ce dernier cas, un tel occupant manifesterait son indubitable intention d'enseigner, par là attesterait qu'il est hérétique et — dans l'optique de Bellarmin en quelque sorte implicitement étayée par l'anti-conciliarisme foncier de Vatican I — qu'il a *ipso facto* perdu l'autorité, et qu'il n'est nul besoin d'un concile (qui n'aurait pas d'autorité pour destituer le pape) pour faire entériner cette perte ; cette situation équivaudrait à celle d'un occupant du Saint-Siège se déclarant lui-même hérétique formel, et alors il serait possible, *lui-même s'étant objectivement destitué*, de le destituer, par ratification de son auto-destitution, en le jugeant au sens fort et non plus sur le mode hypothétique, car il serait avéré qu'on juge non un pape mais un imposteur.

« Sédéplénisme » problématique

Il vient d'être question de l'abbé Gleize, théologien autorisé de la FSSPX. Si le sédévacantisme s'est selon nous révélé problématique, nous devons confesser, pour faire bonne mesure, que les enseignements de l'abbé Gleize, sur la question du pape, nous laissent pour le moins perplexe :

L'argument de l'abbé Gleize, à ses yeux le plus déterminant en faveur du « sédéplénisme », est le suivant : l'appartenance à l'Église est une nécessité pour le salut des hommes, donc l'Église est indéfectible ; or, en vertu de sa nature sociale, elle doit être visible et être dirigée par un chef. Donc son indéfectibilité, qui exige un pape et que requiert le salut des hommes, fait qu'on doit conclure à l'autorité en acte de celui qui la dirige.

Cela rappelé, on pourrait dire tout autant, à partir des mêmes prémisses : l'Église est indéfectible et est absolument requise pour le salut des hommes, or un pape qui favorise l'hérésie trahit cette vocation puisque, en favorisant l'hérésie, l'Église, si c'était possible, compromettrait le salut des hommes ; donc le pape ne favorise pas l'hérésie, donc il faut accepter Vatican II et l'herméneutique de la continuité, de sorte que les contradictions entre magistère traditionnel et magistère conciliaire ne peuvent être qu'apparentes, « *quoad nos* » et non « *in se* ». Ce raisonnement, qui constitue le fondement du comportement des « Ralliés », et qui fut naguère tenu par Jean Guitton, ami de Mgr Lefebvre, pourrait prétendre, à partir des mêmes prémisses, être tout aussi recevable que le précédent : si l'on conclut à la nécessité de la légitimité de tel pape au nom du besoin que les fidèles ont de l'Église, on doit conclure, au nom de ce même besoin, qu'aucun pape ne peut jamais, en quelque circonstance que ce soit, s'écarter de la vérité, ne fût-ce que d'un iota. Notons que cet argument propre à la FSSPX exclut par principe la possibilité d'une vacance prolongée du Saint-Siège, ce qui ne fut pas le point de vue de Mgr Lefebvre qui, par trois fois dans sa vie épiscopale, fit — bien légitimement — l'hypothèse de cette vacance.

Pourtant la FSSPX refuse de se rendre à la position des « Ralliés », et elle est, de ce fait, contrainte de « piocher », dans le magistère actuel, ce qui lui semble acceptable, et de refuser ce qui lui paraît irrecevable : elle se fait juge de ce qui est en droit la norme de la rectitude de ses jugements. Elle sait en fait que cette position est éminemment délicate. Mgr Fellay confessait lui-même, lors des pourparlers menés avec Rome dans la perspective d'une régularisation canonique susceptible de se conclure en octroi d'une prélature personnelle, qu'une objection fut faite aux prêtres de la FSSPX, dont le contenu est précisément ceci : le magistère est norme prochaine de la foi. Et Mgr Fellay d'avouer, comme on sait : « Le pire, c'est qu'ils ont raison. » Une telle réponse, pour le moins, ne dissipe pas la difficulté.

Évidemment, proclamer qu'on désobéit parce qu'on tient pour possible que l'occupant du premier Siège ne soit pas pape, c'est couper l'herbe sous le pied des velléités d'arrangements (prélature personnelle, etc.) avec les modernistes, arrangements recherchés sous le prétexte d'apostolat. En vérité, une vacance du Saint-Siège peut durer des décennies, ce n'est pas un problème canonique ou théologique. Ainsi que le rappelait naguère l'abbé Louis Coache (*Les Pouvoirs du Prêtre, petit essai*, supplément au n° 27 de la revue *Forts dans la Foi*, 3 septembre 1972, p. 26-28)[8], le Saint-Siège ou Siège apostolique est une personne morale de droit divin (canon 100 du CDC de 1917). Cette personne morale est distincte de l'Église catholique, et distincte de la personne du pape, même si le pape a vocation à incarner le Saint-Siège ; l'autorité souveraine est attachée à la dignité pontificale et survit à la disparition des personnes qui en sont revêtues ; le pouvoir est attaché à la fonction et non à l'individualité du fonctionnaire. Une personne morale de droit divin ne peut

---

[8] Information rapportée dans *La Voix des Francs catholiques* n° 47 p. 31 à 33.

mourir, l'Église peut donc rester longtemps sans pape, le Saint-Siège est toujours vivant avec la permanence de l'autorité papale. Il ne s'agit donc pas, dans l'argument sédépléniste, de nécessité **structurelle**. Et envisager de vivre dans une Église momentanément sans pape n'est pas plus périlleux pour la foi que d'envisager d'y vivre en se permettant de désobéir à un pape que l'on reconnaît comme tel : s'il est indubitablement pape, il faut lui obéir (au moins quant à ce qu'il enseigne sur la foi et les mœurs), à peine de se comporter comme un protestant. Il est moins périlleux pour la foi de n'avoir pas de pape, que d'avoir un pape qui fait perdre la foi ; on ne saurait, *au nom du salut des âmes*, exciper de la nécessité d'un pape en acte dans l'Église, au point d'en conclure à la légitimité d'un homme qu'on reconnaît être un hérétique au moins matériel, si ce même pape est reconnu comme pouvant, en tant que mauvais pasteur, *faire rater aux âmes leur salut*.

Si le surnaturalisme semble affecter les sédévacantistes, la mauvaise foi semble ne pas être étrangère aux justifications élaborées par les tenants du « sédéplénisme ». C'est là, du moins, ce que se résout à penser, non sans un grand malaise, un catholique perplexe ne « roulant » pour personne, et armé de son seul bon sens.

ANNEXE III

De la vertu de courtoisie dans les rapports entre auteur et lecteurs

Je n'ai pas le temps de chercher à prendre connaissance de ce qu'on raconte à mon sujet. On m'a cependant averti qu'un collectif sédévacantiste, ou bien un électron libre aspirant — non sans suffisance — à jouer les redresseurs de torts, ou bien peut-être encore un malheureux homme pénétré de la conviction d'incarner à la fois le Grand Pape et le Grand Monarque — il faut plaindre de telles pathologies, plus douloureuses pour ceux qu'elles frappent que pour ceux sur lesquels de tels malades s'ingénient à frapper — avait publié un article long et virulent, fielleux et destiné à me ridiculiser. J'ai seulement parcouru cet article, juste assez pour en évaluer le sérieux, qui se réduit à pas grand-chose. Son niveau intellectuellement indigent ne mérite même pas qu'on daigne répondre.

J'en profite néanmoins, une fois pour toutes, pour me prononcer sur les réactions passées, actuelles et futures, des uns et des autres à mes modestes publications. Il y a des gens qui feraient mieux de se taire, dans leur propre intérêt : il est préférable, de manière générale, de garder le silence en passant pour un imbécile, plutôt que de rompre le silence en montrant qu'on en est un, d'autant que consacrer une telle diarrhée verbale à mon modeste travail est moins efficace, s'il s'agit d'asphyxier sa diffusion, que de faire jouer la classique conjuration du silence.

J'ai fait autant de chemin que j'en pouvais faire avec les sédévacantistes, comme d'ailleurs avec tous les courants de la Tradition catholique ; la position des sédévacantistes peut être recevable en tant qu'hypothèse destinée à expliquer la crise de l'Église en laquelle les catholiques refusant le modernisme se débattent depuis maintenant soixante ans. On est même en demeure, à mon sens, de formuler publiquement cette hypothèse quand on prétend désobéir à l'occupant du Premier Siège. J'ai donné mes raisons.

Cela dit, on répond aux objections quand elles sont de bonne foi, et intelligentes, et de surcroît formulées avec un minimum de courtoisie. On ne répond pas à des fanatiques dont l'entendement obscurci par la passion est incapable de comprendre les discours qu'ils condamnent. Je puis dire qu'ils n'ont rien compris à mon propos, comme pourra s'en apercevoir n'importe quel observateur honnête, mais de surcroît qu'ils ne veulent pas comprendre ce qui ne se range pas inconditionnellement dans leur camp. Parce qu'un tel refus de comprendre n'est pas nécessairement imputable à un manque d'intelligence, il a des raisons qu'il convient de s'efforcer de dégager, ne serait-ce que pour venir en aide aux victimes d'un tel obscurcissement, mais aussi pour apprécier à sa juste mesure la portée de telles attaques, afin de satisfaire à l'égard de leurs auteurs à ce devoir de charité dont leurs insultes rendent l'exercice difficile. Ces gens vindicatifs s'ingénient à vous prêter des intentions controuvées pour vous mieux salir, cultivent ainsi le procès d'intention et la médisance, voire la calomnie, déformant vos propos afin de les mieux réfuter, pour finir par vous asséner les mêmes discours dont ils savent pourtant qu'ils ont déjà été critiqués et réfutés maintes fois. Leur tactique consiste à vous imposer leurs prémisses par la force ou la ruse, afin de développer des syllogismes formellement valides supposés vous réduire à quia.

Je connais un certain nombre de sédévacantistes, il y en a même dans ma famille. Comme partout, mais dans des proportions différentes selon les milieux, on y trouve des grands et des petits, des gros et des maigres, des beaux et des laids, des jeunes et des vieux, des braves gens et des crétins bêtes et méchants, des humbles et des orgueilleux, des esprits remarquables et des cerveaux de colibri. Actuellement, selon l'expérience que j'en ai, les rangs sédévacantistes sont peuplés plus volontiers — non certes exclusivement — de déclassés, de « déjantés », de complexés, d'écorchés vifs aux nerfs fragiles, de doux rêveurs ou de fous furieux, de recalés revanchards, d'esprits chimériques enfermés dans un délire monoïdéiste se donnant l'air important de censeurs austères et de champions de l'intégrité doctrinale appuyés sur une érudition supposée implacable, afin d'acquérir l'identité victimaire de parias leur permettant de celer — à leurs propres yeux et aux yeux de tous les aveugles — leur indigence intellectuelle et leur médiocrité professionnelle, mais aussi — assez souvent — morale. À la manière des convulsionnaires de Saint-Médard, ils se nourrissent de leur propre indignation qu'ils entretiennent soigneusement pour donner l'illusion d'un souffle vengeur inspiré par le Saint-Esprit, alors qu'il ne s'agit que de bile sécrétée par la rage de l'orgueil impuissant, c'est-à-dire par l'envie : ces Messieurs ne supportent pas, dans le Landerneau traditionaliste, de n'être pas les plus forts et les plus riches ; ils sont tout simplement en mal de reconnaissance. En dehors de ces raisons peu glorieuses, il en est aussi une, plus recevable sans cependant constituer un principe de légitimation, qui anime beaucoup d'entre eux : la crise de l'Église est douloureuse, il est épuisant de rester dans l'indécision, alors on tranche coûte que coûte.

Ces pauvres gens — j'évoque là seulement ceux que la charité et la prudence n'étouffent pas : les autres les reconnaîtront — se prennent pour des spécialistes parce qu'ils savent lire. On s'aperçoit vite, après une brève enquête, qu'ils passent leur temps à se recopier, à se gargariser des mêmes faux arguments, que leur savoir supposé nourrir leurs convictions est de seconde ou de énième main. Au début de la crise de l'Église, se sont manifestés quelques rares authentiques spécialistes, un petit nombre de spectateurs autorisés, qui se sont révélés incapables de se mettre d'accord ; les enjeux concernaient pourtant tout le monde, puisque les raisons de résister au modernisme engagent le salut de l'âme de tous. C'est ainsi que les non-spécialistes se sont trouvés contraints de chercher la vérité par eux-mêmes, ne pouvant s'appuyer sans réserve critique sur des autorités incontestables. On en est aujourd'hui au même point ; il existe plusieurs chapelles traditionalistes disposant chacune de ses canonistes et théologiens, historiens et philosophes ; j'ai appris par expérience qu'il y a quelque chose d'utile dans presque tout ce dont elles font mémoire chacune dans sa ligne, mais que les représentants de toutes ces chapelles font preuve de partialité et de mauvaise foi chaque fois que cela les arrange ; et c'est là la preuve pratique de ce que 1° la manière véritablement impeccable d'être catholique traditionaliste, ainsi d'être catholique aujourd'hui, ne relève pas tant de l'érudition que du bon sens et du souci d'honnêteté intellectuelle ; 2° aucune chapelle n'a été capable de s'imposer par des arguments irréfragables qui l'eussent habilitée à se substituer à toutes les autres, ce qui est pourtant le vœu inavoué de chaque chapelle.

Tout catholique attend, dans la douleur, une résolution providentielle de la crise de l'Église ; tout catholique un tant soit peu réaliste pressent que cette crise ne se résoudra pas par la victoire d'une chapelle traditionaliste sur les autres, parce que toutes manquent non seulement de l'autorité requise pour se prononcer de manière certaine, mais encore de la sagesse et des informations (Qui connaît tous les secrets du Vatican ? Qui peut se targuer de prévoir — qu'on pense aux procédés convoqués pour clore le concile de Constance — toutes les ressources dont jouit l'Église pour résoudre ses crises ?) requises par un traitement serein de ces difficiles questions.

J'ai tenté, moi qui ne suis ni bien-pensant ni théologien de formation, de donner mes raisons de non-spécialiste. Je ne roule pour personne, invitant à la réflexion dépassionnée ceux qui me font l'honneur de me lire, en proposant une solution que je sais momentanée et inspirée par la prudence ; mon parti, dans l'arène des Traditionalistes dont les chapelles sont plus nombreuses que les sectes trotskistes, est celui des sans-parti, et c'est pourquoi tous les partis installés, jaloux de leur part du gâteau de l'honorabilité, ont tendance à leur tomber dessus avec une indignation vertueuse et une morgue suffisante.

Je n'aime pas beaucoup, je l'avoue humblement, les « bien-pensants », les « vertueux », les professionnels de l'indignation, les redresseurs de torts et les maniaques de la correction fraternelle. J'ai envie de leur rappeler ce propos de Marcel Déat, qui contient une bonne part de vérité quand bien même on serait en droit de le juger quelque peu réducteur, et qui devrait les inviter, même s'ils ont du génie, à un peu plus de douceur à l'égard de ceux qui osent formuler un point de vue révisable :

« *Le problème de l'individu dans l'Histoire n'a rien de métaphysique, il est affaire de circonstances. Comme je l'ai dit au passage, le médiocre peut déclencher des séries incroyables d'événements : l'homme de génie peut s'enliser au premier pas. Le prophète peut n'être qu'un haut-parleur, ou un écho sonore, les vrais chefs peuvent être haïs, les incapables adorés. Chacun existe comme il peut* » (Marcel Déat, *Mémoires politiques*, Denoël, 1989, page 510).

Autant qu'il est possible, j'ignorerai ces caractériels qui ne s'honorent pas en manifestant l'intention de blesser, d'abaisser leur prochain pour se pousser du col. Ces gens-là m'agacent et, me sachant très imparfait et sans génie, je leur pardonne néanmoins volontiers leurs mouvements d'humeur pour autant qu'ils ne se complaisent pas dans leur agressivité infondée. Essayons de prier les uns pour les autres sans exacerber des rivalités stériles. Cela dit, s'ils persistent dans cette voie, je serai en demeure de discerner, dans leur agressivité misérable, l'expression d'une pulsion de femelle excédée par son impuissance à séduire, faute de parvenir à convaincre.

Intégralement catholique, je ne suis pas surnaturaliste, ce qui revient à dire, en l'occurrence, que j'ai le devoir de pardonner les offenses aussi longtemps que cela est bénéfique à ceux qui les dispensent, mais que je préfère naturellement — de beaucoup — donner des coups plutôt que d'en prendre ; et il n'est pas certain, dans le cas présent, que la mansuétude soit la forme de charité la plus appropriée.

Je n'ai ni le temps ni l'envie de répondre à des paltoquets prétentieux en mal de reconnaissance, qui, à défaut de se distinguer en produisant quelque chose d'intelligent et de novateur, ont le sentiment de s'élever par la seule critique en essayant d'abaisser — par l'insulte, la médisance, le procès d'intention et la calomnie — ce qu'ils ne comprennent pas.

Autant que me le permet la vertu de patience, je ne reviendrai plus, quelle que soit l'origine future (sédévacantiste *ou autre*, laïque *ou ecclésiastique*) des attaques, sur ce lamentable sujet. On se souvient de la saynète du défunt Fernand Reynaud relative aux questions d'un adjudant à ses jeunes recrues issues de Polytechnique : combien de temps met un canon à refroidir après un tir ? Sur un ton catégorique, le sous-officier obtus, s'accrochant au contenu de son manuel d'instructeur, repousse toutes les savantes solutions proposées pour finir, sur un ton victorieux, par livrer la « réponse » : « cela met un certain temps ». Une telle démarche ressemble singulièrement à celle de mes vertueux contempteurs attachés à la lettre sans esprit de ce qu'ils retiennent tantôt de leur thomisme de séminaire, tantôt des enseignements magistériels ; encore une fois, il ne suffit pas de savoir lire pour faire œuvre de pensée.

La présente mise au point tiendra lieu de réponse anticipée à toutes les méchancetés niaises de mes futurs redresseurs de torts.

TABLE DES MATIÈRES

Introduction ... 9
Préambule ... 9
Apprendre à habiter son monde pour le quitter ... 10
Les deux cités ... 12
Le don : création et liberté ... 14
Désir du monde et désir de Dieu ... 17

Première partie : Pouvoir temporel et pouvoir spirituel ... 19
L'augustinisme politique ... 20
Féodalité et nation ... 22
Machiavélisme bien-pensant ... 24
La nation, catégorie essentielle du Politique ... 27
Intrinsèque perversité du mondialisme ... 29
Chrétienté historique et essence de la Chrétienté ... 31
Nature et surnature : paradoxale coextensivité de leur autonomie et de la soumission de la première à la seconde ... 35
Fascisme et catholicité ... 39
La Ruse de la raison catholique ... 40
Le fascisme, réaction révolutionnaire ... 42
Corps mystique et États pontificaux ... 44
Saint-Empire, « Fille aînée de l'Église » et États pontificaux ... 47
Quelques mises au point ... 48
Quelques conclusions ... 50

Deuxième partie : Désir de Dieu et surnaturalisme ... 53
§ 1. Préambule ... 53
Psychologie de l'homme de droite ... 53
Esprit de droite et âme chrétienne ... 55
Réponse chrétienne traditionnelle ... 56
Esprit de résignation et âme de vainqueur ... 58

§ 2. Une définition de « la Droite » 63
Le fouillis des droites 63
Dogmatisme effectif et dogmatisme sentimental 64
Une définition amendable 66
§ 3. Le principe de raison 67
Objection et réponse 67
Déterminisme et finalité 69
Raison et système 71
§ 4. La Droite est responsable de ses propres déboires. ... 73
§ 5. L'homme de Droite : un Prométhée adorateur de Dieu 76
Infinité du désir humain 76
L'identité de l'Occidental 79
Le catholicisme est la religion 80
Le problème fondamental de l'identité de l'homme de droite 81
§ 6. Le désir naturel de Dieu 82
§ 7. Intellectualisme rationaliste 84
§ 8. Nature et surnature 87
§ 9. Comment rendre conflictuelles nature et surnature en croyant les harmoniser 91
§ 10.1. L'être du néant d'être, ou la réalité du négatif 96
Du « point de suture » entre nature et surnature 96
Des vertus attendues d'un tel « point de suture » 101
§ 10.2. Pour une réflexion ontologique thomiste 107
Réflexion ontologique et être de don 112
Creari et être comme don 119
§ 10.3. Contre l'apophatisme de l'*esse* 123
§ 10.4. Réflexion ontologique et concept de l'exister 137
§ 11. Le négatif non peccamineux 144
Un comportement surnaturaliste 145
§ 12. Catholique et fasciste toujours 155

Conclusion 157
Désir de Dieu et réflexion ontologique 157
Réflexion ontologique et bien commun 161

TABLE DES MATIÈRES

Annexe I : À propos de *Une Histoire du Mal*, de Monsieur l'abbé de Tanoüarn 171
La haine de la raison 172
La nature du péché originel 178
Le principe de raison suffisante 182
Le principe de raison suffisante présupposé par toute métaphysique 193
Retour sur le constitutif formel du péché originel 207
Le « négatif non peccamineux » 211
Volontarisme, judaïsme et féminisme 220
En guise de conclusion 229

Annexe II : Des effets de la pathologie surnaturaliste dans le traitement actuel de la question du pape 237
Introduction 237
Le Magistère ordinaire universel 238
Bellarmin et Cajetan 244
Foi et intelligence de la foi 248
Retour sur le Magistère ordinaire universel 253
Quand les « magistres » n'enseignent pas, embourbés dans l'herméneutique de la continuité 257
« Sédéplénisme » problématique 262

Annexe III : De la vertu de courtoisie dans les rapports entre auteur et lecteurs 265

Janvier 2019
Reconquista Press
www.reconquistapress.com

www.ingramcontent.com/pod-product-compliance
Lightning Source LLC
Chambersburg PA
CBHW070054110526
44587CB00013BB/1499